戦争と戦争のはざまで

E・H・カーと世界大戦

Beyond Nineteenth-Century Liberal Internationalism

Rethinking the Works of E.H.Carr

山中仁美
Hitomi Yamanaka

佐々木雄太 監訳 Yuta Sasaki

吉留公太・山本 健・三牧聖子・
板橋拓己・浜由樹子 訳

ナカニシヤ出版

戦争と戦争のはざまで——E・H・カーと世界大戦＊目次

第二部　具体的な問題と処方箋

戦争と戦争のはざまで——E・H・カーと世界大戦

凡例

一、本書は、Hitomi Yamanaka, *Beyond Nineteenth-Century Liberal Internationalism: Rethinking the Works of E.H. Carr*, (PhD Thesis: Keele University, 2010) の全訳である。翻訳の底本には原著者が保管していたデータを用いた。その版はPhD学位を取得した時点のものであり、同版は仮製本されてThe British Libraryに所蔵されている。

二、原典の註は各頁の下部に記されていたが、本書では一括して巻末に掲載した。また、謝辞も原典では巻頭にあったが、同じく巻末に掲載した。

三、訳文中の丸括弧（ ）は、原著者の記した補足である。

四、訳文中の角括弧［ ］は、翻訳者が読者の便宜を図って記したものである。また、読者に原文の表記を伝えるために訳語にカタカナのルビを付した箇所がある。

五、翻訳に際しては、原著者による他の公刊論文の文章や表現などを適宜参照した。また、原典の明らかな誤記・誤植については、補正して翻訳した。

六、原典本文中の引用文について、既訳書がある場合はそれを参考にしつつも、必要に応じてあらためて訳出した。このうち、E・H・カーの著作については、既訳書の該当頁を本訳書巻末の註に可能な限り記した。註にある「邦訳○○頁」との表記がこの情報を示している。

七、既訳書が複数存在する場合は、E・H・カーおよびその他の著者を問わず、原則として出版年の新しいものを優先したが、場合によっては入手がより容易な版を選択した。選択した既訳書の書誌情報は、「註」の初出時と「参考文献一覧」に記した。「註」における「邦訳○○頁」との表記は選択した既訳書の該当頁を示す。

八、原典の本文中に触れられている書籍のタイトルについて、既訳書のある場合はそれを参照にしつつも、原典の文意を重視して適宜対応した。また、現代仮名遣いに改めた。なお、註に既訳書の書誌情報を記す際には、既訳書の表記に従った。

九、段落の区分けについては、ほぼ原典を踏襲した。文の区切りや改行については、原典を尊重しつつ、読みやすさを重視して適宜対応した。

序章

エドワード・ハーレット・カー（一八九二—一九八二）は、二十世紀の世界についての主要な論争のいくつか——すなわち、国際関係、ソヴィエト連邦、歴史哲学——にかかわるもっとも重要な思想家であり文筆家の一人であると広く認識されている。カーは、これらの各分野で先駆的な貢献をなし、人々の関心を喚起し、今日なお強い影響力を持つ重要な学術的議論を提起した。

ところが、その巨大な功績にもかかわらず、カーの生涯と業績に関する包括的な研究が現れたのはごく最近のことである。本書の第一章で概観するように、カーの学際的な貢献に関する総合的な研究がめざましく増加したのは最近十年間のことである。「歴史とは何か」についてカー自身が示した解釈にならうなら、カーを選択し、分類し、解釈し、そして理解するという一連の試みは、それぞれの論者の関心にもとづいて行われ、かつ、一連の試みの内容はそれぞれの論者が存在する特定の時間と場所を反映している。ミシェル・フーコーや他の多くの論者が論じたように、人々が何を見て、何を理解するかは、その時代の知的風土によって条件づけられる。[1] したがって、カーに対する関心の顕著な高まりは各論者がおかれた特定の環境と状況を、すなわち、意識するとしないとにかかわらず、カーを今日的に意義づけようという知的風土を、反映しているのである。

論者の幾人かは、分野の異なる諸学問領域を横断してカーが開拓した知的空間ゆえに、彼の業績に興味を持つのであろう。実証的な観察と客観的な実験方法に基礎をおく現代科学は、狭い領域への専門化と細分化を特徴とする。しかし、ポスト・モダン時代の複雑さを増す社会システムは、このように細分化された学問分野とその方法論の正当性を疑問視し、現代科学が当たり前とする区分けされた構造に対して、学際的なアプローチで立ち向かうことを提起している。カーの多面的な知的活動は、学問領域の境界を超えた方法論的多元主義によって裏づけられているがゆえに、現代世界の非常に複雑な社会プロセスをより深く理解するために様々な視座や方法論の相互交流を促進したいと願う人々の関心を引きつけるのである。

また幾人かの研究者たちは、国際関係研究における現実主義（realism）の象徴的存在を再発見するために、カーの業績を紐解こうとするのであろう。その一人がジョン・J・ミアシャイマーである。「筋金入りの現実主義者」と評されている彼は、国際関係論研究における現実主義理論の影響力が拡大することを望む研究者の一人である。彼は、理想主義者の現実主義者に対する根深い「先入観」や国際関係論学界における理想主義者の「支配」と戦うために、カーを利用する。ミアシャイマーによれば、現代イギリス国際関係論学界の特殊な現象として、現実主義者の思考様式の排除や、現実主義者への偏狭な敵意を特徴とする理想主義者（idealist）の支配がみられるという(2)。それゆえ、イギリスの古典的現実主義者であり国際関係研究の先駆者の一人であるカーが、思想市場への現実主義者の復帰と、国際関係論における「知的多様性」とを象徴する存在たるべきだ、というのである。

本書の目的は、カーの研究業績を学術的多元主義や影響力のある象徴的イメージという観点から再評価することではなく、カーの業績を貫いていた基本的主題の展開を探究することにある。十九世紀の自由主義的諸原則に立脚した国際的・国内的な制度をいかに克服するか――これこそ、カーが同時代の世界に対して投げかけた中心的で一貫した問いかけである。本書が主張するのは、カーの思想と行動の基本的要素のすべては、二十世紀の国際的文脈に移植された十九世紀の政治的・経済的教義に対する鋭い批判と結びついていた、という主旨である。私見では、カーの思考枠組の中核に存在するこの批判が、カーの様々な知的営為と関心とを一つの首尾一貫した有機体として統合していたのである。それゆえ本書は、カーが、二十世紀前半の支配的な言説や既存の国際秩序の覇権的構造に対して自らの批判的な姿勢を明らかに示しつつ、同時代の国際的・国内的課題に取り組みながら、その問いをどのように発展させ、深化させたのかを明らかにしようとするものである。

カーの基本的な問いを発見しようという筆者の関心は、私たちの暮らしているこの政治化された世界について、現在の正統的解釈に対する批判的評価を可能にするような、今日的かつ解放的な行為への関心とつながっている。本書は、カーが述べたこと（あるいはその言葉によって意味したこと）ならびにカーが述べた文脈を検証することによって、現状に関する「共通」の価値、あるいは「普遍的」原則といわれるものを文化相対主義の立場から批判する意図が、彼の思考枠組の中心に存在していたことを解明する。追って触れるように、カーによれば、支配的な規範や価値とは、現存の秩序を維持することから大いに利益を得る者の立場を体現しているにすぎない。この主張は、時事問題、政治思想、歴史分析に関するカーの評論において一貫して表明されている。このようなカーの思考は転じて、現代世界政治の理論と実践に内在する規範や価値――歴史的に変化する国内外の状況とはかかわりなく「所与の」あるいは「不変の」ものとして描かれてきた規範や価値――に対する私たちのかかわり方に影響を与えているところの、特定の権力配置について考察することを可能にするのである。

カーの問いの多くは、次のような認識にもとづいて提起されている。すなわち、現実の本質は動態的であり、この常に変化する現実に関する私たちの理解は、部分的で相対的であることを避けられない。「人は、自らが存在している時間と場所に規定された視角からのみ、現実を見ることができる。しかもこの現実の部分的な姿ですら、人が見つめているその間にも持続的な変化の過程をたどるのである」(3)。このように、カーは、価値や原則を時間と場所に根差したものと認識し、私たちの観念や知識の「条件づけられた」性質の研究を提唱したのである。したがって、国際社会に関する思考や実践のいわゆる「時間を超越した」有効性に対するカーの挑戦を再体験するためには、彼の思考枠組に歴史的な方法で接近することが適切であると思われる。本書は、カーの学問的業績を二十世紀の初頭から半ばにかけての歴史的文脈に位置づけ、激しい政治的、社会的、文化的動乱によって特徴づけられるその時代の様々な問題に対応しながら発展した彼の考えの複雑性を紐解くものである。

端的にいうなら、本書はカーの理論の歴史文脈的解釈を試みるものである。今日的な文脈の中でのカーの国際関係理論の有効性を検証するために彼の理論に新しい名称を与えたり、その業績の中に普遍的な「現実主義者」や「マルクス主義者」の教条を探したりするのではなく、筆者は、カーの知的営為、その目的、動機あるいは意図の特質を、歴史的産物として取り扱うつもりである。本書は、カーの書き残したテクストに影響を与えた政治的・社会的条件に注意を払いながら、彼の国際思想を解釈しうる複合的で可変的な概念枠組を提示する。実際、カーおよびカーと同じ考えの歴史家たちは、この方法によって過去を理解することを提案しており、また、それは彼らが過去の政治思想を再構築するために用いた方法とも類似しているのである。

クエンティン・スキナーもまた、政治思想史はそれを叙述する思想史家の判断と関心とによって左右されると主張しているが、彼によれば、知的営為の伝記的研究においてテクストそれ自体は研究や解釈の対象として不十分である(4)。スキナーは、テクスト自体の自律性も、あらゆるテクストの意味は文脈によってこそ規定されるという文脈の十全性をも注意深く否定し、あるテクストの理解を助けるものとして社会的文脈の研究を主張する。彼によれば、「人々が情報交換を意図することが原則として可能であった類の社会において、普通に認識できる意味を決定するに役立つ究極の枠組」として、文脈こそがきわめて重要である(5)。このような「文脈的な読み取り」こそ、思想史に適した方法論を提供し、時間を超越した真実や私たちが生きる特定の時代や社会的構造から独立した概念などは存在しないことを示すのに役に立つ、とスキナーは論じるのである。

この方法は、カーの思想の研究に用いることができる。なぜなら、カーの思想も、私たちが時間を超越した原則であるかのように受け入れがちな道徳的前提や政治的言説に立ち向かう性質のものだからである。テクスト自体だけではなく、「そのテクストがかかわる問題や主題の扱い方を支配している広く行き渡った慣習」(6)にも焦点を絞ることによって、私たちは、特定の機会に、特定の問題の解決を意図したカーの議論の本質と射程を把握することができるだろう。カーの歴史的な思考様式を紐解くということは、カーが執筆当時に読者として想定していた人々に向けて提起した問いかけについて、その歴史的背景に留意した検証を行う立場をとり、現在に歴史的なまなざしを向けることに他ならない。それは、カー自身が常に変化する世界を理解しようとした立場なのである。

本書の方法論は恣意的に選択したものではない。政治学の一分野として一般に認識されている国際関係論は、いわゆる「構造的」アプローチによって支配されてきた。このアプローチは、国際システムを基本的に静態的なものと想定し、また非歴史的で価値中立的な方法論を重視してきた(7)。多くの国際関係研究者は、あらゆる時代に適応できる一般法則を求めて過去の出来事や思想を取り扱っている。彼らの普遍主義的な理論は、過去をあたかも個別的な出来事の集合であったかのように取り扱いがちであり、それによっていくつかの一般的仮説を支持し、非歴史的分析道具を用いたりする傾向があった。この方法論ゆえに、カーは「リアリスト」の範疇に分類されたことがあった。しかし、私見によれば、カーの思想は、単に一般理論あるいはグランド・セオリーと評価されうるものではなく、歴史的に位置づけられた、はるかに動態的な思想である。カーの思想のダイナミズムは、国際関係の体系化された理論の発展の中に収まるものではなく、世界政治についてのカーの見方と、カーが向き合い、自らの理解を形作った政治的現実との歴史的相互作用の中に位置づけられるものである。

それゆえ、広く普及した十九世紀の自由主義的原則に対するカーの挑戦を探究することは、ほとんどの国際関係論の教科書に提示され、一般に受け入れられたカーのイメージに対する挑戦と結びつくのである。それはまた、教科書が提示する主流の理論や方法論の説明能力を再評価することにつながる。そして、現代国際システムに関する支配的な考え方や慣行に対して投げかけられたカーの問いかけを呼び戻す試みを通じて、私たちは、長年にわたってカーを「リアリスト」として分類し、その見本としてきた普遍主義的ないしは非歴史的な分析から、カーを救い出すことができるであろう。冷戦終結とソ連崩壊によって引き起こされた国際関係論の「自省的転回」以来、国際関係研究は、思想、文化、国内政治、社会的諸勢力の役割、あるいは世界政治の構造的変化に焦点を絞った研究に対して次第に開かれたものになってきた。それゆえ、カー自身が示唆した批判的な方法によって、カーの歴史的な思考様式を再検討する期は熟しているのである。

それでは、過去の事象と政治思想を文脈に即して批判的に読み解くために、まず何をすべきであろうか。カーは読者に、「事実について研究する前に、まず歴史家について研究する」ようにと助言している。[8] この助言をカーの業績に関する批判的再評価の作業に当てはめるならば、彼の業績の歴史的解釈に取りかかる前に、まずカーの人生とその時代についての簡潔な描写から始めなければならない。

伝記的素描

E・H・カーは、ロンドンのアッパー・ハロウェーに生まれた。カーによれば、その家庭は「典型的な中産階級で、非常にヴィクトリア的な家庭であった[9]」。カーの父親は「熱烈な自由貿易主義者」であり、一九〇〇年代初頭にロイド・ジョージが主導した自由党の社会福祉改革に対する支持者の一人であった。[10] 少年期のカーは父親の政治的信条を共有したが、このことは、おおむね伝統的な保守党支持者の家庭で育った同級生たちと彼とを分け隔てた。カーは、学校では自分が「異端児」であることに気づいていたが、将来性のある初等中等教育を受けた。彼は、ロンドンのマーチャント・テイラーズ校［十六世紀創設のパブリック・スクール］に通い、そこでいくつかの賞を受賞し、ケンブリッジ大学トリニティー・カレッジの全額奨学金を獲得した。

ケンブリッジ大学入学当初、カーは、歴史や政治よりも古典に関心を抱いた。カーの自伝［的な回想］によれば、歴史の本質についての意識は、まずはじめに、ペルシャ戦争［紀元前四九九年から同四四九年に起きたアケメネス朝ペルシャとギリシャ連合軍との戦い］を専門とする講師との出会いによって形成された。その講師は、歴史家の叙述は、当該歴史家がそれを書いた時代に生じていた事象に対する彼または彼女の向き合い方によって形作られるということを教えた[11]。カーは、一九一六年に優等卒業試験《トライポス》の最優等を獲得してケンブリッジ大学を卒業した。

歴史に対するカーの関心は、第一次世界大戦の劇的な経験と結果によってさらにかきたてられた。カーは、軍役に不適格であったため、外務省の輸出入統制局に勤務し、ロシア革命期のボリシェヴィキ政権に対するイギリスの禁輸政策の実施に携わった。ロシアの新政権の早期敗退を期待した他の人々と異なり、カーはボリシェヴィキ政権が「(政権に)留まるまでになっている」と確信し、新政権に対する西側諸国の対応を「偏狭で盲目的で愚かだ」と感じていた[12]。彼は、一九一八年にソ連問題を取り扱う北方局へ移動し、そこで初めて実際にソ連と触れることになった。カーの記憶によれば、当時の彼は「自由主義的諸原則」を引き続き支持しており、バルト諸国の国家承認に賛成するようになっていたという[13]。その後、彼はパリ講和会議のイギリス代表団の一員に任命され、一九二二年までパリに留まった。講和会議では、他の代表団員と同じく「フランスの非妥協的態度」と「ドイツに対する我々の不公平さ」に憤慨させられた、と彼は回顧している[14]。

カーは、一九二五年にラトヴィアの都市リガのイギリス公使館二等書記官に任官された。リガは東欧におけるイギリス諜報活動の拠点であったが、カーにとってこの都市は「知的不毛地」であった[15]。彼は、パーティーに明け暮れる社交界の人々やその社会的慣習にうんざりして、大量の十九世紀ロシア文学を読むことに没頭するようになった。自伝によれば、この読書の結果、カーは自らを育ててきた「自由主義の道徳的イデオロギー」に対して疑問を持ち始めたという。したがって、一九二九年の『スラヴと東欧評論』誌上に掲載されたカーの処女学術論文のテーマが、ツルゲーネフとドストエフスキーに関するものであったことは驚くに当たらない[16]。

カーは、次いで国際連盟担当の部門に異動し、一九三〇年にジュネーブで開催された連盟の年次総会に出席した。ジュネーブで彼は、「資本主義の破産を意味するかにみえる」経済危機［一九二九年に発生した世界恐慌］に関する議論を聞き、驚いたことに、自由貿易が批判の的になっていることを知った[17]。こうして、外交という騒々しい世界とロシア文学の研究によって、彼は西欧的価値観と態度の相対性を認識するようになったのである。カーは、ドストエフスキー、ミハエル・バクーニン、アレクサンドル・ゲルツェンといった西欧世界の外で生きてきた十九世紀のロシア知識人に関する研究を続けた。ドストエフスキー、ゲルツェン、カール・マルクス、バクーニンに関する研究は一九三一年から一九三七年の間に出版され、これらの業績はカーの伝記作家としての評判を確立した。

一九三六年にカーは外務省を退職し、ウエールズ大学アベリストウィス校［二〇〇七年からアベリストウィス大学として独立］のウッドロー・ウイルソン記念国際政治学担当教授に着任した。教授職を続ける一方で、カーは同時代の国際関係に焦点を絞った記事や書物を執筆した。これらの業績の中には、『(ヴェルサイユ) 講和条約以降の国際関係』（一九三七年）、『危機の二十年――一九一九年～一九三九年』（一九三九年）、『ブリテン――ヴェルサイユ講和条約から第二次世界大戦の勃発までの外交政策の研究』（一九三九年）、『平和の条件』（一九四二年）、『ナショナリズムの発展』（一九四五年）、『西欧を衝くソ連』（一九四六年）などが含まれる。さらに一九三七年にはBBCラジオ放送に出演し、チャタム・ハウス（王立国際問題研究所）の会合にも出席し始めた。カーのヴェルサイユ条約に対する批判と宥和政策の主張は様々なメディアを通じて発信され、明らかに世論に一定の影響を与えた[18]。

カーは、第二次世界大戦が勃発すると情報省に入省し、戦争プロパガンダを担当するために新たに設置された対外広報局局長に任じられた。しかし、政策と世論に対してより大きな影響力を行使したいという思いから、入省から一年も経たずに情報省を辞め、一九四〇年に『タイムズ』紙の論説委員に転身した。それから七年間に、第二次世界大戦の戦況、外交、ヨーロッパの将来、社会福祉や経済計画などについて、三百五十以上の論説が彼のペンから生まれた。カーは、『タイムズ』紙副編集者あるいは影響力のあるオピニオン・メーカーとして、同紙の知的ネットワーク、イギリス政府との密接な関係、そしてイギリス内外で確立された地位を享受した。『タイムズ』紙上におけるカーの政策提言は頻繁に議論の対象となり、そして時折、政府の不興を買った[19]。

カーは、一九四六年に『タイムズ』紙の常勤職を退き、一九四七年にはウエールズ大学アベリストウィス校の国際政治学担当教授職も辞した。彼は、一九四五年に『ソヴィエト・ロシア史』の出版契約書にサインし、国際政治に関する新興の学術的な「科学」よりも、ソ連史の研究に集中するようになっていた。また、カーのいわゆる「親ソ」的な姿勢が、第二次世界大戦後の十年間にわたり彼を学術的なポストから遠ざけることになった。具体的には、彼はロンドン大学スラヴ・東欧研究所の教授職への就任に失敗し、その後生涯にわたって大学教授職を得ることがなかった。ただし、そのおかげで彼は、全十四冊に及ぶ大著『ソヴィエト・ロシア史』を書き上げることができた。

カーは、ソヴィエト史の研究を本格化させた後もしばらくの間は知識人として論壇での活動を続けた。一九五〇年に『新しい社会』に関する全六回のラジオ講座を行い、経済的・社会的計画が不可欠な役割を果たすという人類社会の将来に関する進歩主義的な見通しを提示した。また、ケンブリッジ大学トレヴェリアン記念講義として行われ、一九六一年に『歴史とは何か』というタイトルで出版された歴史哲学に関する講義は、カーの行った講義の中でもっとも影響力の大きな知的業績である。歴史記述に関する相対主義を強調したことによって多数の主流派歴史家から批判を受けたものの、この著名な書物は、『ソヴィエト・ロシア史』の継続した刊行と相まって、カーの歴史家としての国内外における評判を高めることになった。

一九五五年にケンブリッジ大学トリニティー・カレッジの上級研究員に任命された後、カーは残りの人生のほとんどを『ソヴィエト・ロシア史』の執筆に捧げた。彼がソ連の現状あるいは国際政治の近況に関する論壇での論争にかかわることは少なくなった。これらの問題に関するカーの批判的な見解は、主に友人や協力者との間で頻繁に交わされた私信の中で表明された。[20] 晩年に、現状に関して行った珍しい発言の一つは、「現在は西側にとって際立って反革命的な時期であり」、また「左翼は革命のための牢固な基盤をまったく持っていない」というものであった。[21] この「反革命的」な雰囲気に抗して、カーは『ソヴィエト・ロシア史』の最終巻を一九七八年に完成させた。彼は、ソ連の崩壊を目撃することなく、一九八二年に九十歳で亡くなった。

以上のカーの生涯に関する年代記的概説が、彼の業績を主題に即して詳述する本書の背景を理解することに資すれば幸いである。

本書の概要

本書は、カーが投げかけた基本的でもっとも挑戦的な問いかけは、時代遅れな十九世紀の自由主義的国際主義に立脚した国際および国内システムをどのように考え直すかという点にあったという主旨を論じる。二十世紀前半の国際社会およびその政治文化に対するイギリスとアメリカの支配的影響力は、伝統的な自由主義の諸原則に深く根差していた。自由主義的国際主義は、政治経済に関するアダム・スミスの思想およびデービッド・リカードの比較優位論の国際関係への拡大に大きく依拠しながら、十九世紀に重要な発展を遂げた。ジェレミー・ベンサムと彼の功利主義の継承者たちは国際法の正統性を説き、他方でリチャード・コブデンは自由貿易の経済原則を持続的な平和と繁栄の政治的ドクトリンへと拡大した。また、民族自決の展開は、国益の自然な調和に根差した国際主義の成長に資すると信じられた。つまり、「神の見えざる手」は国際的な調和をもたらすと考えられたのである。

カーは、これらの自由主義的言説を、時間を超越した教義の主張であると批判し、実際には国際秩序における覇権国の地位を維持するために二十世紀の文脈に「移植された」十九世紀の自由民主主義だと喝破した。この見解は、カーのもっとも知られた著作『危機の二十年』に非常に明確に表明されている。

一九世紀自由民主主義のものの見方は、本質的にユートピア（夢想）的なものであった。つまりその見方は、特定の時期における経済発展や分析対象とされた国に特有な諸勢力間の均衡ではなく、類似の結果を生み出すような文脈にのみ適用できる類いの、検証を欠いた理性的原則に立脚していたのである。この一九世紀自由民主主義のものの見方は、ウィルソン米大統領の発想により第一次世界大戦後の世界で支配的になった。一九世紀の西ヨーロッパとは全く異なる発展段階にあり、そして、人々の必要とするものが一九世紀の西ヨーロッパと全く異なっている時代や国々に対して、純粋に知的な過程によって一九世紀自由民主主義の理論が移植されたとき、不毛と幻滅とはその避けがたい結果であった。[22]

カーの仕事の中心を占めていたのは、二十世紀国際関係の理論と実践を支配していたこの「本質的にユートピア的な」見解の正体を明らかにすることであった。またカーは、十九世紀自由主義を移植したことによる「避けがたい結果」と彼がみなした「不毛と幻滅」と格闘しながら、自由主義に代わる処方箋を提示したのである。

これら二つの主題――すなわち、当時支配的であった「本質的にユートピア的な」ものの見方と、そこに埋め込まれた「不毛と幻滅」――に対応して、本書は二部構成をとる。二つの章で構成される第一部は、「本質的にユートピア的な」見解に対するカーの批判を軸にした国際関係思想の概略史である。第一章は、カーの多面的な業績の包括的評価を確立しようと試みた既存のカー研究が、十九世紀の自由主義諸原則の復活に立ち向かうことを重視していたカーの問題意識に、どこまで迫れているかを検討する。それによって私たちは、「リアリスト」としてのカーの「ユートピアニズム」に対する攻撃が国際関係論の「大論争」の典型として知られているが、「本質的にユートピア的な」見解に対するカーの批判の背景と範囲の広さは、近年の「カー研究」において十分に吟味され評価されているとはいえないことを確認する。

そこで、第二章では、十九世紀自由主義のイデオロギー的本質に対するカーの批判的姿勢を説明するために、この「ユートピア的」見解の歴史的・政治的発展過程を追跡する。とりわけ、第一次世界大戦後の世界秩序構想と新たに形成された国際関係論という学問において支配的であった、自由主義的国際主義の役割に注目する。カーは、秩序構想と国際関係論の双方において、前世紀の自由主義的教義が支配的な地位を占めていると認識していたのである。

第二部は、戦間期および第二次世界大戦期にカーが特に論じた政治的課題に照準を当てて、カーのいうところの「不毛と幻滅」に彼がいかに向き合ったかを検討する。したがって、第三章から第六章では、十九世紀西欧自由主義の普遍化の「避けがたい結果」として生じた諸問題に対してカーが提示した処方箋に光を当てる。同時に、これらの各章は、民主主義的価値に関する新しい解釈にもとづいた政治、社会、経済の組織と行動の新しい形についての、カーの絶えざる探究について明らかにする。

カーにとって、第一次世界大戦の経験の後にソヴィエト・ロシアとナチ・ドイツという二つの大国が、自由主義的な国家システムと西欧政治経済の覇権に対して挑戦したことは、重大な問題であった。これらの挑戦がイギリスと西欧世界に与えた衝撃についてのカーの評価を、第三章と第四章でそれぞれ検討する。カーは、ソ連とドイツは、自由主義的普遍主義に支配されて「持てる者」の利益にうまく奉仕していた既存の国際秩序に対する反逆を象徴している、と基本的に認識していた。

第三章は、カーのドイツに対する関心が、主としてその反アングロ＝サクソン・プロパガンダにあったことを論じる。カーによれば、ドイツの反アングロ＝サクソン・プロパガンダは、見境のないナショナリズムと、英語圏で行き渡っていた政治的思想にもとづいて作られた既存の国際システムに対する「革命的」とでもいうべき挑戦とによって後押しされていた。ところが、二十世紀世界に移植された十九世紀的自由民主主義に対するヒトラーの闘争の破局的な結果をみたことによって、カーの思索の対象はソ連の社会的、経済的、政治的達成へと転じていった。そこで、第四章は、従来から議論の的となってきたカーの「親ソ的」態度を再検討する。カーは、ソ連が実践している政策の中に、西欧的自由主義の政策に代わりうるいくつかの代替政策を発見していた。第一に、「国家的利益の国際的調和」というイデオロギー的な教義にもとづいた外交政策に代わる現実的政策（レアルポリティーク）であり、また、自由放任（レッセフェール）の市場メカニズムに代わる集団主義体制による社会的・経済的計画であった。カーの見解では、ソ連の挑戦は、十九世紀自由主義原則という旧套墨守に起因する政治的・経済的問題に、西欧社会が向き合う機会を与えたのである。

カーは、この「不毛と幻滅」を克服するための方策にかかわって、ソ連が提起した問いを検討することを通じて、ヨーロッパ諸国の国境を越えた共通の社会的・経済的な計画と政治的連携の導入を主張した。それは「新しいヨーロッパ」という構想であり、第二次世界大戦後の再建と社会福祉のためにヨーロッパ諸国家間の機能的統合を求めるものであった。第五章はこの構想の詳細を検討する。カーによれば、「新しいヨーロッパ」は、まずイギリスから着手することなくして構築しえない。すなわち、改革されたイギリスこそが、戦後ヨーロッパの潜在的なリーダーとなるべきであり、またアメリカとソ連という超大国からの深刻な挑戦に対抗しうるのであった。そこで、第六章では、戦時中のイギリス国内問題に対するカーの積極的な関心について詳述する。当時のイギリスでは、社会と経済の抜本的変革への様々な切迫した要望がその頂点に達していた。カーは、労働の権利、富と資源の平等な配分、政治権力の分権化、混合経済の重要性などについて執筆し、戦時における大衆の左傾化を促したのである。

さらに第六章では、通常は国内政策である上述の諸政策を、「新しいヨーロッパ」という共通の計画化を通じて国際化するというカーの提案について議論を深める。この「新しいヨーロッパ」構想は、国内領域の社会的・経済的な変革を国際領域における地域協力と制度化に応用する新たな試みと解釈できる。このように国内社会の動態を世界政治の構造転換へと結合させる構想は、冷戦期における主流派の国際関係理論からは明らかに外れていた。なぜなら、当時の主流派は、国際領域を国内領域から厳密に区別し、国際システムの既存構造の中で広く変化を促しうる社会勢力の力を過小評価していたからである。しかし、今日、とりわけ拡大と深化を進めつつあるヨーロッパ統合の現段階を前にすると、国境を越えた社会的・経済的な変革というカーの方針は、きわめて洞察力に優れた構想であったとみえるのである。

第一次世界大戦後の自由主義的国際システムに埋めこまれた支配的な規範、規則、制度、慣行に対するカーの挑戦は、ポスト冷戦期における自由主義の覇権の台頭がアメリカの一極支配と密接に結びつきながら展開した経緯に批判的な人々によって、注意深く再解釈されるに値する。今日の経済と政治の領域において、グローバル秩序に関する自由主義的な論理は、カーが直面した「危機の二十年」間以上に幅を利かせているようにみえる。今日の際立った現実は、唯一の超大国としてのアメリカの自由主義的覇権が国際システムを規定する特徴の一つになっていることである。しかし、アメリカ主導の国際秩序が世界の他の地域や国家に安定と平和をもたらし、この先もそれをもたらし続けるだろうと安易に考えるのは「夢想的《ユートピア》」である。冷戦が集結してから今日まで二十年あまりが経過した。かつてカーは、第一次世界大戦後の自由主義的国際主義による二十年間の秩序の終わりに、その期間を「不毛と幻滅」の表れと喝破したが、アフガニスタンやイラクの混沌とした状況を「不毛と幻滅」の表れとみるならば、冷戦終焉から現在までの期間を「もう一つの危機の二十年」として記憶しうるであろう。

繰り返しになるが、カーの業績の再考察は、彼が提起した問いが今日、どれほど重要であるかを見定める内省的な実践である。世界の変化する現実と、それに対する私たちの見方を構成するいくつかの重要な問題を探究するために、批判的で動態的な方法によってカーを利用することができる。本書の以下の各章は、おそらくは時間を超越しているがゆえに便利な前提――しかし、それは国内および国際的な諸領域における社会の構造的変化をほとんど反映していない――に対するカーの反覇権的な批判を、体系的に把握し直すことを試みるものである。しかし、カーの核心的な問いかけの性質やその射程をより詳細に検討する前に、まずカーの業績が他の研究者によってどのように評価されてきたかを概観し、あわせてカーに関する既存研究にどのような主要課題が生じているのかを明らかにすることが有益であろう。

第一部　カーの核心問題への接近

第一章 「E・H・カー研究」の問題性

学問分野ごとに評価の異なる「カー」像が少なくとも三つ存在する。一人目のカーは国際関係研究者のカーであり、二人目はソヴィエト・ロシア研究者のカーであり、そして三人目は歴史哲学者のカーである。カーの学識と様々なディシプリンにまたがるその多面的な業績は、近年多くの研究者の関心を引き寄せている。その中には、異なる評価を与えられてきた「三人のカー」を一つに統合しようとする動きもあった。こうした動きは、少なくとも部分的には、一九九〇年代以来様々な学問分野で生じてきた自省的転回や、学問分野の垣根を越えて展開されてきたカーの方法論や認識論に対する関心の高まりに促されたものであった。

昨今の国際関係研究は、カーの業績を現実主義と位置づける古典的な解釈に批判的であり、その影響を受けて「カー研究」は、カーの哲学や行動の両義性に光を当て、カーの著作の論理展開を再評価してきた。しかしながら、カーのテクストに新たな意味を見出そうとする人々もまた、新しいラベルを貼ったり、カーのための新たな分類を作り出そうとしてそのテクストを読んでいるように思われる。したがって、本書で指摘するように、ディシプリンを横断して「統一されたカー」像を提示しようとする試みは、カーの思想体系の展開について論理整合性を持った視座を提示することに成功していない。結局、既存の試みは、カーの政治的言説をより小さな技術的な区分へと細分化することに終始し、その業績において継続的に発展してきた中核的な命題への視点を欠いていた。

先行研究が十分に言及してこなかったこの問題を理解するために、本章では、まず上述した三つの「カー」を扱った先行研究を再検討する。第一節ではカーの業績に対する評価が、いかに各々のディシプリンの発展に左右され、その時代の政治的文脈に影響されてきたかを明らかにする。第二節では、「三人のカー」が「一人のカー」へと統合されてきた経緯を考察し、「カー研究」という分野が発展する過程でとられてきたアプローチが、相当程度、ポスト冷戦期の政治的・学問的な雰囲気から生まれたものであることを指摘する。第三節では、昨今の「カー研究」に対する評価を示し、それをいかに発展させていくべきかを論ずる。

第一節　カーについての三つのイメージ

一．国際関係研究におけるカー

国際関係研究という学問分野の中でカーをいかに位置づけるかという問題は、おそらくカーのもっともよく知られた著作である『危機の二十年』についての評価ととりわけ強く結びついてきた。『危機の二十年』は、「決して相容れない力と力の絶えざる相互作用こそ政治の本質(1)」なのだとし、「ユートピアニズム」と「リアリズム」はこの弁証法的関係にあることを主張している。しかし、この書はユートピア的思考への強烈な批判ゆえに現実主義の正典の一部と考えられてきた。実際に本書が出版されるやいなや、いわゆる「ユートピアニスト」たちは、カーが国際連盟、集団安全保障体制、国際法の正統性に異を唱え、国家、秩序の不安定、権力政治を強調している点に攻撃を浴びせた。これらの「ユートピアニスト」たちは、おおむね十九世紀的自由主義を支持し（実際に、彼らの多くが十九世紀に生まれた人々である）、国際連盟を支持し、カーが拒絶した信条や政治的な提言を信奉していた人々である。その中には、たとえば、アーノルド・トインビー、レナード・ウルフ、ノーマン・エンジェル、アルフレッド・ジマーン、スーザン・ステッビング、フリードリッヒ・フォン・ハイエクが含まれる(2)。

カーに対する共通した批判は、「リアリズム」と「ユートピアニズム」の特質に関する道徳的な洞察の不足と、この両者を二項対立として把握したことに向けられた。批判者の主張によれば、カーのこれらの問題の扱い方は現実世界の出来事にあまりに強く結びつけられ、したがって国際政治の現実を超越する態度をとることも、何が「現実」で何が「ユートピア」であるかについての体系的な政治理論を生み出すこともできないのであった。たとえばレナード・ウルフによれば、カーは「当時の一時的な社会的心理に無意識のうちに影響され」、道義的あるいは社会的な目的は「より「現実的」な要素である力、暴力、紛争」といった「現在の事実」とは両立しえないと考えてしまったというのである(3)。

カーが「現在の事実」に「屈した」という点は、一九四〇年代の国際関係論の先駆者たちによる批判の的にもされた。その批判者の大半は、一般的に古典的現実主義者とみなされ、したがって国際関係論の教科書ではカーと同じカテゴリーに分類される学者たちであった。アメリカで現実主義の「主唱者」と目されたハンス・J・モーゲンソーは、カーを「哲学的にきわめて備えが不十分で」で、「政治的状況を概観し、パワーをめぐる現象を評価するための超越した観点を何も持っていない」と論難し、カーがユートピアニズムとリアリズムとを「並置」したことや、両者を「妥協」させた点を攻撃した(4)。

モーゲンソーによるこの書評の後、『危機の二十年』の批判者たちは、前述の「妥協」にはっきり示されるような「哲学的欠陥」に、カーの失敗を結びつけるのが一般的になった。ある意味では彼らの主張は正しい。なぜなら、『危機の二十年』の中で、リアリズム（力）とユートピアニズム（道義）の概念は常に明確にされているわけではないからである。カーは、一方で、「あらゆる政治状況は、ユートピアとリアリティ、あるいは道義と権力という相矛盾する要素を含んでおり」、それらは「決して出会うことのない二つの面にそれぞれ属している」と主張した。[5] しかし他方で彼は、「政治的変革の問題は、国内問題であれ国際問題であれ、道義と権力の間の妥協に基礎を置かなければならない」と論じたのである。[6]

「リアリスト」のカーが、仲間であるはずの現実主義者から、力や道義の概念の曖昧さや両概念を並置した咎で非難されていることは興味深い。[7] 後世の国際関係理論家の多数にとって、カーは、一九三〇年代の終わりから一九四〇年代初頭にかけて「現実主義者」と「理想主義者」あるいは「ユートピアン」との間に生じた「最初の大論争」において英雄的な勝者となった現実主義者とみなされてきたというのは皮肉である。現実主義者と理想主義者の双方からの挑戦を受けたカーの国際関係思想の特徴をいずれかに分類するのは困難であったはずである。にもかかわらず、現実主義というもっとも影響力のある理論的伝統の中に位置づけられたカーと『危機の二十年』の地位は、「最初の大論争」を形作った理論的な両極化の中に、長年にわたって揺らぐことなく固定化されてきた。

一九五〇年代の終わりから一九六〇年代の初頭にかけて、国際関係研究の科学的な営為のあり方に関して「行動主義者」と「伝統主義者」との間に「第二の大論争」が起こったが、そこでカーの思想が顧みられることはほとんどなかった。この時期に出版された国際関係の教科書の大半にはカーの名前が登場していたが、執筆者たちは、カーの思想について論議を深めることはなかった。彼らは、単に古典的現実主義者というラベルをカーに貼りつけただけであった。実際のところ、当時のカーは、多数の巻からなるソヴィエト・ロシア史の執筆へと関心を移しており、ますます科学的な方法論へと傾斜した国際関係研究への興味を失っていた。したがって、その後約二十年の間、国際関係に関する文献に、カーによる論稿はもちろん、カーの業績に関する学術論文もほとんどみられなくなった。

しかし、この沈黙は一九六〇年代末に破られた。この時期にアメリカの国際関係の理論家たちは、客観的な科学としての国際政治学を創造するためのデータ収集および分析の体系的な方法を導入することに成功した。国際関係理論が政治学に従属していた当時の状況下で、論者たちは再びカーの「哲学的に不備な」概念や手法を攻撃したのである。アメリカの政治学者ウィットル・ジョンストンは、カーの「哲学的に不十分な」思想を批判し、それは「歴史の絶え間ない流れを判断する基準となる超越的な倫理を欠いており」、そのために彼は急流に流され「規範のない相対主義の海へと飲み込まれてしまった」のだと評した[8]。ジョンストンの議論はモーゲンソーの批判といくつかの点で類似しているが、その攻撃の矛先は、いわゆるカーの相対主義により鋭く向けられていた。

ここで、一九六〇年代に隆盛した国際関係研究の科学的なアプローチは、相対主義の排除が前提にあったことを思い起こすべきであろう。相対主義は、科学的な手法で明らかにされた「客観的」な科学的真実の妥当性や普遍性を損なうものと考えられていた。さらに相対主義は、世界をきわめて単純な善悪二元論で把握する傾向のある冷戦期のパラダイムによっても否定された。ほぼ同じ頃、アナキーな国際社会という概念についての合理主義的（あるいは現実主義的）な解釈で知られるようになるヘドリー・ブルも、カーの「哲学的」な問題が、道徳や原則についての「相対主義的」で「道具論的」な概念につながっていると論じた。ブルによれば、『危機の二十年』は、国際社会の存在を完全には認めておらず、単にそれを、限られた国家あるいは国家群の特定の目的のための道具として扱っている[9]。

一九七〇年以前に現れたカーの学問をめぐる論争は、ほとんどの場合、その哲学的な欠陥、道義的な洞察の限界、そして相対主義に焦点をあわせたが、カーを現実主義に分類するという前提に対して根本的に挑戦することはなかった。研究者たちは、カーが権力を追求する国家の性質を強調したことをもって、彼が現実主義の陣営に位置づけられることをおおむね当然のこととした。そして、このような共通の立場に立ちながら、カーの業績についてそれぞれの見解を論じてきたのである。さらにいえば、これらの研究者たちは、当時の国際関係理論の有力な定説と袂を分かつことはしなかった。国際政治の本質をめぐって最初の二つの「大論争」が熱く戦われたが、どちらの場合も、国際社会のアナキーあるいは国家の利己的な動機という事実など、国際関係論の「常識」とみなされた現実主義の中心的な世界観を根本的に問い直すことはなかった。したがって、国際関係研究に携わる多くの主だった人々の間で、現実主義がごく当たり前のこととして受け入れられていた状況にあっては、カーを現実主義に分類することに異論が生まれなかったことも理解に難くないのである。

しかしながら、一九七〇年代にもう一つの大論争が始まることになった。現実主義、自由主義、マルクス主義といった一連の競合するアプローチ間のいわゆる「パラダイム間論争」である。国際関係研究がいかに政治化された学問分野であるかを露呈したこの論争は、同時期の国際政治の世界に生じていたいくつかの重要な変化――すなわち、グローバル経済に関する争点や第三世界諸国をめぐる問題の著しい増大、アメリカとソ連との間の「デタント」といった現実――と符合していた。この文脈において、国際関係研究の境界は実証主義的・現実主義的パラダイムと一致すべきであるという前提が、初めて本格的な挑戦を受けるに至ったのである。この論争は結果として、国際関係研究の領域に、世界に関する新しい見方や新たな知的道具の導入を進めるきっかけをもたらした。(10)

おそらくこの変化は、もう一人の論者グレアム・エヴァンスが一九七五年に、カーの国際関係理論の「道義的な曖昧さ」に関する従来の批判に反論する環境を整えたことによって与えられた。エヴァンスは、カーの著作の継続的な中心テーマが「国際政治の」「道義的挫折」の解明にあったことを突き止めることによって、じつはカーの一貫した試みは、国際政治に道義的基盤を与えることにあったのだと強調した。(11) エヴァンスによれば、確かにカーは「政治における力の重要性に関する同意」と「現実主義者の彼に対する批判に含まれていた相対主義」ゆえに、政治のうちに有効な道義的基盤を発見できなかったことについて、批判される余地があった。しかしながら、エヴァンスの見解によれば、カーは、新しい社会的・経済的・政治的な秩序の構築を目指して、政治理論の伝統的な諸概念の再解釈からなる民族自決、民主主義、自由、平等、権威と権利など「新しい道義」を提示したのであった。(12)

他方で、一九七〇年代末から、現実主義が活力を取り戻し、カーの国際政治へのアプローチには「明らかな哲学的弱点」があるという、これまで繰り返されてきた批判が再び勢いを増した。(13)これまで以上に「実証主義的」な現実主義を再構築しようとする試みは、「新現実主義（neo-realism）」の台頭へとつながり、国際関係研究における現実主義の優越という重大な結果をもたらした。しばしば「構造的現実主義」とも呼ばれる新現実主義は、人間や政治生活の本質に対して理論的にあまり関心を払わないという点で、伝統的な現実主義とは本質的な相違がある。新現実主義は、人間の本性は歴史の外に存在する構造であるととらえ、また、あらゆる政治的変動は客観的な法則によって支配されると考える。(14)明らかに、新現実主義の見解はカーの歴史的アプローチを評価しない。カーは、世界政治の変動に対応した力と道義の動態的かつ弁証法的な相互作用にもとづく平和的な政治変動を追求したからである。ケネス・W・トンプソンは、カーを一人の現実主義者と位置づけることに何の疑問も抱かなかったが、カーは道義に関する相対主義的な考え方に自ら陥っていたと結論づけた。彼によれば、カーはマルクス主義を志向するがゆえに、歴史的な過程の外にある実践的な道義的判断や価値観に関する客観的な基礎を見出すことができなかったという。(15)

カーは、依然として現実主義者という支配的な陣営の一員に位置づけられたままであった。現実主義者は、国家は合理的に国家的利益を追求し、かつアナキーな国際システムの中で国力を強化するという見解を共有した。しかしながら、カーの方法論や哲学は、新現実主義のアプローチとはなじまないであろう。なぜなら、それは、新現実主義の理論が強調する国家行動についての理論的な説明能力や構造的な制約要因を相対化する余地を持っているからである。それにもかかわらず、現実主義者たちは、現実主義という彼らの「パラダイム」が国際関係研究という学問の揺籃期から支配的な地位にあったことを示すために、依然としてカーを国際関係研究の「始祖」として自陣営に取り込もうとしたのである。

一九八〇年代になってようやく、カーに特有の現実主義が、研究者たちによって好意的な観点で論じられ始めた。先のみえない現代の国際関係を分析するために、フランクフルト学派の批判理論の変異形を用いたことで知られるリチャード・アシュリーは、カーの「実践的現実主義」と、第二次世界大戦後のアメリカの国際関係理論家に広く流布した「技術的現実主義」を対比させた(16)。また、カーの共著者でソヴィエト・ロシア研究者のロバート・W・デイヴィスは、カーが亡くなった直後に書いた論稿で、カーは何にも増して「現実的な政治行動と、〝ユートピア〟的目標を持ち続けることとが結びつくような、未来への道を見出そうと苦心していた」と記し、カーを「現実的なユートピアン」であったと好意的に評価した(17)。

ますます多くの国際関係研究者がカーの現実主義を条件つきのものとみなし始め、カーの時代に有力であった英・米の理想主義者の思考や国際的立憲主義とに意図的に対置されたカーの現実主義的思考を再評価する必要性を強調するようになった(18)。ヒデミ・スガナミ［菅波英美］は、カーの「考え抜かれた現実主義」に光を当てた。彼によれば、カーは国境を越えて市民の社会的・経済的な幸福を増進する思想を発展させたが、これはほとんどカント的な思想であり、ホッブス的な現実主義とは相容れないものなのである(19)。カーの福祉国際主義（それは国内類推の重要な要素を組み入れたものである）という、このスガナミの優れた洞察は、その他の現実主義者とカーとの相違を際立たせた。今日においても、かつてと同様に、国際関係研究者たちは、「構造的」現実主義、「歴史的」現実主義、「自由主義的」現実主義というように現実主義を異なったタイプに分類し、それぞれの間の議論を促している。このような現実主義の多様化に促され、論者たちは、カーの非正統的な現実主義をより厳密に検討し、また、カーを「現実主義者」と規定することになった現実主義対ユートピアニズムの最初の大論争を相対化し始めた。

現代国際関係に関する現実主義の枠組は、次第に継続的な批判にさらされるようになった。現実主義が冷戦の終焉の説明に失敗したことは、その信頼性と人気を失墜させ、安定した二極構造は二十一世紀に至っても世界政治の特徴であり続けるであろうという現実主義者の見解を掘り崩した[20]。もちろんそれが唯一の理由ではなかったが、冷戦の終焉は、構成主義(constructivism)、ポスト構造主義、フェミニズム、あるいは緑の政治思想など、一連の新しい視座の発展を促す要因になった。現実主義の立場の基礎となっていた実証主義は、かつては価値過剰的で規範的であるとして退けられた諸アプローチによって切り崩された。新しいアプローチの多くは、冷戦後の国際システムやグローバル・イシューの新しい概念を実証主義は十分に説明することはできないと主張した[21]。

そこで、一九九〇年代になると、国際関係理論の主流である現実主義-実証主義パラダイムに代わるものとして、自省的な国際関係理論が台頭し、研究者たちにカーの非・現実主義を検討する文脈を提供した。ケン・ブースは、カーを現実主義者という位置づけから救い出した役割で知られるが、彼の指摘によれば、カーは「潜在的なユートピア的現実主義者」であったにもかかわらず、現実主義者によって誤解され、いちずなユートピアニスト批判者とみなされてきたのである。現実主義者たちは、カーの現実主義に対する批判にもユートピアニズムに対する肯定的な言及にも留意せず、カーのユートピアニズム批判のみに飛びつき、彼を自分たちの教祖のように扱ってきたのであった[22]。ブースによれば、国家以外の構造や力に関するカーの議論、あるいは思想の相対性や知の主観性に関する彼の考え方に着目した場合、カーは、新現実主義よりも、むしろ最近の構成主義理論と親和性を持つであろうというのである[23]。ポール・ホウェもこれに同意し、カーは「ユートピア的現実主義者」であり、伝統的な現実主義者のアプローチに取りついた停滞や保守主義に異議を唱えたのだと論じた。さらにホウェは、カーによるグローバルな政治の説明と、現代の批判理論家たちによる説明との類似性を明らかにしたのである[24]。

このような経緯で、一九九〇年代初期にカーの「ユートピア的」あるいは「非・現実主義的」な姿が浮上し、とりわけイギリスの専門家たちによる国際関係研究論文において、それまで以上に好意的に再評価されるようになった。専門家たちは、進化した形の政治的単位や世界的な権力関係の現実によって形作られる新しい国際秩序などに関するカーの認識の中に、確固としたポスト実証主義の要素を発見したのである[25]。

これと関連して、政治共同体に関する批判理論の原型ともいえるカーの議論と、諸国家からなる世界における不変性、必然性、不可避性に関する現実主義（ないしは新現実主義）的信念とを対照させたアンドリュー・リンクレーターの分析が想起されるべきである。リンクレーターが指摘するのは、近代国家の可変的な性質と政治組織の新しい形態の可能性についてのカーの類まれな分析は、国際関係の変わりゆく性質に関する現代の論争や、世界政治の規範原理のオルタナティブに関する考察にとっての重要な関連性を伴っているということにある[26]。リンクレーターによれば、道義的共同体と政治的共同体との境界は、固定的なものでも恒久的なものでもないというカーの認識は、「ユートピアニズムの単純素朴性とリアリズムの不毛性」の双方を回避したのである[27]。リンクレーターは、カーの思想のこのような姿を明らかにすることによってカーを古典的現実主義者の陣営から救出したばかりでなく、彼を規範的な関心を持つ国際関係の批判理論家の陣営に位置づけ、「リアリストかユートピアニストか」という二項対立を乗り越えることにつなげたのである。

以上にみたように、一九八〇年代末以来、カーは「再発見」され、「現実主義者」という彼に対する規定も再解釈の対象にされてきた。この過程は国際関係研究におけるポスト実証主義的転回とおおむね軌を一にしていた。この転回は、特にイギリスにおいて、その信奉者たちを、当時支配的であった合理的選択に関する実証主義的・

現実主義的な研究や現代国際関係についての高度に「科学的」なアプローチに対する挑戦と、その脱正統化に向かわせた。それゆえ、主だった現実主義者たちからその「哲学的失敗」を理由に無視され排除されてきたカーが、現実主義の支配的な地位が揺らぐとともに再び脚光を浴びるようになったのは、ある意味で当然のことなのである。

他の論者たちも、カーとイギリス学派との親和性を明らかにしようとし、あるいはカーの著作に構成主義者の原初的なアプローチを見出そうと試みた。ティム・ダンは、カーの見解が現実主義者の思想の「不毛」を指摘し、厳格な国家中心主義的な立場を離れていたことを強調し、カーを一面的な現実主義者と描写する支配的な見解に挑戦した[28]。ダンによれば、カーは国際関係研究という学問を、その法制度論的な起源を離れて幅広い地平へと拡張し、（批判的な方法ながら）歴史的、哲学的、法的な思考を統合する「古典的アプローチ」を採用することによって、イギリス学派の発展に貢献した[29]。さらにダンは、カーのリアリズムの別の側面の解明も進めた。それは、当時の政策決定者や知識人たちが唱道していた道義的普遍主義に対する批判の武器としてのリアリズムである[30]。このように、一九九〇年代末以降、国際関係の論者たちは、単にカーの現実主義的アプローチや『危機の二十年』の分析の妥当性を論じるだけではなく、非正統的あるいはポスト現実主義的な国際関係の理論と実践を探究する試みの一部として、カーの著作や思想を解釈したのである。

以上のような学術世界におけるカーの評価の変遷は、現代の国際関係をめぐる主要理論の発展の軌跡を反映している。実証主義の衰退と、より批判的、自省的、構成主義的なアプローチを志向する新しい理論や方法論の台頭が、カーに関する新しく多様な解釈をもたらしたのである。これらのアプローチは、国際政治の説明理論を提供するものであれ、国際政治の現実を構成する要素として既存の理論を示すものであれ、いずれも現代の「現実世界」の諸問題を反映している。しばしば指摘されてきたことであるが、グローバリゼーションは、人権、環境問題、ジェンダー問題、社会運動や非政府主体など、古典的現実主義の著作がほとんど無視してきた国際関係の特質を明るみに出した。さらに冷戦の終焉は、二極構造の国際システムは安定的であるという現実主義者の典型的な想定を揺るがした。その結果、カーの業績は新たな重要性を持つとみなされるようになったのである。

二　歴史哲学におけるカー

カーに関する二つ目のイメージは、歴史哲学者としてのカーである。本章で論じるように、歴史学界におけるカーの地位は、そのもっとも有名で論争的な著作である『歴史とは何か』にもとづいている。歴史の本質という古典的な問いを扱っているこの書は、一九六一年の初版以来、歴史研究の入門書として広く読まれてきた。

この著作でカーは、歴史は客観的な事実の収集と整理に関する学であるという信仰に挑戦し、歴史は科学に含まれるべきであると主張した。つまり、科学者と歴史家はともに、なぜ、どのように出来事は生じるかを説明することを根本的な目的として、人間とその環境に関する研究に従事しているのである。この著作の中で、おそらくもっともよく知られ、広く引用されてきた一節は、歴史とは「歴史家と事実との間の相互作用の不断の過程であり、現在と過去との間の尽きることを知らぬ対話」であるという論述であろう[31]。カーによれば、私たちは過去を現代の状況と照らし合わせることで理解し、現代を過去の実践の帰結としてみているのである。カーは次のように論じる。

歴史家は過去の経験から、それも、彼の接触しえた過去の経験から、合理的な説明と解釈をあてはめられると彼が認識する部分を抽出し、そこから行動の指針となる結論を導き出すのである[32]。

この著作はまた、歴史学は因果関係の研究であると主張し、歴史の客観性という申し立てや歴史とは「真実」を発見することだという主張に異議を唱えた。カーのこのような見解は、ジョフリー・R・エルトンの一九六七年の著作『歴史の実践』において激しく攻撃された。何よりもエルトンが疑問を呈したのは、きわめて最近の歴史についての物語しか著したことがなく、歴史家の多様な仕事について限られた理解しか持たないカーが、歴史学の状況について判断を下す資格があるのかという点であった(33)。エルトンの考えでは、カーの著作のさらに明らかな危険性は、過去について客観的な真理があるという信念を揺るがすことにあった。エルトンによれば、歴史学とは真理を追求する学問であり、専門的なスキルを身につけた歴史家のみが、史料の緻密な読み取りを通じて成就できる仕事なのであった(34)。

もう一人の影響力のある歴史家ヒュー・トレヴァー゠ローパーは、カーを決定論者であると批判した。すなわち、カーは、歴史家が将来につながる「正しい事実」を選定することによって歴史の進路が決定されると信じているというのであった。さらにトレヴァー゠ローパーは、カーの「教条主義」と、「歴史を何のためらいもなく勝利した者の立場と同一視し、それに反対した者やその犠牲者、大義に留まることも時流に乗じることもできなかった人々を情け容赦なく排除」する態度に批判を向けた(35)。トレヴァー゠ローパーは、自らの見解を補強するために、アイザイア・バーリンがカーについて述べた次のような印象的な解説を引用した。すなわち、バーリンがいうには、カーの歴史に関する著作は「ヨーロッパ自由主義の伝統にもっとも深く刻まれた歴史の公平性と客観性という理念に対する、この時代におけるもっとも途方もない挑戦を意味している」のである(36)。だからこそ、この「ヨーロッパ自由主義の伝統」の影響下にある歴史家たちは、客観性に関するカーの非正統的な扱い方、普通の人々の歴史の軽視、歴史における偶発的事象の役割についての立場に賛成しなかったのである。

その一方で、人道主義的社会主義や修正マルクス主義と緩やかにつながっていたイギリスのニュー・レフトの歴史家たちは、カーの歴史哲学を歓迎した。ギャレス・ステッドマン・ジョーンズは、カーの『歴史とは何か』を「経験主義、似非客観主義、および歴史分析の道徳的構造への従属に対する強烈な批判」であり、後の時代に実証主義の土台となる「事実」と「解釈」という二項対立の立場を突き崩す一撃とみなした(37)。このようなカーへの評価は、同時代の歴史学に対するステッドマン・ジョーンズの批判――すなわち、偽りの客観的事実の集積、方法論的実証主義、そしてそれに加えてイギリスの自由主義的伝統に支えられた道義的判断と彼がみなしたものへの批判――を基盤にしていた。ステッドマン・ジョーンズがみるところ、左翼歴史家ですらこの自由主義的な「事実」と「価値」の区分から脱しておらず、また歴史研究の意味のある全体性を軽視する傾向にあった。ステッドマン・ジョーンズは、「すべての偉大な歴史は構造的な歴史である」と主張するなかで、歴史を人間とそれを取り巻く環境（構造）の研究と理解していたカーと立場を一にしていた。そしてステッドマン・ジョーンズは、細分化した専門性や拭いがたい自由主義的個人主義を乗り越えて歴史の総合性を構築するために、「支配階級の構造と歴史、文化全体に関する歴史形態学的解釈に進むこと」が必要であると主張した(38)。もっともカーは、構造主義は彼にとって魅力的ではないと認め、歴史学と社会学との間の境界を「双方向の往き来のために広く開いておく」ことを提案するに留まっていた(39)。

カーやその他の急進的な歴史家がかかわった歴史記述におけるルネッサンスには、一九五〇年代から一九六〇年代初頭に冷戦の文脈で再主張され、支配的であった歴史の客観性問題への対応という側面があった(40)。自由主義的な歴史家も保守的な歴史家も、共産主義イデオロギーは歴史過程と歴史解釈のみに関心を持っていると思い込み、その台頭と戦うことに心を傾けた。西側の歴史は、それとは反対に、誠実さ、客観性、正確さといった諸価値を体現し、普遍的な科学的知識の最重要性を再確認するものと想定された(41)。それゆえ、歴史とは可能な限り客観的で異論のない事実を多く収集することによって成り立つという考え方に対して『歴史とは何か』が断固として挑戦したことから、当時の歴史家たちの間に広範な論争が巻き起こったことは驚くに当たらない。冷戦の雰囲気の中で歴史家たちはイデオロギー的に分断されていたが、「左翼」あるいは「右翼」のいずれかの立場に立ちながら、それぞれ異なった方法で、歴史の専門職を再確立しようと模索していた。くわえて、一九六〇年代末から一九七〇年代にかけて生じた「社会科学的歴史学（social scientific history）」の台頭に促されて、歴史家たちは、（カーのような）急進主義者や相対主義者の挑戦に立ち向かうために、科学的に厳密であろうと志向したのである。

しかしながら、過去二十年間、社会科学全般がポスト・モダニズム理論による攻撃にさらされるなかで、カーもエルトンも実質的に「時代遅れ」そのものになってしまったと主張されるようになった。[42]ポスト・モダニストの歴史批判家の一人で、歴史を単なる言説の一形態にすぎないとみなすキース・ジェンキンスは、カーを時代遅れとする見解を明快に表明している。ジェンキンスによれば、カーが支持した歴史的な因果関係という概念は、出来事がどのようになぜ起こったのか、ある出来事が何を意味するのかを発見したいという願望にもとづいて、職業的歴史家が、過去の出来事を意味のあるパターンに置き換える試みの一要素にすぎない。したがって、歴史的因果関係というアプローチにおいて、実際に重要なのは、事実そのものではなく、「歴史家が説明を構成するうえで、それぞれの事実に対して与える重み、地位、組み合わせ、そして意義なのである」という。[43]

歴史の本質についての著作で知られるアラン・ムンスローも、『歴史とは何か』の特権的な地位に辛辣な批評を浴びせ、同書は「今日のイギリスの歴史家に広く浸透している認識論的に保守的な歴史観」を正当化することに寄与してきたと主張した。[44]また、ムンスローは、歴史的事実に対するポスト・モダニズムの挑戦をカーは先取りしたという見解に反論して、当時、急進的であったカーは「相対主義と戯れていたにもかかわらず（あるいはそれゆえに?）、最終的には確信的な客観主義者に留まった」と論じている。ムンスローの見解によれば、イギリスの歴史家の大多数にとって『歴史とは何か』は、「ポスト構成主義およびポスト経験主義の歴史に対する頼もしい防波堤」であり続けているのである。[45]

実際には、リチャード・エヴァンスなど多くの歴史家は、歴史的真実という概念を擁護し、客観性と直線的な発展という十九世紀的な概念を再考するうえで、カーの考えをおおむね支持している。エヴァンスによれば、『歴史とは何か』は、伝統的な学術的歴史書と、歴史は一つの言説であるとするポスト・モダニズムの定義とのギャップを架橋するものである。エヴァンスは、歴史記述は常に様々な主観的要素を伴っていることを認めたうえで、カーの見解は今日の大多数の歴史家に受け入れられてきており、その著作の生命は持続するであろうと主張する。そして、歴史学の学徒たちは、「歴史家は個人であるが、その時代を生きる人間であり、作品や研究はその世界観や思考から切り離すことができない」というカーの見解から学ぶことを通じ、いまや「歴史的事実」を批判的に解釈することが可能になっていると論じるのである。[46]

以上、カーの歴史学方法論が歴史家たちによってどのように受け止められてきたのかを概観してきた。伝統的な自由主義や実証主義の陣営に属する職業歴史家たちは、カーの歴史哲学は危険なまでに相対主義であると批判した。また、ポスト・モダニストやポスト構造主義者は、それとは異なった視点から、カーは十分に「相対主義」的ではなく、旧態依然とした実証主義者であると非難した。よく知られているように、後者のポスト・モダニストやポスト構造主義者は、大学で訓練を受けた職業歴史家たちを、過去に関する一般の人々の認識枠組を構成する歴史的な「知識」を再生産してきたことをもって、批判している。興味深いことに、二つの陣営は互いに反目しながら、どちらも、『歴史とは何か』におけるカーの貢献を、歴史の営みを再考するために役立ちうるものとして再評価することはなかったのである。

このように、今日、歴史学は二つの極の間を揺れ動いているようにみえる。一つの極は、方法論的に本質主義的な歴史学であり、歴史記述は客観的かつ「科学的」であるべきだとする考えである。もう一つは、真理という概念をいっさい拒絶する極端に反実証主義的な歴史構成主義（historical constructivism）である。もっとも、エヴァンスを含む多くの歴史家たちは、どちらのアプローチも採用せず、カーが重要な役割を果たしたと彼らが考えるかつての学術論争を再評価することを通じて、両者の架橋を追求している。『歴史とは何か』が刊行されてから約四十年が経過した現在、イギリスの歴史家の多数（ムンスローの用語では「穏健な復元主義的歴史家たち」）は、この著作の中核的な命題が今日の歴史研究の主流を構成するとみなしており、カーの提起した命題——すなわち客観性、因果関係、歴史的事実、歴史家の役割——の変わらない重要性を積極的に評価している。(47)

三．カーとソヴィエト・ロシア史

カーが一九四五年に『革命以降のソヴィエト・ロシア史』[『ソヴィエト・ロシア史』執筆契約時の仮題]の出版契約書にサインし、一九五〇年にその第一巻が刊行されて以降、彼の晩年の生活の大半は「ソヴィエト研究者のカー」に捧げられた。全十四冊の『ソヴィエト・ロシア史』は、一九一七年から一九二九年にかけてロシアで起きたことの先駆的な分析であったが、『歴史とは何か』と同様に、ソヴィエト研究者やロシア史家の間に大きな論争を巻き起こした。

もっとも、カーの多くの業績に対する評価の中でそのロシア研究に対する評価こそ、社会的・政治的環境に左右されがちであった当時の知的雰囲気にもっとも大きく影響されたという事情に留意する必要がある。一方でカーは、ソヴィエト・ロシアの歴史について「革命の経緯そのものより、革命が成就した事業やその結果」をできる限り詳細に記述しようとしたのだが、西側陣営の政治的な意見が冷戦の敵対的な雰囲気に包まれていたなかにあって、その試みが好意的に受け止められることはなかった。カーの『ソヴィエト・ロシア史』は批判者たちから、ソ連の政策の弁明とみなされたのである。[48] 他方でカーの仕事は、共産主義者やマルクス主義者の教義から一定の距離を置いていたため、マルクス主義歴史学の影響下にあった西側の左翼歴史家からは、ソ連共産主義に対してあまりに無関心で冷淡であるとみなされた。[49]

カーの『ソヴィエト・ロシア史』は、冷戦という複雑で困難な知的対峙のもとで、両義的で論争的な役割を演じた。当時の知識人たちは、自らのイデオロギー的信念にもとづいて、反共・反ソを主張するか、反資本主義のソ連の立場をとるか、いずれかの立場をとることを求められていた。多くの場合、イデオロギー的に両極化した状況の中にあった論者たちは、カーが自分たちの陣営に与しているとはいえないとして、結局、彼を攻撃することでけりをつけた。カーは、ロシア革命を、西欧モデルに従うか自国の伝統を保持するかというロシアが抱えたディレンマへの対応とみなしたが、冷戦期のソ連の歴史家にとってこのようなカーの革命観は、反動的な「ブルジョワ的歴史学」であり、「ロシアにおけるプロレタリア革命の客観的基礎の否定」なのであった。[50]『ソヴィエト・ロシア史』の完成に向けてカーに協力したロバート・W・デイヴィスによれば、西側において同書は、一九五〇年の第一冊刊行以来、常に厳しい批判にさらされ続けてきたという。批判者たちは、特に最初の三冊［*The Bolshevik Revolution 1917–1923, Vol.1–3*］が、モスクワの政策決定過程に過度に関心を集中し、レーニンとその政策を賛美しすぎているとして攻撃した。[51]

共産主義世界における「非スターリン化」の進行は、正統派のソ連史研究者に、共産党の政治教義から自由に過去を再考することを促し、その結果、カーの著作をより真剣に取り扱おうとする歴史家たちも生まれた。『ソヴィエト・ロシア史』が完成した数年後、その主要な功績は次のように評価されることになった。

カーの著作の射程は、前人未到のものであり、その後もほとんどの人が実際には踏み込んでいない領域である。……カーの分析は、いまではスターリン主義のダイナミズムを理解するために欠かせない出発点である。……カーの著作は、偶発的な政治事象（スターリンの台頭）と構造的な決定要因（ロシアの後進性という制約）との複雑な関係の一貫した説明である。この複雑な関係に刻まれているのは、ロシア革命の破滅的な深刻さであり、E・H・カーは、われわれが知る既存の著作の大半より、さらに力強くそれを読者に伝えているのである。[52]

一九八〇年代後半におけるゴルバチョフのグラスノスチ（情報公開）政策の結果、歴史家と多くのソヴィエト市民は、ソヴィエト・ロシアの歴史、ソヴィエト体制の原理や実践の見直しに情熱を燃やすようになり、そのことがカーの業績に対する評価にも影響を及ぼした。[53] しかしながら、カーの研究仲間の一人であった渓内謙によると、ソ連崩壊後ほどなくして、多くのソ連研究者や歴史家は、ソ連の歴史のすべてを没落の歴史とみなして否定する傾向の知的雰囲気に影響され、カーの著作に言及しなくなった。[54] おそらく、革命本来の目的に対するカーの共感が、ポスト共産主義時代におけるソ連史全体の否定と両立しなかったのである。同様に、ソ連の建国者であり革命的な指導者であったレーニンに対するカーの好意的な見解は、もはや当時の修正主義とは相容れなかったのである。

ロシアの歴史家の中には、カーを「自由主義の諸原則を称賛した、正直で客観的な歴史家」とみなし、その著作を「良心的で、専門家としての誠実さに満ちて」いるとみなす人々もいた。[55] ところが、『ソヴィエト・ロシア史』のロシア語訳の刊行は、一九九〇年に最初の二冊［*The Bolshevik Revolution, 1917–1923, Vol.1 and 2* の合冊版］が出たところで突然中止された。[56] この一九九〇年は、統治システムとしての自由民主主義の正統性が「歴史の終わり」を実現し、自由民主主義は世襲君主制、ファシズム、そして直近では共産主義など、あらゆる対抗的イデオロギーを打ち破ったという考え方が大変もてはやされたその年であった[57]。

しかしながら、そのようなソ連研究の休眠状態は、最近になって一般市民や研究者の過去への関心の高まりにとって代わられつつある。その関心はまた、ロシア社会の将来への関心とも結びつけられた。歴史家たちは、個々の出来事の解釈においてどれほど見解が違っていても、二十世紀の歴史を理解しようとするならば、ロシア革命とそれに続くソ連の経験の再評価を避けて通ることはできないという見解を、多かれ少なかれ共有するようになった。これについて、レックス・A・ウェイドは次のように指摘している。

　民主主義と政治体制、階級と社会・経済的問題、非ロシア民族の自治や独立、ロシアの大国としての地位、その他一九九一年以来この地域を分断してきた諸問題をめぐる闘争の再燃は、これらが最初に争われた一九一七年のロシア革命の重要性を人々に再確認させた[58]。

いまだに残り続けている遺産という観点からロシア革命を再評価することは、それが歴史的な偉業であり、現在と未来にとって意味を持ち続けているとするカーの評価と共鳴しあう。冷戦時代の善悪二元論的パラダイムの消滅と、それに続いて生じた過去を「消し去ろう」とする動きの消滅は、ソ連の経験をより明確な歴史的な視野でとらえることを容易にした。その研究は、かつてカーを悩ませた「コミュニケーションの乗り越え難い壁」や「冷戦のプロパガンダの絶え間ない流入」によって妨げられることはもはやなくなった[59]。こうして、今日、ソヴィエト・ロシア史研究の分野におけるカーの貢献に関するバランスシートの調整が、ソ連崩壊後の空白期を乗り越え、ロシア革命の結果と、それが現代社会の直面する諸問題にとって持つ意味を再検討している人たち――

デイヴィス、溪内、ウェイド、マイケル・コックスなど――によって進められているのである。

第二節 「三人のカー」から「一人のカー」へ?

一・近年の「カー研究」

前述のように、三つのカー像に対する評価は、おおむねカーが属した研究領域にもとづくものであり、それぞれにその当時に問題となった学術的・政治的雰囲気を反映してきた。一九九〇年代後半以降、カーに関する研究書が多数上梓され、三人のカーを一人のカーへと統合しようとする傾向が顕著になった。このような流れは、学際的な観点からカーの多面的な研究を再評価し、二十世紀の学問に対するカーの広範な貢献を包括的に評価しようとする研究者たちの試みによって牽引された。後にみるように、これらの研究者たちは、多くの場合、三人のカーが共有する知的要素（特に学問領域の境界を越える要素）に注意深く関心を寄せている。

この「統合」はどのように進んできたのだろうか。一九九〇年代後半にこの過程を加速させた要因は二つある。一つは、一九九七年七月、かつてカーが一九三六年から一九四七年までウッドロー・ウィルソン講座を担当したウェールズ大学アベリストウィス校で開催された、カーに関する国際会議である。象徴的なことに、この会議の後ほどなくして、同大学にE・H・カーの名を冠した教授職が設置された。これらの出来事は、カーが重要な思想家であり、世紀転換期においてその功績を再認識すべきであるというメッセージを広めることを目的にしていた。いま一つの要因は、バーミンガム大学図書館所蔵の「E・H・カー文書（Papers of E.H.Carr）」の分類と目録化が実質的に進んだことである。[60] この文書はカーの変転極まりない人生と広範囲にわたる学問の記録であり、カーの思想やその創造的著作の起源をより深く学ぶことを可能にしている。

そして、三つの学問分野（国際関係研究、ソヴィエト・ロシア研究、歴史研究）それぞれにおけるカーへの関心の高まりが、カー像の「統合」に向けた最初のステップとなった。一九九〇年代を通して、これら三つの研究領域はいずれも学問分野の再編を経験し、その過程で自省的にカーを再評価することが促された。研究者たちは、自らが直面している課題に取り組むためにカーを引き合いに出したが、その結果、それぞれの専門分野でカーを蘇らせることになった。そしてどの分野でも共通して、カーの先駆的な役割と世界の歴史的発展に関するニュアンスに富んだ理解が強調されることになった。

カーは、歴史研究において、主流にあった歴史家たちを研究の入り口へと引き戻した。ポスト・モダニストの理論や歴史学における「言語論的転回」の挑戦によって、歴史記述、年代記、および歴史的知識の客観性へのありきたりの関心を攻撃された歴史の専門家たちは、歴史の本質にかかわる何らかの根本問題に向きあうことを迫られた。一九九〇年代全般にわたって多くの歴史家は、かつてカーが第一人者であった歴史家という職業やその知的世界に関して、差し迫った危機感を抱き始めた(61)。そこで、彼らは、カーの業績に立ち帰ることが歴史学という学問の再生につながる助け舟になりうると考えた。なぜなら、カーの著作は、ポスト・モダニズム、言語学理論、その他の新たな専門分野から歴史学というディシプリンを守るためのみならず、歴史家たちにカーがいうところの「現在と過去と間の尽きることを知らぬ対話」を続けることを促すうえでも、役に立つと考えられたからである。

ロンドン大学歴史研究所は、『歴史とは何か』の刊行四十周年を記念したシンポジウムを主催するに当たって、次の三つの目的を掲げた。

第一に、初版の発刊から四十周年を祝い、カーの原著を再評価すること。第二に、カーが本書を執筆した当時から現代までの間に歴史学に生じた様々な発展や驚くべき多様化を検討して説明すること。第三に、歴史が、教養のある市民、公共文化、国民生活にとって当然のことながら不可欠の要素であり続けている（そうあり続けるべきであり、あり続けなければならないものであるが）と考える広範な読者に届くような一冊の書を刊行すること。(62)

カーの業績に関する以上のような再評価が、歴史学という学問分野の発展と存続の探究に結びついているというのは興味深いことである。すでにみたように、一九六〇年代から一九七〇年代にかけて、カーの「新しい」歴史学は「伝統的な」歴史家たちには好意的に受け入れられなかった。一九八〇年代から一九九〇年代になると、カーの歴史学はもはや「新しい」ものではなく、急進的なポスト・モダニストにとってはむしろ「古い」ものになってしまった。ところが、二十一世紀への転換以来、それは注目の的となり、「歴史家という職業の基礎的な概念装置の一部」といわれるほどに信頼を獲得した。(63) 前述のロンドン大学歴史研究所主催のシンポジウムが示しているように、今日、多くの職業歴史家が、カーの中核的な命題はいまだに影響力を持っており、また、過去と現代の歴史学の双方向的作用を生み出す力を担い続けていると考えている。この対話の発展にカーが果たしている重要性について、リチャード・エヴァンスは、「E・H・カーがいなければ、おそらくこの相互対話はまったく生じなかった」と明確な所見を述べている。(64)

ソ連研究の分野において、カーの業績は、ロシア革命およびその後のソ連の経験の意義を再考し、あるいは、より長期的な歴史的時間枠と広い理論的な視座のうちにソ連崩壊と新生ロシアの誕生を位置づけようと試みてきたソ連の研究者たちにとって、拠り所になってきた。これらの研究者たちは、多様な因果関係の重みを定まりなく評価配分することから生じる、ロシア革命に関する矛盾した説明やボリシェヴィキの勝利に関する競合的な解釈を再検討するために、カーの歴史研究を利用している。[65]このうちカーの研究のメタ理論的な視座を採用した歴史家たちにとって、異なった説明や解釈は、ソ連の経験の本質についての相対立する見解の反映であり、それは現代世界政治の諸側面あるいはソヴィエト・ロシア研究の重要な特質の一つを構成するものとみなされるべきなのであった。

西側と旧ソ連の双方において、すべてとはいえないがほとんどの歴史家と社会科学者は、ソ連の挑戦は全面的な失敗に終わり、ソヴィエト体制は不成功であったという判断を下した。この結論に対して異議が投げかけられたが、[66]この点についてカーの著作には新しい発見は何もなく、彼は単にその時代の人にすぎなかった――そしてその時代は過ぎ去り、カーは歴史に追い越された、というのが支配的な見解であった。[67]他方で、ソ連の崩壊を資本主義と自由市場の偉大な勝利とみなすことに反対する修正主義者たちは、カーの『ソヴィエト・ロシア史』は、ソ連の経験に関する膨大な歴史的知識のみならず、ポスト共産主義時代の社会的経済的問題についての新しい視点を提供するものであると論じている。

ソヴィエト体制に関する新たな考察方法を探求するなかで、これらの学者たちは、カー自身が『歴史とは何か』で示唆したのとほぼ同様の方法で、カーとの対話に従事してきた。彼らも、ソ連の影響下において、国家による戦時の産業統制と労働運動が戦後社会全体の恒久的な特徴になるであろうというカーの理解は、誤りであったと認識する。[68]そのうえで彼らは、市場経済は成長を続けるという新自由主義の想定と、貧富の格差が生じた世界における社会的・人間的な要求との対立を目の前にして、ソ連の挑戦から建設的な教訓を引き出すことが可能だと考えている。そのいくつかの教訓は、ソヴィエト体制形成期の機能の特定の側面に関するカーの分析に見出されるという。[69]このように、最近における「ソヴィエト・ロシア研究におけるカー」の復活は、ソ連の経験を見つめ直し、それをグローバル資本主義経済に伴う現代の諸問題に立ち向かう際の拠り所にしようという修正主義者の試みによってもたらされたということができよう。

国際関係研究において、その学問分野の先駆者の一人であるカーは、ポスト冷戦とグローバリゼーション時代の世界政治において、これまで以上に重要になったと考えることができる。すでに触れたように、国際関係理論において支配的な潮流を形成していた新現実主義あるいは新自由主義（neo-liberalism）に対するオルタナティブが徐々に登場してきた状況を背景に、カーの業績の非現実主義的な諸側面が大きな注目を集めてきた。過去十年間に実証主義的アプローチが否定されていく過程において、多くの学者が、カーの見解と、批判理論および構成主義との間に親和性を見出すようになった。なぜなら批判理論や構成主義は、社会的に構築されて可変的であるはずのものについて、いかに現代の国際関係理論が所与で不変のものとみなしてきたのかを明らかにする探求だからである。(70)

リアリズム対ユートピアニズムというカーにかかわるもっとも知られた理論的な分類は、もはや説得力があるとはいえない。この二項対立は、複雑で多義的な現代世界の事象の様々な側面を説明するにはあまりにも単純すぎるからである。他方、「権力政治」の称揚と国際的な利益調和の賛美をともに回避し、「社会的諸勢力、諸国家、世界の諸秩序(71)」の関係性と政治組織の可変的な性質をとらえたカーの描写は、今日のグローバル政治の諸問題を理解するための洞察への優れた貢献であると広く考えられている。

このように、一九九〇年代以降、三つのカー像は同時並行的に脚光を浴びてきた。歴史の本質に関するカーの見解は、引き続き重要な争点であり続けている。初期ソ連に関するカーの著作は、ソ連の遺産を考察するための準拠点として再評価されている。そして、国際関係研究におけるカーの影響力は、今日、どの時代よりも大きくなっている。すでに触れたように、カーの再評価には特有の背景が存在する。すなわち、それぞれの研究領域ににおいて、現代世界における歴史的変化の本質と意義を把握しようという努力が展開されるなかで、知識構築の方法について熟考することが求められてきたのである。ここに、世界政治の変容を時間と空間の文脈に位置づけ、現代を歴史ととらえ、歴史を終わりのない過程であると断言するカーの歴史的思考様式が、それぞれの研究領域において議論されてきたのである。

このことは、価値は文脈に規定されるものであるという彼の見識や、客観性や中立性を装う支配的な理論のイデオロギー的性格を暴露しようとした彼の試みとも関連している。このようなカーの立場は、事実と価値は完全に分離することができ、自然科学者が自然界の真理に到達するのとほぼ同様の方法で、社会科学者もまた理論を通じて人間社会の真理に到達することができるという実証主義の想定を拒絶する点で、ポスト実証主義と似通っている。したがって、社会科学および科学哲学における「ポスト実証主義的転回」は、三つのカー像それぞれの再評価を加速させるとともに、異なるカー像を生み出してきた三つの領域のアプローチに共通する特質を描き出し、「一人のカー」を発見しようという関心をあわせて喚起したのである。

「ポスト実証主義的転回」は国際関係研究の分野でもっとも明白であり、三人のカーを統合する試みもこの分野でもっとも顕著である。カーの国際関係研究の業績に関する最初の著書を執筆した国際関係研究の専門家チャールズ・ジョーンズは、「当時のアングロ＝サクソン世界に広く行き渡っていた実証主義とは一線を画したカーのポスト実証主義的な社会科学の方法論」に特別の注意を向けた(72)。ジョーンズは、カーの多くの著作の全般的な特徴といえる修辞のテクニックや新聞記者風のスタイル、あるいは政治的な機会主義などは、カール・マンハイムとその社会構成主義の方法論に影響を受けていた点を強調した。ここで、カーの著作の政策志向的な文脈、特に一九三六年から一九四六年にかけてイギリスの政策に影響を及ぼそうとした彼の一貫した努力に、初めて光が当てられた。ジョーンズは、当時「イギリス政府の代弁者」と広く考えられていた『タイムズ』紙に一九四〇年から一九四七年にかけてカーが執筆した社説を詳細に分析した。さらにジョーンズは、時事評論家としてのカーの役割を明らかにするために、イギリス外務省の文書、『タイムズ』紙のアーカイブ、あるいは一九三〇年代の政治雑誌を史料とした。これらの史料は、ラディカルな政治的関与と臨床的なリアリストとしての分析との中間に自らを位置づけるカーの戦略に、新しい光を当てるものであった。

ジョーンズの研究は、学術的な科学としての国際関係研究の創設以上にイギリスという国家の力の維持に大きな関心を抱いていた、戦略的な時事評論家としてのカーの肖像を提示したが、それは国際関係研究の「父」としてのカーの名声を傷つけるものであった。議論の余地が残るところではあるが、ジョーンズは、イギリスの力と利益の擁護を愛国的に追求しようとしたカーの実利的現実主義を再評価するに当たって、その理論や実践の詐術的特徴を強調しすぎているのである。ジョーンズは以下のように論じている。

カーの作戦は、彼の政敵であるユートピアニズムと知識社会学の批判的なテクニックの双方をともに消耗させることにあった。そうすることによって彼自身は、捨てられたユートピアニズムの要塞に裏門から滑り込み、急進的な社会的・政治的変革の大義を掲げて、大量の修辞上の大砲を動員することができるのであった。カーは、こうすることだけが、世界におけるイギリスのパワーの維持という保守的かつ国家主義的な目的を支える唯一の方法であろうと信じていたのである。[73]

ところが、このような偏りにもかかわらず、ジョーンズの著作は「国際関係の理論家としてのカー」という従来のイメージを揺るがし、より多面的な顔を持つ「一人のカー」を出現させる扉を開いたのである。

「一人のカー」に向けたプロジェクトは、ソ連外交史研究家ジョナサン・ハスラムによるカーの最初の伝記の出版（一九九九年）によってさらに推し進められた。ハスラムは、「本物のE・H・カー氏、お立ち願えますか?」という質問に答える形で、「一人のカー」を「本物の」カーとして提示した。[74] ハスラムは、カーの論争的で重要な知的遺産を生み出した複雑な人間性と、彼が生きた時代とを編み合わせている。ジョーンズが、カーの一貫した政治的な動機を基礎に「一人のカー」を提示するとすれば、ハスラムは、外交官、伝記作家、ジャーナリスト、時事評論家、国際関係論の教授、歴史家としてのカーを統合し、一人の人間としての「一人のカー」を提示するのである。ハスラムが提示するカーは難解な人物で、その知的形成において無慈悲な現実主義への同一化と革命に対するロマン主義的な願望との間で格闘し、その思想においては多くの批評家が考えているよりもはるかに分裂し一貫性に欠けていたというのである。

この伝記の主要な史料はカーの私的な文書である。[75] それらを綿密に検討することを通して、ハスラムは「一人のカー」の心理的な肖像を描き出し、政策提言についての彼の煮え切らない態度や、国内問題に関するユートピア的な姿勢と外交政策に関するリアリズムの姿勢から生じる緊張関係に焦点を絞っている。[76] ジョーンズと異なり、ハスラムは、カーに一貫性が欠如していた要因を、その複雑で、魅力的で、かつ神秘的な人格に帰している。もっとも、ハスラムは、カーの学術的著作の目的やその国際関係思想の特質について詳細に論じているわけではない。「一人のカー」の理論的な射程をより深く理解するために実際に必要なのは、カーの思想の見取り図をより明確に描き出すことである。

国際関係論の教授であるマイケル・コックス［現在LSE名誉教授］は、ハスラムによる伝記が「本当のE・H・カー」の発見に貢献したことを好意的に評価しつつ、同時に「一人のカー」に関する一つの見解を提示した。二十一世紀への転換点において、コックスは、国際関係研究に始まり政治理論、ソヴィエト・ロシア研究から歴史学にまでまたがる様々な分野の研究者（そこにはジョーンズやハスラムも含まれる）によって執筆されたカーに関する十五編からなる論文集を編纂した。この論文集は、カーに関する国際会議に提出されたペーパーをもとにしたもので、カーの人生とその時代、ロシア問題、国際関係、歴史哲学の主題からなる四部構成である。(77)

この論文集の第一部は、自由主義者であった第一次世界大戦前から戦間期のアウトサイダーを経て、戦時中のラディカルへ、そしてイギリスの政治的支配階級の中心から冷戦期の政治亡命者的な存在へという、カーのイデオロギー的・政治的な立ち位置の変遷を扱っている。第二部は、旧ソ連体制に関するカーの分析を扱っており、一九三〇年代から死に至るまでのカーのソ連観の変遷、冷戦期におけるその知的な役割、マルクス主義者であるアイザック・ドイッチャーとの親密ながらも複雑な交流関係が考察されている。第三部は、国際関係に関するカーの学術的著作の再検討である。ここで描かれるカーは、頻繁に引用され誤解されてきた「リアリスト」の古典（すなわち『危機の二十年』）で知られる国際関係研究の専門家であり、その時代の具体的なケースに応答する知的活動家であり、政治的共同体の境界線の拡張や現代国際システムに対する革命の影響を探求する先駆的な批判理論家である。最後の第四部は、歴史および歴史学に対するカーの貢献を扱っている。ここに執筆者として登場する歴史家の多くが、『歴史とは何か』に数多くの方法論上の問題点があることを認め、なかにはカーの著作を時代遅れで役に立たないとみる者もいる。その一方で、他の者は、歴史過程に関するカーの見解は、現代の諸問題を創造的かつ批判的に探求するうえで、依然として有効であるという意見である。

この論文集は、関連する学問分野におけるカーの影響力についての異種混合的な評価の集成である。しかし、編者のコックスによれば、なるほど寄稿者の見解は多種多様である。そうであっても、カーは、彼に敵対的な論者あるいは無批判的な論者のいずれか一方のみの議論に委ねるにはあまりに重要な存在であるという共通の信念によって、この論文集は編まれたものであった。(78)そして、カーは、彼が生きた時代のほとんどの重要な論争の中心に存在していたがゆえに、また、当時と類似したディレンマや問題に向き合っている今日の知識人にとって有益な存在であり続けているがゆえに、すべての寄稿者がカーに何らかの価値を見出すことができたのだという。基本的に、二十世紀の政治的、歴史的、社会的思想に対するカーの貢献への共通の関心こそが、複数のカー像の統合を促し、「カー研究」を動機づけたのである。カーとの対話にかかわる論者たちは、暗黙にであれ明示的にであれ、過去は現代を照射するというカーの想定を受け入れている。コックスの編書から姿を現した多面的で複雑な肖像は、もう一つの「一人のカー」像を構成している。そしてこの像は、カー自身による次のような示唆――すなわち「人は先祖の経験から（必ずしも利益を得るというわけではなく）教訓を得ることができる。そして、歴史の進歩は、自然の進化とは異なり、獲得した遺産の伝達いかんにかかっている」という示唆――によって導かれている(79)。それゆえ、これらの研究が示すのは、今日の論争や諸問題にカーの思想が引き続き意味を持つという考えのもとで彼の思想の再構築を試みる、カーに関する一連の多様な解釈なのである。

二．「一人のカー」アプローチによる「カー研究」？

これまでみてきたように、「三人のカー」の再生は、かつてカーが取り組んだ課題を問い直しながら、それぞれの学問分野が直面する争点や問題への対応を探ることを通じて進行してきた。最近の「カー研究」は、カーの再解釈という共通の関心に鼓舞されて、これまで三つの学問分野固有のカーのイメージとされてきた型にはまったモノクロームのカー像とは異なる、新しい色彩豊かな「一人のカー」像を意欲的に描こうとしている。そのうえで、それぞれの異なった目的にあわせて異なったアプローチを採用することによって、カーの既存イメージを乗り越えようとしているのである。たとえば、ジョーンズは、カーの業績における政策的文脈や操作的側面を際立たせるために、国際関係研究および社会学の枠組を用いる。ハスラムは、カーの人間性を理解することが、彼の思想や行動における緊張や両義性を説明するのに役立つと信じて、伝記的な研究に取り組む。コックスは、カーとの対話に従事している現代の主要な研究者たちを多数取り込んだ集団的なアプローチを採用するのである。興味深いことに、まちまちに評価されてきたカーの諸像を乗り越えようという彼らの試みが、通俗的なカーの諸像を正統化してきた既存の学問的枠組みを揺るがしているのである。そして、彼らによる「一人のカー」の探求は、各学問分野に沿ってカーの貢献を理解するというこれまでの一般的な方法に対する挑戦と、往々にして結びついているのである。

しかしながら、本書は、これらのアプローチが複数のカー像やその多様な問題提起を統合することに成功してはいないと論じる。学問分野の境界を超えた統合の試みは、ある程度までは、二十世紀末に始まった学術動向の現れである。すなわち、社会科学において、より多くの学者たちが、現代世界を様々な異なった視角から分析するために、多面的かつ学際的なアプローチを採用している。たとえば、国際関係の諸理論は、社会学、歴史学、法律学、哲学など他の学問分野から、新しい多様なアプローチや理論を多数輸入し結合するようになっている。学際的な手法と目的にもとづいた「一人のカー」アプローチは、このような動向を反映している。しかしながら、異なる領域の知見の採用は、時には「借用のための借用以上のものにならず」、異なった理論やアプローチの雑多なつぎはぎに終わる可能性がある。[80] 最近の「カー研究」も、異なる評価を受けてきた複数のカーを結びつける中心的な論点を十分に吟味しなければ、カーに関する既存の諸肖像の様々な側面のコラージュに終わってしまうといわざるをえない。

端的にいって、「一人のカー」を目指すアプローチは、おおむねカーに関するこれまでの様々なイメージを集めた構成物に留まっている。既存のアプローチは、カーが議論した諸領域の、内的につながった複雑な相互関連性を充分に説明していない。そして、「カーの著作はどの程度まで一体のものとして解釈できるのか、また、彼の人生の異なった局面と著作の間に、あるいは彼が生み出したきわめて多様な種類の業績の間に、どこまで一貫性、あるいは継続性があるのか」という問いに対しても、満足な解答を提示していない[81]。実際のところ、最近の研究は、従来のありきたりなカー像では曖昧にされてきたカーの思想の両義的で一貫性に欠ける側面をより強調する傾向にある。国際関係の分野では、カーの著作のより急進的な側面が掘り下げられ、その結果、カー像は非常に複雑で色彩豊かなものとなり、「ある種の現実主義者で、進歩主義者で、相対主義者で、機能主義者で、ケインズ主義者で、マルクス主義に感化され、批判理論の先駆的な理論家でもある」と表現されるようになった。しかしながら、これらの諸要素は共存しうるのか、もしそうであるならばどのように共存しうるのか、については明らかではない。

ピーター・ウィルソンによれば、このような研究動向は、カーの知的・政治的色彩のどれが本物であるのか、読者を混乱させてしまう[82]。すなわち、カーはその思想に多くの矛盾した要素を抱え、種々雑多な分野に関心を抱いた、一貫性のない思想家であったという印象を人々は受けるであろう、というのである。ウィルソンは、このような議論とは対照的に、カーは、様々な構想や概念を筋の通った方法で一つに織り上げた点で、一貫性の欠如とか矛盾という指摘をひっくり返すに充分な、際立って一貫性を備えた思想家であったと主張する[83]。ウィルソンによれば、カーの貢献は急進主義と保守主義を独特な形で融合させたことにあり、この二つの立場は、カーの唯物論的で進歩的な歴史観において不可分の関係にある。そして、この統合能力こそ、カーを真に特別な思想家としているのである。ウィルソンは、このように自らの思想と行動のうちに異なった諸要素を統合することによって「全体としてのカー」が構成されていると論じる。この指摘に照らすならば、最近の研究で明らかにされた次の諸要素は「統合され」なければならない。すなわち、ジョーンズが際立たせたカーの仕事における政策志向的で「保守的」な目的や、ハスラムが指摘した政治領域（理論と実践の双方）におけるカーの一見したところ両義的な見解、そしてコックスとその協力者たちが論じた国際関係研究と歴史の分野に対するカーの多面的かつ論争的な性格の貢献である。

しかしながら、ウィルソンもまた、この統合の性質や「全体としてのカー」の知的な特徴について充分に明確にしてはいないと指摘せざるをえない。本書で論ずるように、確かに、カーが急進主義と保守主義をよりあわせる能力を備えた一貫性のある思想家であったという主張においてウィルソンは正しいが、そもそもカーの思想体系を有機的な全体としてどのように理解するかという重要な問題が残されている。とりわけ、カーの多様な構想や概念はどのように一貫した方法で統合されているのであろうか。そして、それらはどのように相互に関連しあい、どのように発展するのであろうか。先行研究は、カーの思想の動態的な発展やその思想の複雑さと時代による多様性という特徴について、十分な理解を提示してこなかった。「全体としてのカー」を浮かび上がらせるためには、何がカーの理念や問題意識の中核を成していたかを考察する首尾一貫した発展的な視座が必要なのである。

本書は、カーの思想における一貫性に焦点をあわせるが、それをある一つの特定の難題――すなわち、二十世紀に移植された十九世紀の自由主義的国際主義の思想と行動の「不毛と幻滅」をいかに克服するかという問題――との取り組みと理解する。そうすることによって、この問題を中心にカーの多面的な関心が相互に織り成され、彼の思想の様々な要素が発展する思想体系を構成したことを明らかにできるであろう。鍵となるのは、カーの考えの中では「理論」と「歴史」が分かち難く結びついており、理論は歴史的な産物とみなされ、歴史はある理論的な立場の反映とみなされるという点である。「共通」の価値あるいは「普遍的」な原則と想定されている事柄に対するカーの挑戦は、彼の相対主義を体現しており、そこでは、理論は「現実のなかから生まれ、現実そのものになっていく」のであり、変化する政治過程において「みずから変革的役割を果たす」とされる。[84] 逆に、このような考え方は彼の歴史哲学に支えられており、過去は決して静止的ではありえず、現代の文脈に即して常に書き換えられるという彼の持論とも整合している。「全体としてのカー」を統合するアプローチを構築するには、カーの理論の「変革的役割」とその歴史的な思考様式との関係についてのより包括的な見方と、そして時代を通じてカーの知的挑戦を支え続けた理論と歴史との相互作用の過程に関する首尾一貫した視座が求められる。

カーは、当時の重要な国際問題について批評するかたわら、すでに時代遅れとなった十九世紀の自由主義原則のうえに築かれた国際および国内体制について一貫した関心を持ち続けた。その関心がいかなるものであったかが、次章の焦点となる。次章では、まず、自由主義的国際思想の主要な特徴——特に恒久平和への展望と自由貿易への信奉——に対するカーの批判を理解するための歴史的文脈を提示し、カーが終始一貫して、西欧の自由主義的諸原則のイデオロギー的性質を露わにしようと試みていたことを明らかにする。次いで、十九世紀自由主義のイデオロギー的な役割の歴史的・政治的な発展を考察することにより、十九世紀的自由主義の再検討という課題が、いかにカーの思想体系の土台を形成していたかを明らかにする。この問題こそが、カーの思想の全体的統一性を理解する要なのである。

第二章　自由主義的国際主義の復活

カーを、まぎれもない「現実主義者」に列する一般的な分類は多くの点で間違っている。その分類は、確かにカーが戦間期のユートピア的理想主義に対して攻撃的な態度をとったことへの評価から生じたのであった。ただしその結果、悲観的で安全保障を中心的命題とする現実主義理論と、楽観的で自由を志向する自由主義理論との間の古典的な国際関係論論争――カーは実際にはその論争の参加者ではなかった――において、彼を現実主義者の側に位置づけてしまうことになった。しかし、その国際関係論の「第一論争」と呼ばれる枠組は、戦後のアメリカにおける国際関係論の発展の中で生み出された神話のようなもので[1]、カーの政治思想の本質を明らかにするうえではあまり役に立たないのである。カーの哲学的・政治的な立ち位置を理解するためには、後世に作り上げられた「第一論争」から始めるのではなく、カーの立ち位置を、彼が何よりも否定し再考しようとした十九世紀および二十世紀の国際関係思想の諸側面という文脈の中で考察するのが最適である。

本章の目的は、十九世紀の自由主義的国際主義と、それを継承した戦間期の理想主義に対するカーの哲学的対決を検証することにある。第一に、カーが特に異議申し立てをした「自由貿易」および「恒久平和」という特徴的な教義に焦点を絞り、十九世紀の自由主義的国際主義の発展を歴史的に概観する。第二に、戦間期に提案された様々な世界秩序構想やそれと並行して発展した国際関係論という学問の、双方に深く根差していた自由主義的国際主義の伝統を明らかにし、その後に、アングロ＝サクソンの自由主義的政治文化の覇権的な地位を相対化しようとしたカーの試みに焦点を絞る。カーによれば、伝統的な自由主義的思考様式の中で国際関係における共通善とみなされていた概念は、その当時の強者であった自由主義国家の利益を反映していたにすぎなかった。カーは、自由主義的理念そのものをユートピア的としてきっぱりと拒絶したわけではなかった。カーは、利益の調和という十九世紀の古い教義の誤った適用のうえに作られた自由主義的国際秩序について、自由主義者たちが、その背後にある動かし難い政治的・イデオロギー的基盤に無自覚な点を批判したのであった。

第一節　歴史的文脈における十九世紀的自由主義

一．自由主義的国際主義の台頭

啓蒙主義

端的にいえば、自由主義とは、個人の自由に特に高い価値を認める政治的伝統であり、倫理的原理であり、イデオロギーであり、哲学的思考の形態である。その起源において、自由主義の理念は革命的であった。それは、人間の自由を恣意的に侵害する絶対君主制から人々を解放することを意図していた。科学革命によって解き放たれた近代化の過程を通じて、人間の理性と合理性に対する強い信奉と進歩への確信が生まれ、これが自由主義的考え方の中心となった。自由主義者の間には、たとえば個人の自由の範囲をどう定義するか、また人は厳密には何から自由であるべきかといった問題について根本的な意見の相違はある。しかし、古典的な自由主義を、個人・社会・国家の間の前近代的な関係を改革することによって実現される多様な自由に関する一般的理論ととら

えるのは依然として妥当である。(2)

十八世紀後半および十九世紀の自由主義者は、国内政治の領域における民主的な自治の発展を印象的な勝利であると主張し、続いて国際システムをも変えることができると確信するようになった。もちろんそれ以前にも、平和な国際秩序を実現するために、諸国家の間に新しい取り決めを成立させることが必要であると論じられていた。たとえば、ウィリアム・ペンは一六九三年に全ヨーロッパ「議会」の設立を提唱し、一七一三年にはアベ・ド・サン＝ピエールがヨーロッパにおける恒久平和実現のためのヨーロッパ連合の必要性を訴えた。しかし、自由主義諸原則の国際化に関するもっとも重要な試みは、互いに非常に異なる存在でありながら、誰よりも先見性を備えていた二人の啓蒙思想家、すなわちイマヌエル・カントとジェレミー・ベンサムによるものだった。両者はともに、近代立憲国家という新しい政治概念を適用することによって、無法の領域である国際関係に「恒久平和」を実現しようと企図した。(3)カントとベンサムは、十八世紀後半の他の論者とともに、その関心を個別の国家から諸国家からなるシステム（国家システム）へと移したのである。

カントにとって、既存の国家システムは、平和に共通利益を見出す理性的な人間の普遍的共同体に置き換えられるべき存在だった。カントは、平和とは、国家間関係の法的規制（たとえば平和条約）によって実現できるのではなく、各国それぞれの憲法を共和主義的な形へ劇的に転換させることによって実現できると信じていた。カントの考えでは、このような立憲主義的で民主的な国家は「平和連邦」を構成すべきであった。彼によれば、この連邦は、強制的な力を持つ世界政府を意味するのではなく、各国家それぞれの自由を維持し確保する制度として機能すべきものであった。(4)

他方、ベンサムは、国際領域における国家間の協定という構想を追求した。ベンサムは、「国際関係」という新しい用語を創出したのだが、「共通法院」と名づけた司法制度にもとづいて法の支配する国際社会の可能性を模索した。この法廷は、いかなる強制力も持たずに「諸国家間の対立」に判決を下すものとされた[5]。ベンサムは、理性的な立憲主義の適用と通商の拡大の結果として、国際社会の改革が不可避になると確信していた。これは、経済的効用と利益の調和というベンサム自身の概念にもとづく思想であったが、両概念は国内だけでなく国家間関係をも統括すると期待されていた。

道徳哲学の系譜の中でカントとベンサムの思想には大きな相違があったが、少なくとも彼らは、既存の社会的・経済的活動や政治制度が理性を原動力とする進歩に導かれて根本的に変化する利益を信じる点で共通していた[6]。実際、初期の自由主義的国際主義の発展を生み出したのはこのような根本的変化の追求であり、その中核的な理念はそれ以来強い影響力を持ち続けている。しかしながら、カーは、正しい行動を促すには理性さえあればよいとする自由主義的国際主義の中核的な信念や、理性は国際社会のアナキーという不条理を明らかにできるというその考え方に、批判的な目を向けた[7]。カーは、戦間期の「ユートピア的背景」を形成する要素として、十九世紀の理性に関する教義を特に批判の対象とした。このカーの批判をさらに検討する前に、まず、カーの思想に重要な影響を与えた十九世紀イギリスにおける自由主義的国際主義の発展と、それが直面した諸問題を概観する必要がある。

イギリスの自由主義的国際主義

十八世紀啓蒙主義の哲学は、当時のいかなる政府や統治者からも真剣に受け止められることはなかった。しかし、急速な近代化の進行とともに、それは十九世紀の自由主義の思想と実践の中核を形成した。歴史的にみると、自由主義的国際主義は、十八世紀に人々の意識にのぼり始め、十九世紀に西欧世界の政治制度に浸透していった。産業主義の広がりと商取引の増大を背景に、自由と政治的平等という自由主義の諸理念は、影響力の大きな政治的イデオロギーとなり、古い秩序を侵食していった。

自由主義は、次第にイギリスにおける確立した社会思想体系へと発展した。イギリスの工業や商業の起業家たちは、教会や国家の権威主義的な統治や、貴族階級の伝統的特権、そして十八世紀以前に形成された制約の多い重商主義政策と対峙しなければならなかった。自然的自由と功利主義に対する信奉が結びついて影響力を持つなかで、十九世紀の自由主義は、平和・節約・改革・自由貿易などの教義を広めた。これらの教義は、イギリスの国内政策および外交政策の思想と実践において大きな影響を持つようになった。マイケル・J・スミスは、次のように述べている。

十九世紀イギリスの自由主義者は、国際取引、国内福利、および自国の外交政策上の立場との間に強いつながりを見出した。彼らは、莫大な軍事支出、勢力均衡の陰謀、そして植民地の追求は、すべてが結びついて国内の経済的繁栄の促進という課題から注意をそらすものであると考えた。国家や外交官は――自分たちの利益を危険にさらしてでも――そのような攻撃的な外交政策を追い求める存在であると想定されるが、適切に啓蒙され導かれた世論の助けによって、合理性が勝利を収め、国家権力は制限されうるのである。(8)

自由主義的国際主義者の考えでは、商業の精神と戦争の精神は両立しえないのであった。したがって、自由主義者は、政治を政治家だけに委ねることを好まなかった。彼らが感じるところでは、政治エリートが自分たちの特権の源である現行の政治・経済システムを変えるとは考えにくく、権力は、国民の望みに反して支配層エリートの利益のためだけに行使されているのであった。自由主義的な思想家によれば、このような国民の代表とはいえない階級による非民主的政治の帰結の一つが、国際関係における勢力均衡システムの横行であった。熱心な自由貿易主義者であったジョン・ブライトは、「勢力均衡の神話」を批判し、勢力均衡は、イギリスで長年にわたって「何十万人ものイギリス人の命」を犠牲にしながら崇拝されてきたが、それは「ほとんど完全に葬り去られる」べきものだと主張した(9)。

自由主義的国際主義者にとって、平和は自由貿易によって実現されるのであった。国家間の自由な交易が、分断された人々の間に共通の利益を通したつながりを打ち立てうるのであった。このような考え方の代表的な唱道者は、リチャード・コブデンであろう。コブデンは、ジョン・ブライトとともに穀物法の廃止運動にかかわったイギリスの急進的政治活動家である。啓蒙思想家の影響を受けたコブデンは、貿易障壁の撤廃こそ、国家間に永続的な調和を構築する必要条件であり、より平和な国際関係の形成を促進する要素だと考えたのである(10)。

コブデンとマンチェスター学派のメンバーたちは、平和のための政治的関与と、自由貿易という経済原則と、人間の自由の促進というイギリスの国際的責務とを結びつけて考えた。彼らが提示したシナリオによれば、ひとたびイギリスの繁栄（彼らはこれを自由貿易の結果とみた）という前例と教訓が示されれば、他の国々も追随し、自由貿易は普遍的な原則になるはずであった(11)。また彼らは、外交および内政の双方において、政府の機能は制限されるべきだと考えた。特に経済分野について、アダム・スミスの古典的政治経済学にルーツを持つ自由放任理論にもとづき、国家による規制の緩和を主張した。スミスが主張した「見えざる手」による私益と公益の調和というメカニズムは、十九世紀においては、諸国家間の利益の自然な調和という信念を後押しするものとなった。共通の善とは「最大多数の最大幸福」であるとしたベンサムの定義を念頭に、コブデンは、自由貿易こそが諸国家間の利益の調和を生み出し、「最大幸福」をもたらすものだと信じた。コブデンの言葉を引くなら、「自由貿易の勝利は、地球上に存在するすべての国家間の平和諸原則の勝利であった(12)」。

このように、十九世紀の自由主義的国際主義は、恒久平和への期待と自由貿易への信奉を基本的な特徴としており、前者は後者の必然的な帰結とされた。自由放任的な人・モノ・思想の交流によって、諸国家の利益の国際的調和が促進されると考えられたからである。自由化への動きは、近代化の過程として広く受け入れられ、楽観的に進歩と同一視された。国際的な思想と実践の分野において、十九世紀の自由主義は、国際的な勢力均衡という概念を基礎とした現状に挑戦し、それを変容させるうえで、主要な役割を担ったのである。自由主義の思想家たちの宿敵は横行する権力政治であった。それは、諸国家間関係を支配し、国家による秘密外交を不可避とし、植民地獲得競争を鼓舞するのだと考えられた。

勢力均衡システムは、十九世紀の初頭にナポレオン戦争によって揺るがされた。しかし、一八一四年から一八一五年にかけて、権力政治を超えてヨーロッパを再建することを目的としたウィーン会議が開催され、国際紛争の可能性は抑えられたかに思われた。このような国際環境は、長期的な平和と自由な交易に対する希求の高まりと相まって、十九世紀の自由主義的国際主義者が影響力を高める絶好の機運を生み出した。いまや、国際的な権力闘争と戦争に反対する彼らの理論的な攻勢は、国際政治の現実の姿に後押しされることになったのである。モーゲンソーは、以下のように述べている。

ナポレオン戦争の終結以来、西欧世界でそれまでになく多くの集団が、国際政治における権力闘争は一時的な現象にすぎず、闘争をもたらした特殊な歴史的条件が取り除かれた暁には消滅する運命にある歴史的偶然であると信じてきた。……十九世紀を通じて、世界中の自由主義者は、権力政治と戦争は時代遅れの統治体制の残滓であり、専制政治と貴族政治に対して民主主義と立憲政治が勝利することによって、国際的な調和と恒久平和が権力政治と戦争に打ち勝つことになるという確信を共有していた。[13]

二　変化と挑戦

新たな特徴

レオナルド・T・ホブハウスは、一九一一年に「十九世紀は自由主義の時代と呼ばれてよいかもしれない」と書いたが、「しかしその世紀末には、その素晴らしい運動の遺産はみる影もなくなっていた。……自由主義はその役割を終えたかのようであった。それは、絶滅種として化石化していく一つの信条のような雰囲気を漂わせていた」と続けた。(14) 自由主義の勝利は、新しい世紀には受け継がれなかった。十九世紀後半になると、自由主義的国際思想を代表していた人々は、古い専制体制の遺産と大衆の政治参加への意識の高まりとの板挟みになり、国の内外で政治的敗北とイデオロギー上の分裂を被ることになった。この時期に、恒久平和と自由貿易という自由主義的国際主義の二つの主要な教義は、徐々にではあるが、疑問視されるようになっていったのである。

国内領域では、国家は重要な経済活動において積極的な役割を果たすべきだと主張する改革派が、国家の不介入という古典的な自由主義の教義に挑戦した。イギリスの自由主義者は、不介入や自由貿易、自由放任の諸原則についてリップ・サービスを続けた。しかし、実際のところ自由主義者の多くは、大衆の関心が「個人の自由」よりもむしろ「人々の環境」へと向けられていった結果として導入された法的規制や介入の増大に、強く反対することはなかった。(15) ジョン・ステュアート・ミルも、晩年、次第に国家介入の原則に賛同する立場をとるようになった。(16) トーマス・H・グリーンとその支持者たちは、旧来の自由主義者が国家活動に対して向けた敵意に直接向き合い、自由主義の言葉で介入主義を正当化しようとした。(17) 社会主義の大きな影響もあって、社会的公正を進めるうえでも、自由な経済競争の適切な環境を提供するためにも、いまや国家による介入が一定の役割を果たすことが期待された。

このような新たな知的環境のもとで、十九世紀後半には、国際政治に対する自由主義的アプローチが明らかに変化していった。国内領域における国家のより積極的な役割は、当然のこととして外交領域における国家の積極的な役割を示唆すると考えられた。平和は不介入主義と自治の国家によって実現されるというイギリスの「古い」自由主義の信念は、グローバルな平和と正義の実現のための、とりわけ「外国」の支配に反対する大衆運動を支援するための介入という、新しい自由主義の処方箋にとって代わられた。理論のレベルでは、ジョン・スチュアート・ミルが、抑圧的な外国の支配を阻止するためであれば、ある国家が他の国家の問題に介入する権利を持つという主張を展開した。[18]政策レベルでは、グラッドストーンが、一八三〇年から三十五年あまりイギリスの外交政策を主導したパーマストン卿の積極的介入主義とコブデンの不介入主義との中道的な立場をとった。そして、ある国が他国を不当に扱った場合、これに外交的な抗議を行うことは正当であると主張し、ある国家が独裁政治に反対する自由の側に立ち、他国の内政に干渉することが正当とされる場合もあると認めた。[19]

このような自由主義の理論と実践に生じた変化に促され、イタリアの自由主義的愛国者ジュゼッペ・マッツィーニは、西に向かって勢力を拡大しつつあった専制的なロシアとの戦争において、トルコとイタリアのナショナリストを支持するようイギリス政府を説得することに成功した。[20]グラッドストーンは、イタリアのナショナリストたちの英雄となった。そして、ヨーロッパ諸国のナショナリスティックな要求に突き動かされた運動に対するグラッドストーンの共感は、イギリスの繁栄が、イギリスと同様の自由主義的制度を備えた、自由で独立した国民国家《ネーション・ステート》間の自由な交易と連帯に依存しているのだと信じる人々によって共有された。これらの人々は、ネーションの独立のために戦うことと、自由主義という普遍的な主張を広めること、そしてイギリス帝国を防衛することとの間に、なんらの矛盾も認めなかった。また、そのように強いナショナルな感情が、国家間紛争は戦争という手段で解決されなければならないという信念を後押ししてしまう事実にも無頓着であった。これが、戦争に公然と反対する自由主義者が直面した根本的なジレンマであった。

進歩的な自由主義的国際主義者は、グローバルな自由と正義を促進するためにイギリスが主導的な役割を果たすべきであると信じ、「未開の」諸ネーション［民族］に西欧文明の諸価値をもたらす責務を感じていた。彼らは、このような啓蒙主義志向の外交政策とイギリスの貿易および産業の利益とを結びつけた。自由主義者たちは、言葉のうえでは帝国主義的で攻撃的な拡張政策に反対したが、行動では、ほとんど盲目的な愛国主義的外交政策を支持し、帝国主義的膨張を支えていたのである。[21] このような緊張関係は、戦争と軍国主義に対する彼らの基本的な立場にも見受けられた。恒久平和という自由主義的国際主義の教義は、戦争は必然的に消滅するというコブデンの考え方を楽観的すぎるとみなす「改革主義」的自由主義の見解にとって代わられた。[22] 国内政治において国家が介入の方向に傾いたことは、国家間関係においても同じような介入の機能を果たすものとして、戦争を正当化することにつながりうる理屈であった。したがって、自由主義者の戦争観は、一見する以上に、戦争を国際紛争の究極的な解決手段とみなす保守主義者のそれに近いものだったということができよう。[23]

自由主義的国際主義のもう一つの重要な教義である自由放任的な自由貿易も、十九世紀末には衰退していった。その主な原因は、一八七〇年代に始まった長期不況と、ヨーロッパ大陸における保護主義の台頭にあった。自由貿易は、植民地主義と産業の拡大を補完し促進しながら、十九世紀半ばにその頂点に達した。その結果、生産効率の向上をめぐる激しい競争と、市場原理に左右される状況とが生まれ、そのことが諸国家を二つのグループに分裂させた。すなわち、自由化された貿易から最大限の利益を得ることができた国家と、それができなかった国家への分裂である。当時の国際システムにおいて、すべての国家が自由貿易によってもたらされる機会を十分に生かし、あるいは、自らの経済的利益につながるように自由市場の諸力に影響を与えるほどに、十分な富と力を持っているわけではないことが明らかになった。イギリスは、ライバル国に対する技術的・工業的優位ゆえに、そのシステムから利益を得ることができたのである。それゆえ、イギリス人は、自由貿易政策を「普遍的な善」とみなしがちになり、他方で、利益を得ていない国々を自分たち（すなわちイギリス）の利益のために従属させ、搾取することを正当化したのである。カーは、「自由貿易の原則を受け入れることについて、イギリスを除けばどこも中途半端で、不熱心で、そして短命であった」と正しく観察していた。[24]したがって、とりわけイギリス以外の場所で、自由貿易原則の人気が失墜し、攻撃にさらされるようになったというのは、驚くに当たらないのである。

大陸の反応

自由貿易という国際経済システムに対する批判は、主にヨーロッパ大陸から寄せられた。その地域では「恩恵を受けていない」国々が、イギリス産の低コスト製品が市場を席巻することに脅威を感じていた。自由貿易というイデオロギーに対する大陸諸国の批判を遡ってたどると、啓蒙的な普遍主義に対する根深い異議申し立てへと行き着くことになろう。たとえばそれは、十八世紀後半から十九世紀初頭にヘルダーやヘーゲル、クラウゼヴィッツなどを含むいわゆるドイツ学派が発展させた文化相対主義の思想の中に見出すことができる。ヨーロッパ東部では、啓蒙主義の諸理論に挑戦した思想家たちが、反西欧思想やロマン主義、ナショナリズムなど様々な思想を受け入れた。このような動きは、大西洋世界の自由主義に対する大陸世界からの反応とみなされ、ドイツの政治的・経済的統一を求める主張に影響を与え、ビスマルクの政治手腕によって実行に移された。[25]

政治の領域では、一八一五年にナポレオンが敗北を喫した後、ほぼすべてのヨーロッパ大陸諸国で政権に返り咲いた保守勢力が、大衆による政治参加という自由主義的理想の実現を阻止しようとした。これらの勢力にとって、統一された一つの国民にしっかりと基盤を据えた強力な近代国家の構築こそが、イギリス主導の自由主義的国際主義やナポレオンの支配に対する解答であった。一八五〇年代以降になると、ドイツでは自由主義者の間においてすら、自由貿易や自由放任的な自由主義に疑義が投げかけられた。確かにドイツの自由主義者たちも自由主義的な政治的・文化的目標を追求したが、彼らは、制約のない市場を自らの社会的地位や経済利益に対する脅威とみなした。彼らは、制約のない経済的諸力が社会不安につながる潜在的危険を取り除きたいと考えた。[26]そして、強い国民国家、立憲制度、社会・経済生活への一連の法的規制を支持した。

自由貿易と自由主義的国際秩序に対するナショナリストの挑戦者たちは、しばしば、ドイツの経済学者フリードリッヒ・リストを引き合いに出した。リストは、著書『政治経済学の国民的体系』（ドイツ語版の出版は一八四一年）において、自由貿易理論を「イデオロギー」であると批判し、それによってイギリスは独自の国益を追求し、自国産業の生産性の高さや、その結果得られた世界貿易の支配といった特有の利益を獲得したのだと指摘した。リストは、過去にイギリスが保護関税を通じて自国の生産力を発展させたことを強調しつつ、イギリスの常套手段、とりわけ「アダム・スミスのコスモポリタンな教義」を断罪した。なぜなら、それは、「自分が登ってきた梯子を、後から来る者が登ることができないように蹴り飛ばす」教義であったからである。リストによれば、イギリスは、「他の国家に自由貿易の恩恵を説いて回った」が、その恩恵に浴することができるときまでには、「他の国々」はイギリスと自由競争を続けることができなくなっていたのである。[27]

リストは、産業化の初期段階にある国民経済は、保護関税と国家による計画化を必要とすると主張し、自由貿易の国際経済システムから国家を一時的に切り離す保護主義政策を提唱した。リストの構想は、イギリスが誇示してきた経済力とイデオロギーに対するヨーロッパ大陸の反発を代弁するものであり、開発途上にある国の間で影響力を持ち、後にはアメリカ政府によって採用された。したがって、カーが、経済利益の国際的な調和という欺瞞性を議論した際に、ヘーゲルやマルクスとともにリストを引用したことは驚くに当たらない。[28]実際には、一八六〇年に締結された英仏通商条約、別名コブデン＝シュヴァリエ条約（発起人であるコブデンとミシェル・

シュヴァリエの名前にちなむ）は、より自由な共通市場をヨーロッパに構築することを目標とする一連の通商条約の締結を促したが、その機運は保護主義の台頭により徐々に廃れていった。コブデンは一八六四年に死去したが、ヨーロッパ大陸とアメリカでは、彼を、イギリスの利益を拡大するために自由貿易国際主義を広め、他国が従属的な役割を受け入れることを期待した経済的ナショナリストとみる向きが強まっていった。[29]

すなわち、国際的な経済関係における利益の自然な調和という教義に対してカーが批判的な評価を提示する前から、ヨーロッパ大陸では、自由貿易を普遍的価値とみなすことに対して広範な批判がなされていた。イギリス以外の地では、自由主義的国際主義は覇権国に不当に大きな利益をもたらす、支配者の論理としてすでに知られていたのだった。

現状維持イデオロギーとしての自由主義的国際主義

十九世紀の自由主義は、十八世紀の啓蒙主義的改革者の理念と精神から多くを受け継いでいた。しかしながら、自由主義は、次第に一七八九年のフランス革命で用いられたような急進的な手法と革命的諸原則を封じ込めたいと思うようになった。十九世紀の中頃から後半にかけてのヨーロッパでは、自由主義者は、ほとんど常に、革命を終わらせるために革命に介入した。その結果、彼らの立場は、保守派のそれとほぼ変わらないものにみえた。端的にいえば、自由主義者たちは、もはや革命を変化をもたらす適切な手段とは考えなくなっていたのである。[30]

当時、自由主義者は二重の挑戦に直面していた。国内では、大衆が平等な条件での政治的プロセスへの参加を求める民主主義の問題が存在した。[31] 自由主義者は、大規模な社会的・経済的変化をもたらすような急進的政治改革を望んでいなかった。このような劇的な変化を求める立場は、いまや自由市場資本主義システムが自分たちに恩恵をもたらすかどうかに懐疑的になっていた労働者階級に支持された社会主義者がとる立場であった。興味深いことに、急進的な自由主義者であったジョン・ブライトの考える「民主主義」ですら、すべての男性の普通選挙権を認めているわけではなく、いわんや女性についてはいっさい認めていなかったのである[32]。グローバルな領域では、英語圏の自由主義が激しく攻撃され、それが普遍的であるという主張は否定された。前述のように、中・東欧では、反自由主義感情は経済的愛国主義やロマン主義的なナショナリズムと結びついた。恒久平和という西欧的自由主義思想の普遍主義に対してヨーロッパ大陸が反論するというこの形は、二十世紀初頭に、ウッドロー・ウィルソンの普遍的平和システムの理想に対して「現実主義者」が批判するという形で繰り返されることになる。

自由主義が革命的あるいは民主主義的な思想と行動から離れていった理由は、少なくとも部分的にはその階級的な出自から説明できる。そもそも自由貿易は、そのもっとも初期の段階から、中産階級の運動であった。自由貿易政策を熱心に推進したのはイギリス中産階級の製造業者であり、彼らはその政策によって個人と国家双方の経済的繁栄が実現できると強く信じていた。彼らは、自分たちの組織された経済力によって国家の発展を確かなものにすべきであると主張し、自分たちの経済的利益と国家の経済的利益を同一視した。十九世紀には、個人と国家の利益は「見えざる手」を介して自然に調和しているかにみえたため、中産階級の自由主義者たちは、主にホイッグ党、後には自由党を通して、国家に対する影響力を行使することができた。彼らは権力を獲得すればするほど、ますます現状を支持する勢力としての地位を確立していった。だが、まさにそのような現状こそが、当初（めったに意見が一致することがない社会主義者とともに）彼らが戦ってきたはずの対象そのものであった。こうして、自由主義的国際主義者は、利益の調和という教義によって現状を維持したが、これは、カーの言葉を借りるなら、「自分たちの利益と共同体全体の利益の一致を主張することによって、自らの優位を守ろうとする支配集団のイデオロギー」なのであった[33]。

確かに、十九世紀は自由主義の時代であった。国際貿易の自由な流れを擁護し、現状を維持する勢力均衡システムを批判する自由主義者の主張は、ある時期にはヨーロッパの多くの政府に受け入れられた。しかし同時に十九世紀は、自由主義が、当初抱懐していた革命的な価値や民主主義的実践から離れ、ついには現状維持のイデオロギーへと変容した世紀でもあったのである。

三　自由貿易と平和についてのカーの主張

それでは、カーは十九世紀の自由主義的国際主義についてどのような考えを持っていたのだろうか。カーが自由主義的国際主義の主要な理念と信条を、完全に時代遅れなものだと批判したことはよく知られている。最近のカー研究では、戦間期の「ユートピアニズム」に対するカーの攻撃の中核的な特徴は、十九世紀の自由主義に対するカーの批判と切り離せないという認識が示されている。実質的には、カーの攻撃対象は戦間期の理想主義ではなく、十九世紀の自由主義的国際主義であったというのである(34)。ところが、一般に、国際関係研究の解説者は、カーが「現実主義者」として「ユートピアニズム」を批判したことには光を当てるが、十九世紀の政治経済に関するカーの思想を解明し、それをより広い歴史的・理論的文脈に位置づけることにほとんど関心を示してこなかった。戦間期にカーが展開した批判の本質を理解するには、カーが、自由主義的国際主義のどの前提と処方箋に懐疑的であったのか、その運動とイデオロギーのどの要素に批判的な視線を向けたのかを考察することが不可欠である。

十九世紀の自由主義に対するカーの見解は、その教義を基盤とする二つの政策——すなわち「自由貿易」と「共通利益としての平和」——に対する否定的な評価と固く結びついていた。前節まででみてきたように、この二つこそ、十九世紀の自由主義的国際主義者がもっとも強く信奉した理念であった。本項の以下の部分では、十九世紀の国際関係思想の中核を占めたこの二つの政策と、これに関連する他の考え方に対するカーの立場を考察する。

自由貿易

そもそも自由貿易は、中産階級の熱烈な自由貿易支持者を父に持ったカーの知的成長において、重要な位置を占めていた。しかし、一九三〇年にジュネーブで開催された国際連盟総会における「ある小国の代表者」（カーの記憶ではユーゴスラヴィア）の演説は、カーに衝撃を与えた。この演説を聞いたカーは、「自由貿易は、保護なしでも繁栄できた経済強国の教義であり、弱小国にとっては致命的な結末につながりうる」ことを学んだ。[35] 自由貿易は、自由主義の典型的な特徴である。そうであるとすれば、「自由主義全体の前途は、自由貿易とともにあるわけだ」とカーは考えた。[36] 彼は、その直後に発表した論稿において、自由貿易は、あたかもヴィクトリア時代の規律のように、「高貴な振る舞い、勇敢な行動、世界に対する模範[37]」として理想化されていると指摘した。ところが、彼の考えでは、「私たちが世界に自由貿易をもたらせば、世界もまた私たちに自由貿易をもたらしてくれる」という前提で自由貿易を拡大するやり方は、あまりに楽観的で、保護主義者を説得しうる話ではなく、いずれにせよ、もはや有効性を失っているのであった。[38] さらにカーは、西欧資本主義が直面した一連の経済問題は、「それまで実在したことのない想像上の状態」にすぎない普遍的自由貿易を妄想した結果として生み出された、とみなすようになった。[39] カーにとって、十九世紀の自由貿易は実際の政策というよりも、強力なイデオロギーであった。十九世紀の自由貿易は「ある特定の状態や利益の具体的表現」にすぎなかったにもかかわらず、「絶対的基準」になりうると信じられ、貿易政策はこの原則にどれだけ適っているか、あるいはそこからどれだけ逸脱しているかによって良し悪しを判断されたのである。[40]

カーによれば、自由貿易のイデオロギーを広めたのは、「自由貿易はイギリスの繁栄を促進させるということを発見し」、また「それを通じて、自由貿易は世界全体の繁栄をも促進させるのだと心から確信していた」十九世紀イギリスの政治家たちであった。[41] 自由貿易理論のもっともらしい論拠は、世界経済におけるイギリスの支配的地位が提供した。カーの言葉を借りれば、「経済的には、一九世紀のイギリスは、国際的な経済道義に関する自国の考え方を世界中に押しつけて憚らないほどに支配的立場にあった」のである。[42] ここで思い出されるのが、自由貿易は普遍的な原理ではなく、他の国々を従属的な役割に留めおき、イギリスの国益に合致するように発展させる思想体系であるというフリードリッヒ・リストの議論である。この点において、自由市場イデオロギーに対するカーの攻撃は、明らかに、それに対するかつてのヨーロッパ大陸の反応を想起させるものであった。

さらにいうならば、カーを、十九世紀の貿易システムと自由主義との関係に光を当ててイギリス帝国を批判的に分析した経済史家の先駆者の一人とみることもできる。カーの見解によれば、イギリスは、その経済力と自由貿易政策によって、関係当事国の政治的独立に干渉することなしに、「多くの国においてある程度の間接的な影響力ないし支配力を行使すること」が可能であった。これは「イギリス以外の列強には決してなしえないことであった」。[43] イギリスは、比類のない海軍力と経済的な優位によって、中国を非公式の支配下に置くことができた、とカーは認識した。[44] 興味深いことに、このような思考様式は、十九世紀のイギリス帝国主義の広がりに関するもっとも影響力のある歴史的説明であり、「非公式帝国」という概念を導入したロビンソンとギャラハーの「自由貿易帝国主義」論（一九五三年）と一致する。[45] ロビンソンとギャラハーは、イギリス帝国の拡大は公式のレベルと非公式のレベル双方で進められたことを示した。彼らは、カーの「間接的な影響力ないし支配力」という概念に共鳴して、イギリスは、イギリスに経済的に依存する国々に対して非公式な影響力を保持していたと論じている。

カーは、また、十九世紀の「比較的自由」な貿易システムと単一の国際通貨本位制が、あらゆる支配から完全に「自由」であったことはないと指摘した。実際には、貿易や通貨は、世界中の国際貿易の交渉や融資の大部分がとり行われていたロンドンのシティ〔金融街〕によって「管理」されていたのである。[46] この指摘は、「ジェントルマン資本主義」を論じた歴史家が展開した議論に連なっている。一八五〇年以降の海外におけるイギリスのプレゼンスに、シティの金融・サービス部門が非常に大きな役割を果たしてきたことに特別な注意を向けたのが、この「ジェントルマン資本主義」論であった。[47]

これらの歴史家が実際にカーの著作を参照したかどうかは必ずしも定かではない。しかし現代の学者たちが、イギリス帝国主義のより広い歴史的・経済的文脈における「自由貿易」システムを考察したカーの分析を再読した場合、多くの興味深い発見がありうることを、この事例は示している。

共通利益としての平和

十九世紀自由貿易のイデオロギーと政策は、諸国家の利益の自然な調和という教義にもとづいていた。カーによれば、「普遍的な自由貿易は、国家それぞれの経済的利益の極大化が世界全体の経済的利益の極大化に合致するという理由に基づいて、正当化された」のである。[48] カーの分析では、この教義を政治に適用した結果、十九世紀的自由主義のもう一つの原則、すなわち共通利益としての平和という原則が生まれた。そこでは、「すべての国家は平和というものに等しく利益をもっており、したがって平和を乱そうとする国家は、理性も道義も失っているのだ」と考えられていた。[49]

カーが批判の対象としたのは、平和という状態そのものではなく、平和は常に不可分で、なくてはならないものであり、普遍的な善であるという信条であった。カーは、平和に関して論じた最初の論稿で、平和の多元的な性質を強調し、平和を促進する手段は様々に異なるのだと論じた。さらに彼は、「平和」は相対的な概念であり、時代や場所、学問分野、世論などによって条件づけられるものであると論じた。[50] よい例が「イギリスの平和《パクス・ブリタニカ》」を装った十九世紀のイギリス帝国主義であった。「イギリスの平和」の事例は、ちょうど自由貿易と同じように、国際平和とは「支配的な大国に特別に与えられた利益」であることを端的に示している、とカーは主張したのである。[51]

平和は不可分ではなかった。イギリスの覇権のもとで実現された十九世紀後半のヨーロッパの「平和」が証明するように、共通利益としての平和という考え方は普遍的なものではなく、何らかの時代と場所に特定された現象であった。カーによれば、国内レベルでは、平和に利益を見出したのは、階級闘争を回避することによって自分たちの安全と優位を確保しようとする共同体内の支配階級であった。[52] 国際レベルで平和に利益を見出したのは、自分たちの利益を世界全体の利益だと装うことによって力を維持しようとする、支配的な国家および国家群であった。[53] こうして、支配的なアクターの優位が他の追随を許さないほどに確立されている限り、平和という概念が、利益の調和という仮定された前提のもとに維持されることになる。しかし、カーの見解では、これは幻想であり、特権を保持する者の利益と特権を奪われている者の利益は決して自然に一致するものではないという事実、あるいは、しばしば前者によって後者が平和の妨害者として描かれているという事実を隠蔽するものなのであった。[54]

カーは、十九世紀の自由主義的国際主義の二つの主な原理（すなわち自由貿易と普遍的平和の理念）を批判的に考察することによって、「絶対的・普遍的原理だと信じられているものが、およそ原理という代物ではなく、国家政策――それはある時代の国益に関するある特定の解釈にもとづいている――を無意識のうちに反映したものだ」と結論づけた。[55] カーによれば、自由貿易と恒久平和は、十九世紀イギリスのような支配的大国に生きる特権的な人々の経済的・政治的な利益の反映だと理解されるべきなのである。

カーは、西欧自由主義の原則の適用によって特殊な利益を普遍化することを一貫して批判したが、自由主義の歴史的意義を否定したわけではなかった。実際、カーは、ごく限られた国々では、功利主義と自由放任主義がその世紀における産業と通商を拡大方向へと向かわせ、十九世紀的自由主義が大きな成功を収めたことを認めている。しかしながら、カーが強調したのは、十九世紀的自由主義は「その時代およびその時代の諸国家の経済発展に見られる諸力のバランス」に基礎づけられていたのであって、「他の時代状況に適用された場合でも同じような結果を生むはず」の「先験的で合理的な原則」にもとづいていたのではないということである[56]。要するに、カーが示そうとしたのは、普遍的で合理的であるとされる自由主義の諸原則は、本来、文脈に制約され、特定の利益を志向する原理であるということであった。

民主主義

カーによれば、特殊な利益を普遍化しようとする自由主義者の試みは、十九世紀後半に自由主義が民主主義の中核的な理念と袂を分かったことによって強められた。カーは、十九世紀イギリスの自由民主主義の成果のすべてを否定したわけではない。たとえば、カーは、一八三二年の第一回選挙法改正や一八六七年の選挙権の拡大のいずれもが、国民の新たな層に実質的な政治的権利をもたらし、権力の分配に大きな変化をもたらしたと考えた[57]。しかしながら、カーの見解では、自由民主主義は十九世紀半ばに全盛期に達したが、それ以降は、特権的な「資産保有者」のみが権利を平等に享受し、彼らが共同体の他の構成員と権利を共有することはなかった。一八四八年にパリや他のヨーロッパの諸都市における労働者の社会革命の要求に直面したとき、自由主義者は、自らを秩序と権威の擁護者の側と同一視するようになった。いまや自由主義者は反革命の側に立って革命の打倒に貢献し、

A・J・P・テイラーが述べたように、「その後の自らの破滅を」招くことになった。[58] 自由主義者は「革命的であることを止め」、「ますます保守主義と結びつく傾向を強めた」とカーは説いた。[59] 彼によれば、民主主義の本来の意味は「個人の自由、私有財産、個人契約の神聖不可侵の原則の保護という同意された目的のために、軍事力による専制的支配を廃止し、社会の構成員の多数派に基づく法の支配に代替させること」[60]にあった。

しかしながら、このような意味での自由民主主義は、「十九世紀後半に始まり、一九二〇年代に最盛期を迎えた」次の二つの要因によって「打ち壊されて」しまった。第一に、経済力を持つ者たちは、自らの経済的利益を確保するためにますます政治を武器として用いるようになり、また、彼らの組織化された経済力は政治における支配的要素となった。この問題についてカーは、「マルクスが申し立てたように、極めて重要な問題に関する国家政策は、実際には、民主的な投票によってではなく、敵対する経済的利害関係者間の権力をめぐる不断の闘争の結果によって決定される」と書いた。[61] こうして、経済力という圧倒的な力によって、民主的形態と政治的権利は次第に実質を失っていったのである。

第二に、民主主義とその諸制度を機能させなくてはならないという責任感が廃れてしまった、とカーは論ずる。カーによれば、この現象は、国家の新たな機能に関する大衆の増大する要求と官僚制度の発達によって引き起こされた。[62] カーは実際のところ、これについて悲嘆も否定もしなかった。カーは、行政の新たな肥大化を、新たに選挙権を得た大衆が政治的な力を獲得したことの表れであり、結果であるとして受け入れた。しかし、カーがみるところでは、統治機構が複雑さを増したことにより、市民の日常生活に影響を及ぼす事柄の管理が官僚や専門家の手に委ねられ、「統治する側と統治される側との一体感」が損なわれてしまった。[63] こうして現代の民主主義は、「その構成員の間に、国家から得られる共通の恩恵に対する自覚のみならず、国家に対する共通の責任感、特に民主主義を機能させる共通の責任感を成長させること」にも失敗したのである。[64]

カーはこれらの問題に対して、次のような対処法を挙げている。すなわち、社会的・経済的平等の推進による政治的平等の補塡、経済力の組織化された力を上回る一般市民の意思の支配の実現、行政過程への一般市民の参入の促進、などである。(65) カーは、「十九世紀自由民主主義の基礎は崩壊し」、しかもその対処法の不在ゆえに二十世紀の大衆民主主義の基礎は構築されないままになっていると論じたのである。(66)

第二節　戦間期国際関係における自由主義の伝統

自由主義的国際主義は、戦間期の国際関係の理論と実際の双方において決定的に重要な役割を果たした。戦間期国際関係という文脈において、十九世紀的自由主義の教義が占めていた覇権的な地位に関するカーの批判的分析を評価するためには、次の三点の概観が有益である。第一に、戦間期になされた世界秩序に関する提言において支配的であった自由主義思想の特徴、第二に、新たに成立した国際関係研究に自由主義の諸理論がどのように移植されたのかという点である。このような文脈づけのうえで、本節最後の項で、自由主義的国際主義の理論と実践の支配的地位に対する、いわゆる「現実主義者」カーの攻撃の本質を検討する。

一・新たな世界秩序に関する自由主義の提言

国際政治の領域における自由主義的国際主義は、第一次世界大戦の終結とともに全盛期を迎え、その後少なくとも十年にわたってその地位を維持した。十九世紀の自由主義的諸原則は、国際的なアナキーを制御する方法を模索していた英・米の政策エリートや国際法学者、知識人らによって、革新的な言説として復活させられた。多くの人が、国際的なアナキーを制御することこそ、第一次世界大戦のような世界的規模の暴力の再発を防ぐ唯一の方法であると考えた。ヘドリー・ブルは、彼らの将来構想の規範的な性質を、以下のように描写している。

これらの論者たちの際だった特徴は、進歩に対する信念であった。すなわち、とりわけ第一次世界大戦を引き起こした国際システムを平和的で公正な世界秩序へと根本的に変容させることができるという信念、民主主義の目覚め、「国際精神」の成長、国際連盟の発展、平和を求める者たちの貢献と彼らによる教育を通じた啓蒙の広がりなどの影響によって、国際システムは実際に変容しつつあるという信念、そして、その前に立ちはだかる無知や偏見、悪意、邪悪な利害を乗り越えて、進歩の前進を幇助する国際関係論の学徒としての彼らの責務の自覚であった。[67]

政治の進歩に対する自由主義的な信念は、国際関係の実際の秩序および国際関係に関する新しい学問分野の双方の基礎を形成した。このような世界政治の実際面と理論面の密接なつながりが戦間期のきわ立った特徴であったが、それはある意味では、国際的な領域において英・米の自由主義原則が優位を占めていた結果であった。

「ウィルソン的理想主義」

第一次世界大戦（一九一四〜一九一八年）という体験がもたらした帰結の一つは、国際情勢に通じた有識者の間で、それまでの勢力均衡を、国際機構によって維持される集団安全保障体制に置き換えようという主張が高まったことであった。「ヨーロッパの協調」あるいは「ヨーロッパ流の勢力均衡」という概念を批判した人物としてもっとも著名なのは、自由主義的理想主義の熱心な支持者であったアメリカ大統領ウッドロー・ウィルソンであった。アメリカでは、民主党も共和党も自由主義に対する批判を控えていたために、自由主義的理想主義の思考は、生き残っていただけでなく、依然として重視されていた。アメリカの政治・経済エリートは、第一次世界大戦への参戦を支持し、次いで国際連盟への加盟を進めるなかで、自由主義的理想主義を信奉し、それを国際主義のプログラムへと発展させたのである。(68)

ウィルソンの「十四か条の原則」は、平和の基礎として自由貿易と自由市場の理念を擁護し、「すべてのネーションに国家を」という民族自決の原則を宣言した。「ウィルソン的理想主義」は、その大部分が十九世紀の自由主義的国際主義にもとづいており、「大国にも小国にも等しく政治的独立と領土保全の相互保障を与えることを目的とする特別な盟約のもとに、諸国家からなる一般的な組織が結成されなければならない」というウィルソンの信念を反映していた。(69) 国際的な制度が、民主主義諸国家間の平和的な協力を促進すると信じられた。なぜなら、民主主義諸国のナショナリズムは、諸国家の利益の国際的調和というスローガンのもとで、国際主義の発展に貢献するように成長させられると信じられていたからである。

近年の議論によると、ウィルソンの「十四か条」は、単に観念的な「理想主義」から構成されていたのではなく、当時の政治的文脈を反映したむき出しの「現実主義」をも含んでいた。ある論者たちは、「十四か条」に盛り込まれた自由主義的な諸原則について、それがアメリカによって戦略的に採用されたものであり、その目的は、ヨーロッパ大陸に残存していた諸帝国が崩壊した後に、ボリシェヴィズムを排除して東欧および中欧にアメリカの友好国を獲得することにあったと論じる。(70) ウィルソンの「理想主義」的思考の中に存在した「現実主義」的側面について検証することは本書の守備範囲を超えるが、「ウィルソン的理想主義」の急速な広まりが、アメリカのヨーロッパに対する影響力の拡大戦術と密接に関連していたことは疑いない。

アメリカの第一次世界大戦への参戦は、大戦後のグローバルな政治・経済に決定的な影響を及ぼすことになった。くわえて、政治的理念という観点からは、第一次世界大戦にアメリカが参戦し、ソ連が離脱したという事実が、自由民主主義の原則の普遍化を願っていた戦間期の「理想主義者」にとって決定的に重要であった。彼らの戦後秩序へのアプローチの前提は、民主主義的な連合国（すなわちアメリカ、フランス、イギリス）の勝利によって形成される新秩序が、自由主義的で、自由な市場にもとづく世界秩序という彼らの構想を体現するものでなければならないという点にあった。「反民主主義的」で中央集権的な大国、すなわちドイツ、トルコ、オーストリアの専制政治と軍国主義を解体し、ソ連のボリシェヴィズムを隔離した後に、「ウィルソン的理想主義」によって擁護された自由主義的思考様式が、国際的な勢力均衡の構造的変化をもたらす支配的なイデオロギーとなったのである。(71)

法の支配

法の支配という構想も一九二〇年代に国際領域で全盛期を迎えた。正確にいえば、この理念は第一次世界大戦の産物ではない。それは、十九世紀の特に最後の数十年間に、国際領域を規制する国際法と国際機構の漸進的な進展を伴って発展させられていったもので、十九世紀の立憲主義と法による平和という自由主義的概念の延長線上にある。

二十世紀への転換期に、多くの国際法学者が、一八九九年と一九〇七年に開催されたハーグ平和会議に（その成果に楽観的な期待を抱いて）参加し、法の支配の漸進的強化に貢献した。(72)ハーグ平和会議の結果、複数の協約や宣言が生み出され、国際紛争の解決のための常設仲裁裁判所が設立された。一九〇七年のハーグ会議に常設国際司法裁判所の設立を求めて参加したフィリップ・ノエル＝ベーカーは、法の支配の中核となる概念について、以下のように述べている。

これまでに思想家や政治家が考案してきた戦争根絶に向けた構想のいずれにも、何らかの形の司法裁判所が含まれていた。これらの構想のいずれにおいても目指すべき理想とされたのは、国家内部で個人間の紛争が解決されるのとまったく同様に、国際紛争も法定のルールに従って司法的な過程を通じて解決されるべきであり、国家が最後に頼るべき解決策は戦争ではなく、法でなければならないという考えであった(73)。

戦間期の「理想主義者」は、国内類推にもとづいて国際領域における法の支配を育み、それを制度化しようとした。彼らの構想は、一九二〇年代に重要な成功を収めたといってよい。国際連盟規約は国際関係をより強固な法的基盤のうえに置き、仲裁による紛争の平和的解決を求めた。そして、国策としての戦争の放棄を掲げた国際合意である一九二八年のケロッグ・ブリアン条約は、ほぼすべての主要国によって調印され、国際法のさらなる発展に貢献した。国際的な法の支配という構想は、もともとは、人間および人間社会の本質は理性的であり、それゆえに国家間に平和的な関係を構築することが可能であるという自由主義的な考え方から生まれたのだが、それが戦間期の最初の十年間に支配的な理念となった。

このように、国際紛争を司法的手段によって解決するという考え方が広く受け入れられた背景には、一九二〇年代の相対的に安定した国際関係があった。この安定は、第一次世界大戦で勝利を収めた民主主義列強の優位によって支えられていた。自らの優位性を保つために国際環境に対する挑戦を防ぐことを望んでいたこれらの列強にとっては、法の支配というシステムを受け入れることが大きな利益であった。全体として、一九二〇年代には、戦争を立憲的に抑制することを重視する政治的追い風が存在していた。

ノエル＝ベーカーの平和活動を論じたローナ・ロイドによれば、ハーグ平和会議の精神と、法による平和の実現というアプローチが、第一次世界大戦後にいっそう熱心に追求された理由は、次の三つである。第一に、平和団体や平和運動の急速な発展があり、それらが、法の支配を通じて戦争の痛ましい経験を乗り越えることができるというメッセージを広めたことである。第二に、イギリス労働党が、次第に国際連盟による平和構築という側面を特に強調した連盟寄りの外交政策をとるようになり、国際社会における法的義務に注目し始めたことである。そして、第三に、相当数の国際連盟加盟国――その多くは連盟総会という場でようやく発言権を得た小国であった――が、法的な意識に目覚め、国際関係において法的なアプローチをとったことであった(74)。

「ウィルソン的理想主義」の場合と同様に、法の支配というシステムを普遍化しようという試みは、政治だけではなくイデオロギーの次元でも展開された。政治的観点からいうと、英・米のドイツに対する勝利は、新しい世界秩序を構築し国際平和と安全保障を維持する試みにおいて、英・米が支配的な地位を占めることを意味した。他方、イデオロギーの面では、「民主主義的で立憲的」な国家が「独裁的で軍国主義的な」列強に勝利したことが、国際領域において伝統的な英・米の立憲主義およびその不可欠の支柱である法の支配を復興させる、決定的な出来事であった。

すなわち、ドイツが戦争で「敗北」した結果、西欧の自由民主主義と立憲主義の実績が、伝統的なドイツの政治理念に対する「勝者」として立ち現れたのである。特に、当時の法律家と政治学者は、西欧の自由主義とドイツの政治理念は相容れないものであると主張するようになった。当代の国際法学者の中でもっとも著名な一人であるラサ・オッペンハイムは、「国家そのものを目的とみるプロイセンの国家観、および、国家権力をすべての上位にある神聖なものとみるその観念――こうした考えはヘーゲルとその弟子たちの哲学にその裏づけを見出すことができる――は、民主主義や立憲政体の理念とは正反対のものである」と説いた(75)。こうしてオッペンハイムは、国家を至高の制度とみるドイツ的な思考に対抗するものとして国際連盟の理念を擁護し、ドイツ的な思考こそが戦争という破滅的な結果をもたらしたのだとして、それを斥けた。

集団安全保障と強制力

国際関係研究の学界では、一般に次のような見解が受け入れられてきた。すなわち、第一次世界大戦の直後には、国際関係に関する多くの「ユートピア主義」的な思想家が国際連盟の正統性を強く唱道したが、政治的「現実主義者」が連盟をその機能不全を根拠に批判するようになると、この「ユートピア主義者」の影響力は失われたというのである。近年の研究は、このような見解に反論し、国際連盟に関する論争は必ずしも戦間期の国際関係思想を支配していたわけではなく、また「理想主義者」と「現実主義者」という互いに相容れない二つのグループに分裂していたわけでもないと論じている。(76) 戦間期の知識人の著作を丁寧に吟味したこれらの研究は、「ユートピア主義者」と揶揄された者たちが「現実」に無頓着であったわけではなく、国際的アナキーを第一次世界大戦のもっとも根本的な原因の一つとみなし、その制御を目指して、「現実主義者」と同様に具体的な提案を行っていたことを明らかにした。戦間期前半の知識人が国際機構の研究を重視したのに対し、戦間期後半の知識人はその焦点を国際政治に定めたという違いはあったものの、アナキーと主権という概念が、一貫して両者の思考の中核に存在した。(77) したがって、世界大戦という惨事を経験したほとんどの論者は、アナキーと主権との間の緊張関係と既存の国家から構成される国際機構という現実に、好むと好まざるとにかかわらず向き合わざるをえなかったというのが妥当であろう。

戦間期において国際的アナキーに対する対応の一つが、集団安全保障体制の構築であった。それは、諸国家が国内的な概念と実践を国際領域に移し変えることであった。集団安全保障体制は、同時代の自由主義的国際主義思想に支えられ、諸国家間のより広い団結と合意を実現してアナキーを制御する可能性を探求するとともに、国際的な紛争解決のシステムに強制という要素を導入しようとしたのである。(78)

集団安全保障を実効的なものにするには、諸国家が国際共同体全体の利益を認識することが前提条件となる。

それには、正しい戦争と不正な戦争という概念や、国家が集団として直面する問題を処理するうえでの戦争に至らない諸手段の効果的な適用の承認も含まれる。結局のところ、自由主義者は、諸国家が互いにそれぞれの自己防衛のために行う武力行使や集団安全保障のための正しい戦争への関与は、国際社会を集団的に代表する行為として正当化されるべきだと考えるようになったのである。

このような考えは、少なくとも部分的には、一九三〇年代の国際政治の厳しい現実の中で強められた。ノーマン・エンジェルは、戦争の不毛性についての議論を展開したことでもっともよく知られているが、組織化された国際共同体における「より小さな悪」として武力行使を擁護した。[79] 結局のところ、エンジェルは、「武力は法に委ねられるべきであり、またそれは国際共同体の道具として組織されねばならず、その組織は明確な政治的・外交的な義務にもとづくべきである」という「実践的な政治的結論」にたどり着くことになった。[80] より急進的な例を挙げるならば、デイヴィッド・デイヴィスは、国内の警察のように強力な警察力を持つ国際的な執行機関による平和の強制を、以下のように唱道した。

　歴史上初めて、国際部隊に配備される武器と各国家の保持する武器とを区別することが可能になった。……平和に向けた集団的な意思が実際に存在するのならば……、それは、この枠組に参加するすべての国家の自発的な賛同にもとづき、厳正に組織された国際警察力によって示されるべきである。[81]

「理想主義者」の見解によれば、近隣国に自国の意図を押しつけるために武力に訴えることは許されず、国際連盟という後ろ盾が存在する場合にのみ正当とみなされる。なぜなら、連盟は、平和的な国際主義および安全保障の共同化にもとづいて戦争放棄を促進することを意図した組織だからである。レナード・ウルフによれば、この仕組みを適切に機能させるには、あらゆる手段を用いて、連盟の影響力を著しく低下させている増大する暴力や露骨な攻撃を封じ込めなければならない。ウルフは、国際紛争の平和的解決という観点から連盟を擁護するのみならず、その集団的な抑止機能も支持して、以下のように述べた。

国際連盟の弱点は、連盟のシステムそのものにあるのではなく、そのシステムに反対する国家を加盟国として参加させ続けている偽善にある。連盟から軍国主義国家とファシズム国家を追放し、戦争を防ぐためにあらゆる手段を講じることを決意した民主主義国家と社会主義国家のみから構成されるものとするならば、それは現在のごまかし半分の連盟よりも、はるかに強力な平和と文明のための道具になるだろう。(82)

一九三五年のアビシニア危機に直面したとき、ウルフは「国際関係において武力の行使は、制裁の発動を含め、決して支持されるべきではないと主張する百パーセントの平和主義の立場」を攻撃した。(83)

このようにして、ファシズム諸国による膨張主義と軍国主義に特徴づけられた一九三〇年代に、次第に多くの「理想主義者」は、侵害や侵略の可能性から平和と安全のシステムを守るために、国際領域における強制力の必要性を強調するようになった。その結果、軍事的制裁を含む封じ込めをいっそう支持するようになった「理想主義者」は、集団安全保障は再軍備化を招くとしてこれを否定した「百パーセントの平和主義」の立場との距離を広げていった。(84)

以上のように、自由主義的国際主義思想を色濃く反映した戦間期初期の世界秩序に関する諸提言は、「ウィルソン的理想主義」、法の支配、そして集団安全保障体制の普及を通じて有力になっていった。これらの提言が、国際的アナキーの問題に対するほとんど「革命的」なアプローチとして人々を惹きつけたことは想像に難くない。

しかし、実際的な意味においてそれらの提言は、ヴェルサイユ条約後の国際秩序の維持を主張する政治的機能、あるいは、現状打破とヴェルサイユ体制の「革命的」変革を主張する勢力から現状維持勢力を防衛する政治的機能を担っていた。この点こそが、戦間期の世界秩序に関する提言の中にカーが認めた十九世紀的自由主義の教義の特徴の一つであった。次項でみるように、カーは、国際関係研究という学問の初期の発展の中にも、その教義の様々な特徴を見出していた。

二．国際関係研究における自由主義思想

周知の通り、学問としての国際関係研究は、第一次世界大戦の破滅的な結末と、恒久平和の促進に対する希望の広がりの結果として誕生した。この学問もまた、その草創期において自由主義思想の影響を深く受けていた。理性的な世論の成長こそが将来の大惨事を防ぐ安全弁となるというのが、自由主義思想の基礎の一つであった。自由主義的国際主義者は、国際システムの改革だけでなく、平和という共通利益を大衆の間に育てるための教育改革も求めた。多くの場合、このような平和教育が、国際連盟に対する大衆の強力な支持を発展させたいという自由主義的国際主義者の野心的な試みと結びついていたことは特筆に値する。国際政治の体系的な研究を専門に行う世界最初の大学教授職は、一九一九年に、自由党所属のイギリス国会議員であり、著名な平和運動家であったデイヴィッド・デイヴィスによってウェールズに設立された。デイヴィスは、この新たな学問が、国際連盟に対する大衆の理解と、その理念に対する知的な支援を促進することを期待していた(85)。

世論を建設的な力とみなし、国際連盟を平和愛好者の声の公正な表現ととらえる自由主義的見解は、戦間期に数多くの「理想主義的」思想家によって論じられた。たとえば、オックスフォード大学教授で第一次世界大戦直

後にその名が広く知られるようになったアルフレッド・ジマーンは、一九三〇年にジュネーブ高等国際問題研究所で行った講義において、世界市民のための教育の重要性を訴えた。ジマーンは、若い世代が「国際連盟の功績と目的」を理解し、「国際協力こそ、人類の営みを進める正常なあり方であると考えるように訓練される」ことを望んだ(86)。ジマーンは、「世界世論に基礎を置いた世界政府などは夢想するのも滑稽」であろうと認めてはいたが、適切な世界市民教育を進めることによって「いまの時代状況を理解し制御できる」大衆を生み出すことは可能であると考えていた。ジマーンの考えでは、大衆が国際機構に関心を抱くことは決定的に重要であった。なぜなら国際機構は、「所属する教区や地域、さらには国家の壁を越えて」協力する必要性に迫られている「ほとんどすべての階層や職業の人々」にかかわっているからである(87)。ジマーンにとって、国際関係研究という知的営為は、自由主義的で啓蒙的な努力であり、「後れている人々を上方へ引き上げるための国家的・地域的な取り組み」を国際的に組織し、「次第に民主的になり、少しずつ分権化されつつある世界」に生きる人々の間に交信のネットワークを拡大する営みであった(88)。

ジマーンの見解が示すように、民主主義と分権化は、国際関係という学問の発展をもたらした主要なイシューであった。戦間期の初期において、多元主義の政治理論家たちは、政治権力の国家への集中と行政機関を通じたその行使は、民主主義社会の機能に対する脅威になるとみなした(89)。第一次世界大戦の原因をめぐる多数の説明の中で影響力のあったものの一つが、ドイツの国家論が大戦の勃発を促したという議論であった。その思想形成の少なくとも一端には、西欧的な自由主義的民主主義の普遍化に抗ったヘーゲル、フィヒテ、トライチュケといったドイツ人思想家たちがかかわっていた。戦間期の知識人の中で、国家主権に関する新しい概念を模索し、ドイツの政治哲学とその統治体制は自由主義的国際主義とは相容れないものであるというオッペンハイムの議論を受け入れた人々は次のような議論をした。すなわち、ドイツの政治哲学と統治体制は、無制限で中央集権化された国家の権限と他のあらゆる組織や結社に対する政府の優越を主張したことにより、戦争につながる敵対を生み出した責任を負うべきだというものであった[90]。

こうして、戦間期の初期に国家主権の絶対性の理論を批判した人々は、自由主義的国際主義がドイツの国家論よりも優れていると主張する傾向にあった。英・米の政治理論家は、国家は何らかの形でその主権を制限されねばならないと考え、責任と権威の集団的な管理を志向した。イギリスでは、フェビアン主義者と急進的な自由主義者が、民主的統制連合や国際連盟協会などの組織を通じてこの議論を熱烈に支持した[91]。イギリスとアメリカで大きな影響力を有していたハロルド・ラスキは、一九三〇年代になるとその他の同時代人と同じく自由主義に幻滅することになるが、当初はこの議論を支持し、国家の統一に関するドイツ的教義から生み出された「一元的国家論」は、「私たちが持っているはずのもっとも根源的な信念のいくつかと対立する」と説いた[92]。

政治学界において生じていた主権の法的理論に対する攻撃は、広く国際法学者にも共有された。彼らは、国家主権を国際法の法的基盤をつくるうえでの障害とみなした。端的にいえば、国際法学者もまた、国家および主権に関するドイツの理論を脅威と受け止めたのである[93]。揺籃期の国際関係研究に国際法と政治学の両分野で展開された議論が多大な影響をもたらしたことに鑑みれば、そこで共有されていた命題――すなわちドイツ国家論に対抗する立憲主義を基礎とした自由主義的国際主義――が、国際関係に関する初期の主要な理論を形成したことは驚くに値しない。同時代の世界秩序に関する提言の場合とまったく同様に、国際関係研究という新たな学問の初期の発展は、英語圏における自由主義的国際主義という「支配的」な理論に全面的に支えられていた。この自由主義的国際主義の発展における英・米の主導的な立場は、部分的には、第一次世界大戦による両国の国力の損害が他国ほどに大きくなかった事実から説明できる。くわえて、一九一四年以前の国際関係のアナキーな性質と剥き出しの権力政治に対する批判が、英語圏の自由主義的伝統のもとで教育を受けてきた人々にとって魅力的であった、と論じることも可能である[94]。

結果として、その揺籃期における国際関係研究は、英・米の自由主義的原則の優越性を支え、「専制的で権威主義的な国家主義」に対抗する「民主主義的な文明」を称揚した。他方で、勢力均衡や秘密外交、軍事同盟などの政策を、時代遅れで再度の世界戦争を引き起こしかねないものとして糾弾した。よく知られている通り、国際関係研究の創設と初期の方向性は戦争を防止しようという情熱的な欲求に導かれたものだったが、それはまた、第一次世界大戦後、世界政治へのかかわりを増していった自由主義の思想と行動に対する強い感情的な思い入れをも反映していたのであった。

三．自由主義に対峙する「現実主義者」カー

第二次世界大戦の直前にカーが展開した一連の批判は、政治の不可避の要素としての力に関する認識を欠いた「ユートピアン」に対する「リアリスト（現実主義者）」からの攻撃として知られるようになった。しかしながら、「ユートピアン」たちに力の要素が認識されていたかどうかという問題を問い詰めても、当時広く受け入れられていた国際的な制度の構造や国際関係研究という学問の本質についての初期のコンセンサスに対して、カーが展開した批判の広い射程を理解する助けにはならない。これまでみてきた通り、ヴェルサイユ条約以後の世界秩序に関する提言においても、また、生まれたばかりの国際関係研究という学問の基礎となった規範的な前提においても、自由主義の根強い伝統が支配的地位を占めていた。カーは、世界秩序の提言と、国際関係研究の規範的前提との間に自由主義的国際主義の確かなつながりを認め、国際関係の理論と実践とにかかわるこれらのアプローチが持つ、イデオロギー的・政治的な特徴を明らかにしようと試みたのである。

世界秩序に関する提言

第一に注目すべきは、第一次世界大戦後の新たな国際秩序構築の実践的な側面に対するカーの態度である。カーは、十九世紀的自由主義に対する時代遅れの信奉が、現状維持派の大国にイデオロギー的な基盤を提供しているとして糾弾した。すなわち、自由主義の信奉者たちは、もっぱら現状維持派の大国の利益となる新秩序を正当化し、またそうするために、その理念を時間的・空間的な文脈から切り離して二十世紀の国際領域に適用するという非歴史的な態度をとっているというのであった。カーの見解では、第一次世界大戦後に永続的な平和を築くことができなかった原因は、権力政治に関する認識不足にではなく、十九世紀的自由主義理念の誤った適用にあったのである。(95)

前世紀に支配的であった言説も異なった歴史的条件下ではもはや価値を持たないというカーの認識は、もう一人の「現実主義者」モーゲンソーの認識と一致していた。モーゲンソーは、十九世紀の法、主権、平和の概念は、特定の時代における特定の政治的状況と分かち難く結びついており、普遍的ではありえないと論じた。(96)カーとモーゲンソーは同じような意図を持っていた。すなわち、英・米主導の世界秩序における自由主義的原則を相対化することであった。これこそが、後に彼ら「現実主義者」の攻撃とみなされるようになった事柄なのである。

戦間期における数多くの提言の中でも、法の支配の下で戦争を違法化するという提言は、国際関係の安定という文脈で重要な役割を担った。しかし、カーは、法の支配というシステムは、既存の秩序に重大な変化をもたらそうとする者を平和の妨害者あるいは法への敵対者として告発する役割を担う、「既存秩序の防壁」であると考えていた。結局のところ、「法の本質は安定を促進し、社会の現存枠組を維持すること」にあり、十九世紀の自由主義者が信奉した永遠の倫理原則の何がしかを称揚することではなかったのである。(97)カーの見解では、法とその倫理的基盤の相対性を強調し、特定の場所と時間における「持てる者」の利益や政策を反映するものとしての法の性格に光を当てたことは、マルクス主義の主要な貢献の一つであった[98]。カーはまた、法を「支配階級の意思を表明したもの」とみたレーニンの考え方や、法的ルールは常に特定の人間集団にとって望ましい目標の達成を追求するものであるというラスキの見解を紹介した[99]。カーは、法という理想に対する「現実主義者」の疑義という形をとってマルクス主義者の考え方を提示したのである。

さらにカーは、法を政治から独立したもの、あるいは政治より倫理的に優れたものとして扱う傾向に反対する「現実主義者」の議論を展開したが、その議論は、彼の規範的で「平和主義的」ですらあるアプローチと共存していた。すなわち、カーは、現状を変革するために戦争という手段に訴えることが違法と非難されるのならば、平和的手段による現状変革を可能にする実効的な制度が整備されねばならないと論じた[100]。彼は、法の支配という国際的なシステムが、現状維持を志向する者たちの道具になることに反対する一方で、国際法を、平和的手段による現状変革のための「諸国家から成る政治共同体の一つの機能」とみなし、その必要性を認めていた[101]。そして、「法が実効的な政治機構を承認し、次いでその機構を通じて法自体が改正され廃棄されるようになるならば、その時に初めて法および条約は順守されることになる」と論じたのである[102]。

カーによれば、法の支配に加えて、集団安全保障もまた「持てる者」が「持たざる者」による既存秩序への挑戦と変革の試みを妨げる手段であり、支配的な諸国家が自分たちの利益を世界全体の利益と同一視することを可能にすることのみに役立つシステムなのであった。自由主義的国際主義者の考えでは、国際連盟こそ、諸国家の集合的意思にもとづいて安全保障を提供すべき存在であった。この論理とは対照的に、カーによれば、ロック流の自由主義を中核的な理念とし、十九世紀の自由主義的民主主義の原理に沿って作られた国際連盟は、「最も強力な加盟国の国策を遂行する手段である場合にのみ」力を発揮するのであった[103]。なぜなら、自由主義の教義を共有しているのはそれらの強国だけだからである。したがって、国際連盟は、主として既存秩序を維持したいと望む者によって支持されたのである。たとえば、イギリスで国際連盟は「保守党のいわゆるナショナリスト派」にさえ歓迎されたのである。[104]

カーは、国際連盟の集団安全保障体制に認められる複数の欺瞞を明らかにした。[105]その一つが、「必然的に現状維持を基盤とする協定は、全世界共通のものになり得る」という幻想である。二つ目は、「『侵略』の基準は公正に適用される、あるいは道徳的に意味があると想定したこと」であった。三つ目は、国際連盟体制の実践面での欺瞞性である。すなわち、近代戦は長期にわたる準備を必要とするため、武力行使に参加する加盟国は事前に協調して準備を進めなければならない。ところが、連盟はこの問題を無視していた。また、「侵略行為」が戦争状態に発展するまで交戦の決定を先延ばしにすることは、特に小国には不可能であった。したがって、カーの眼には、連盟規約に盛り込まれた集団安全保障の原理は、規約に含まれる前に「既に破産」していたと映った。[106]

しかしながら、カーは、「いま一度、軍事力ではなく、道義的勧告に依拠した協議型の連盟」のもとでの国際協力への希望を表明した。[107]そして、連盟の機能を、現状における既得権益の防衛装置から、平和的な変革のための対話の場を提供する実効的な機構へと変えていくために、平和を脅かしうる条約や状況の再検討について連盟総会が勧告できるとした連盟規約第十九条の活用を提案した。[108]国際政治における力の要素をカーが強調したことに関心を集めすぎると、国際連盟を協議の場と位置づけたカーのアプローチの重要な規範的要素を見落とすことになる。カーは、既存の国際秩序に対する挑戦を厳格に管理するための強制的な手段を前提とはしていなかった。カーの見解では、国際連盟体制のもとでそのような強制力を正当化し独占しようという英・米の自由主義的国際主義者のもくろみは、国際連盟の設立は国際関係から力を除去することにつながるという彼らの根本的な信条と同じくらいに、ユートピア的なのであった。

国際関係研究の発展

第二に論ずるべき点は、当時の英語圏で支配的な自由主義的国際主義を知的基盤として発展しつつあった国際関係研究という学問に対するカーの批判である。カーは、国際情勢に関する情報公開を求める人々の声に応える形で誕生した国際関係研究という新しい学問を歓迎しながらも、それが「持てる者」に独占されたがために内包した根深い自由主義の伝統に疑義を呈した。広く知られているように、揺籃期の国際関係研究者の中核的な動機は、戦争を防止したいという強い願望であった。この願望は、戦間期の多くの知識人の心をとらえ、彼らを突き動かした。カーによれば、その結果、国際関係研究は「願望が思考に、一般論が観察にそれぞれ優って」いる「ユートピア的発展段階」に留まり、「既存の事実や利用可能な手段を批判的に分析しようとする試みは、ほとんどなされていない」状況にあった。(109)

「ユートピア的」国際関係研究に関するカーの分析を特徴づけたのは、「アングロ＝サクソン起源」の国際関係研究の基本的前提に関する問題であった。つまり、「すべての国家は平和に同一の利益を持っており」、したがって「平和を阻もうとする国家はすべて、非理性的かつ非道義的である」とする議論であった。(110)「ウィルソン的理想主義」、法の支配、そして集団安全保障はすべて、この起源から派生したものであった。カーによれば、「ウィルソン的理想主義」とは、功利主義や自由放任主義の諸原則など十九世紀の合理主義の理念を国際関係という新たな分野に移植し、もって、これらの理念をその生誕の地であるヨーロッパに持ち帰ったものだった。したがって、「よく知られている戦間期国際政治理論のほとんどすべては、アメリカという鏡に映った十九世紀の自由主義思想の反映」なのであった。(111)

おそらく、「第一論争」という神話はいまも生き残っている。すなわち、国際関係の「ユートピア的」理論は「現実主義者」の攻撃に屈し、「現実主義者」の攻撃は、希望的観測と国際政治の厳しい現実との間のギャップを一九三〇年代末に露呈させたといわれる。しかしながら、カーが明らかにしたギャップとは、「一世紀半にわたって政治経済思想を支配し続けた」アングロ゠サクソン的な道徳と、倫理的基準を絶対的でアプリオリな原則の表現ととらえるのではなく、歴史的に条件づけられた状況と利害関係の産物ととらえる大陸的な政治哲学との間のギャップなのであった。[112]

こうして、カーは、自由主義的民主主義原則の相対的で実利的な特徴を解明しようと考え、ヘーゲルやマルクス、知識社会学の提唱者などドイツの思想家たちの偉業を提示することを通じて、国際関係研究における自由主義的民主主義の優越に疑問を呈したのである。[113]興味深いことに、カーは『危機の二十年』の中で、ドイツの思想家たちを「現実主義者」として紹介している。カーにとって、自由主義的政治思想に対する彼らの知的挑戦こそが、当時の「現実」を反映していたのである。これとは対照的に、カーは、自由主義的国際主義者は「国際問題への対処にあたって絶対的で公正な規準」に固執したために、常に変化する「現実」をみえなくしてしまう傾向にあったと説く。[114]この点で、カーによる「現実主義」的攻撃は、むしろ「相対主義者」による攻撃ととらえたほうがよく理解できる。カーの攻撃対象は、普遍的だとされてはいるが、カーがみるところ「利己的な既得権益のみえすいた偽装」に他ならない抽象的な諸原則を、国際政治の変化し続ける状況の研究に適用しようとする人々であったからである。[115]

国際関係理論のイデオロギー的性質に対するカーの批判的な立場は、その生涯を通じて変わらなかった。一九七七年にスタンリー・ホフマンに宛てた手紙の中で、八十五歳になったカーは、国際関係理論の分野における自らの貢献に疑問を呈し、それまでと同じ急進的な考えを吐露している。

私たちは、国際社会や国際関係の科学が誕生するように呪文を唱えていたのではないでしょうか。その試みは失敗に終わりました。国際社会なるものは存在せず、実質的な規律のない、出入り自由のクラブがあるだけなのです。国際関係の科学なども存在しません。英語圏における国際関係研究とは、単に強者の立場から世界を運営する最善の方法を研究しているにすぎません[116]。

国際関係の学問史では、カーという「現実主義者」の攻撃は、戦間期の「ユートピアン」や「理想主義者」に対して「勝利」したと考えられている。しかしほぼ間違いなく、カーはこの主張を否定するだろう。むしろ、実際のところ「現実主義者」の攻撃は決して成功しなかったと論じるだろう。なぜなら、実際的にも理論的にも世界政治はその時々の覇権国に支配されており、現代の国際関係研究は、このような支配について批判的な考察を進めるのではなく、むしろ「政策志向」の学問として政策決定要因についての理論を発展させてきたからである。カーの攻撃以来、国際関係研究は、より広範囲のイシューを扱うために数多くの伝統やアプローチを取り入れてきた。しかしながら、カーが執筆活動を展開した当時と変わらず、その学問は大体において先進国と英語圏の産物に留まっている。

第二部の諸章では、カーがどのようにして、十九世紀の西欧的自由主義の普遍化に対する批判を、戦間期および戦時に特有の国際政治経済問題を解決するための処方箋へと発展させていったかを考察する。

第二部　具体的な問題と処方箋

第三章　「ドイツ問題」

本書の第二部は、戦間期および第二次世界大戦期における主要な政治・社会問題に対するのカーの態度を考察する。カーは、これらの問題が十九世紀的西欧自由主義の普遍化の「不可避な帰結」として生じたと考えた。以下の数章では、カーが取り組んだ個別の問題に焦点を定め、彼が一貫して求め続けたイギリスおよびヨーロッパにおける政治的・社会的・経済的結びつきの新しいあり方を検討する。

まず、第三章の目的は、国際関係におけるドイツの役割についてのカーの考えを検討することである。以下でみるように、カーの厳しい批判の対象であった戦間期の国際思想と政治的実践に変革を迫った主要な国が、ドイツであった。したがって、既存の国際秩序の根本的変革が必要だとするカーの思想に、ドイツの対外政策や国内政治が重要な影響を与えたことは想像に難くない。ドイツが提起した重要な問題に対してカーがとった立場は、二十世紀の国際問題への対処に十九世紀の自由主義的教義が誤って適用されたという彼の批判の中心的な部分をなしている。したがって、本章では、ドイツをめぐる政治的問題の文脈——すなわちヴェルサイユ体制の失敗、ヒトラー体制の出現、第二次世界大戦後のドイツ分割——の中で、カーの批判を読み解くことを試みる。

一九三〇年代全般を通じて、カーはドイツの対外的要求を大目にみる態度を貫き、宥和政策のもっとも影響力のある主唱者の一人と考えられてきた。実際、いくつかの研究は、カーの戦間期の著作における政治的な傾向に注目し、ドイツに対する宥和こそ彼が推奨する主要な政策であったと論じてきた。しかしながら、宥和の遂行は、カーが求めた最終的な目標ではなかった。ドイツへの譲歩を支持するカーの主張は、ドイツはヴェルサイユ講和を強いられた「犠牲者」であり、また「持てる者」の現状維持に挑戦する「持たざる者」であるという認識に拠って立つもので、それは戦間期の自由主義的国際秩序に対する彼の疑念に起因していた。この主張は、第二次世界大戦後のドイツ分割に強い反対を表明した「新しいヨーロッパ」という理念にまで発展した。したがって、カーのドイツ観は、他の文脈から遊離した政治的処方箋として単純化されるべきではなく、その時代の既存の国際秩序ならびに国内秩序に対する彼の政治的・知的な挑戦という、より広い文脈の中に位置づけられるべきなのである。

本章第一節は、戦間期の国際環境の中でのドイツの位置づけに関する歴史的概観である。次いで、ドイツに対するカーの寛大な態度の文脈を明らかにした後、続く節では、彼がいかにして宥和政策や「ヒトラリズム」後のドイツについて自らの考えを発展させたのかを検討する。

第一節　ヴェルサイユ体制

一．ヴェルサイユ条約への反応

戦間期ヨーロッパの国際システムはヴェルサイユ体制にもとづいていた。ヴェルサイユ条約は、一九一九年一月十二日から一九二〇年一月二十日まで続いた講和会議（パリ講和会議）の結果として生まれた五つの条約のうちの一つである。ドイツが抵抗するなかで調印されたヴェルサイユ条約の主要事項は、アルザス＝ロレーヌ［エルザス＝ロートリンゲン］のフランスへの返還、ラインラントの非武装化と十五年間の保障占領、戦争勃発に関するドイツの責任の受諾、一千三百二十億マルクの賠償金支払い、ドイツの全植民地の放棄と国際連盟による委任統治、ドイツの陸軍および海軍の規模と武装に関するいくつかの制限、ドイツとオーストリアの合併の禁止などである。

この条約によってドイツは十三パーセントの国土と七百万人近い人口を失ったが、これらの措置はドイツ国民の強い憤懣を生み、一九三〇年代にナチ運動が巧みに利用する禍根を残した。同時に、戦争の受益者となったアメリカに対するヨーロッパの経済的地位の相対的な衰退をもたらした。国際政治の領域では、ヴェルサイユ講和の実際の重要性は、「民族自決」原則と国際的な集団安全保障のための組織を主張したアメリカ大統領ウッドロー・ウィルソンの「十四か条」にあると説明されてきた。ここに、侵略国に対する集団的な行動を可能にするために国際連盟が創設され、また、民族自決に関するヨーロッパ規模の熱狂に支持されて、バルカンや中・東欧にいくつもの新国家が創出された。

ドイツ問題へのカーの関心は、一九一九年のパリ講和会議に端を発する。カーは、この会議にイギリス外務省の「臨時の要員」として出席していた。この時から、時期によって理由は異なったが、カーはヴェルサイユ講和に一貫して反対し続けた。カーの反対論は、第一に、彼の「自由主義的」な精神によって特徴づけられていた。この精神は、たとえば彼が執筆した外務省の覚書に表れている。それは、ある国の少数民族は、同じ民族の国民国家に移住を認められるか、さもなくば「十全な市民的・宗教的自由とあらゆる市民的諸権利」を付与されるべきであると論じていた(1)。このようなカーの思想の道徳的な側面は、ヴェルサイユ条約のいくつかの約定に対して示された憤慨に表れている。カーはドイツがひどい扱いを受けていると感じていた。後に彼は次のように回顧している。

私の自由主義的信条はまだ損なわれてはいなかった。また、イギリス代表団の多くのメンバー（自由党員だけではなかった）と同様に、私はフランスの頑迷さと、ドイツに対するわれわれの不公正に憤っていた。われわれは「十四か条」でドイツ人を欺き、ひどく屈辱的な地位に置いたのだ——ケインズはこうした雰囲気の中で彼の有名な本を書いたのである。(2)

一九二〇年代初頭におけるカーの「自由主義的信条」がどれほど真正なものであったかを論じるのは、本章の守備範囲を超える。当時のイギリスでは、自由党員だけでなく急進主義者や社会主義者も、実際の講和の諸条件が「十四か条」の道徳的な宣言から大きくかけ離れているとして非難した。(3)注目すべき点は、ヴェルサイユ条約の厳しい仕打ちに対するカーの憤慨はドイツへの深い共感と結びついていたが、それが、イギリス代表団に、とりわけ自由党員の経済学者ジョン・メイナード・ケインズにも共有されていたことである。

ケインズが一九一九年に公刊した『平和の経済的帰結』は、ヴェルサイユ条約に対する批判の中でもっとも浸透し、論争を喚起し、歴史的に影響力を持った文献の一つとなった。ケインズは、講和会議にイギリス大蔵省の首席代表として参加していたが、ドイツに対する懲罰的な措置に反発して早々にパリを去っていた。彼は、ドイツに対するそのような措置がヨーロッパに新たな紛争を引き起こすことになると警告した。カーの読み取った「雰囲気」——ケインズの言葉では「パリの精神」——は、ヨーロッパの未来にまったく配慮がなかった。ケインズは次のように述べた。

良かれ悪しかれ、彼らの優先事項は、国境線と民族、勢力均衡、帝国の拡大、強くて危険な敵の弱体化、復讐、そして耐え難い財政的負荷を勝者から敗者の肩に移すことであった。(4)

実際、「カルタゴの平和」というケインズによるヴェルサイユ講和の描写はきわめて刺激的で、イギリスの公式の政策や、国内外の世論に影響を与えるに至った。ケインズの著書は国際的なベストセラーとなり、十四万部以上を売り上げ、一九二四年までに十一か国語に翻訳された(5)。カーのような若くて「自由主義的な」外交官だけでなく、イギリスの大多数の人々が、ドイツは条約の諸条項によって不公正に扱われていると思うようになった。彼らの罪悪感が、ヴェルサイユの合意を打ち壊そうというヒトラーへのイギリスの対応を決定するに当たって、とりわけミュンヘン協定に至る時代に、影響力を持つことになる。ケインズの書は宥和への全般的な支持を取りつける際に決定的な役割を果たしたが、カーも同様の関心を共有していたのである。

しかしながら、カーは、講和がもたらした政治的な帰結がきわめて重大であるとみていた。ケインズとは異なり、カーには、南欧、東欧、中欧の新興独立国家の厳しい現実を観察する機会があった。これらの国々は、民族間の緊張のみならず、脆弱な経済や発展途上の政治制度といった問題に取り組まねばならなかった。一九二〇年夏に、カーは、ダンツィヒ問題に関するポーランド高官の見解を収集するために中・東欧へ出張した。そして彼はパリへ戻る途上、チェコ国境内にあるが、ほとんどの住人がポーランド人である東部国境係争地の一つチェシンを訪れ、「バルカン化」といえるような当地の無秩序状況を見聞した。彼はこれを「(連合国の)勝利の間接的な結果の一つ」と認識し、その力の空白が将来の不安定化を導くことを懸念した(6)。カーは、そこには「より高次の文明」が必要であると考える一方、「われわれは、大国の一つが中欧に秩序をもたらすのに十分な力を回復するまで待たねばならないだろう」と論じた(7)。ここでいう大国とは、ドイツに他ならなかった。

この地域の状況は、カーの「自由主義的信条」を蝕んでしまうほどに厳しいものだった。ヴェルサイユ条約の不公正に対する彼の憤慨は、ほどなくして、同条約が東欧の「バルカン化」を招くことになるという、プラグマティックな条約批判にとって代わった。彼の見立てでは、この地域に安定した秩序を構築するために、中央集権化されたより大きな政治的単位が台頭すべきであり、この役割を引き受ける可能性がある唯一の候補がドイツであった。したがって、後にカーがドイツに対する厳しい扱いに反対するようになったのは、部分的には、ドイツが迅速に回復し、中・東欧における国際的な勢力均衡を打ち立てるに当たって指導的な役割を担えるようになることを、彼が望んでいたからだということができる。

カーの立場は、ドイツに対して純粋に自由主義的な外交原則にもとづいた穏健なアプローチを模索した人々のそれとは、区別されるべきである。彼らは、自己充足した国民国家からなる新しい東欧を構築することによって、自由主義的な原則を蘇らせようとした。[8] 一方、カーの確信は、ドイツをパワーとして復興させることによって、ドイツが南東欧あるいは東欧のさらなる政治的解体を防ぐことに寄与すべきであるというものであり、旧帝国の崩壊と新興民主主義諸国家の樹立を歓迎した人々の考えとは異なっていたのである。

二．ヒトラー体制

カーは、ドイツの力が回復することを期待したが、その期待は彼がドイツ国内で進行している事態に目を向けることにはつながらなかった。彼は自伝の中で、実際にドイツで起きたことについて「まさに盲目」だったため、一九三八年のドイツによるオーストリア併合以前には「一度もヒトラーを深刻な危険とは考えなかった」と認めている。[9] この盲目ぶりについて、彼は二つの理由を挙げている。一つは、「スターリニズムの粛清と蛮行に意識が集中していたこと」、いま一つは、一九一九年に連合国が敗者側に与えた不正な扱いに対する「憤りの感覚」が持続していたことである。[10] 換言すれば、当時のカーは、もっぱら国際情勢に主要な関心を寄せていたために、ドイツ国内の現実について相対的に無関心に陥ってしまったのである。同様に、戦間期のドイツ問題へのカーの態度は、もっぱら国際レベルにおけるドイツを取り巻く状況認識によって形成されたのであり、ドイツの国内レベルに注意を払って形成されたものではなかった。なぜなら、彼は、ドイツ国民の将来の進路を決めるのは国際領域における諸事件だと考えていたからである。カーは、ドイツにおける過激主義の伸長をほとんど認識できず、それがまもなくヨーロッパの地図を変える原動力になるとは思いもしなかった。彼は、主要列強がヴェルサイユ条約によって支配する戦間期国際システムの中での、ドイツの相対的な立場に注目していたのである。

カーの考えでは、ヒトラー体制はこのヴェルサイユ体制の政治的帰結の一つだった。一九三〇年代初頭においてもなお、彼は、ドイツに課されたヴェルサイユ条約の戦争責任条項を不公正なものとして非難し、ドイツが「束縛から抜け出し」、再び大国の一つとして存在を認められることを期待していた。[11] カーにとってヴェルサイユ体制は、ドイツの存在抜きで、ヨーロッパのかつての現状を復興させたにすぎない秩序であった。たとえば、フランスは、「戦前に夢見ていたことをはるかに上回るものを」与えられ、「大陸ヨーロッパにおける最強の大国としてのかつての争う余地のない地位」を取り戻した。[12] 他方で、「現代ドイツはコンプレックスの犠牲者であり」、それは「直近の過去」すなわちヴェルサイユの講和と、回復の途上にあったドイツに厳しい打撃を与えた一九二九年の大恐慌という二つの出来事に起因するのであった。[13]

カーは、ドイツは「絶え間ない脱走計画に熱中することによって正気を保つ囚人のようである」という表現も残している。[14] カーにとって「ヒトラリズム」は、ドイツが、強いられた「犠牲者」あるいは「囚人」という地位に抗い、そこから這い上がろうとする過程で、同国内に浸透していった「脱走計画」を象徴するものであった。彼は「ヒトラリズム」という用語を、ヒトラー自身が一九三〇年代の国際政治・経済の騒乱を背景に唱導した、一連のナショナリスティックな原則や政治的計画を指す言葉として用いた。カーは、それらの政策や原則は、国際システムにおけるドイツの劣った地位を変更しようという戦術にもとづいたものだと観察しており、ナチの一貫したイデオロギーにもとづいているとはみていなかった。カーによれば、ヒトラーは「経済危機によって蔓延した物質的苦境のために、道徳的な失望感がさらに悪化した状況」に直面せざるをえなかった。この状況のもとで、ヒトラーは、ドイツ人であることへの民族的プライドを呼び起こすために「ユダヤ人、資本家、共産主義者、外国人」に対する「憎悪の感情を利用」するように導いたのであった(15)。

カーは、「ドイツよ、目覚めよ!」というヒトラーのスローガンを「生き生きとした民族的信条」とみなし、「ヒトラリズム」の神髄だと考えた。カーは、そのインパクトは「労働者、ブルジョアジー、インテリゲンツィア、貴族層を含む、すべての社会的部分に影響を及ぼす」状況にあると観察した(16)。この時点においてカーは、ドイツの尊厳を取り戻そうというヒトラーの企てに対して、まったく批判を向けず、それが、やがてドイツを大国の仲間に引き戻しうると想定していたのである。カーは、「ヒトラリズム」の全体主義的な性質についてはほとんど分析せず、それが民族的連帯を促進するだろうと信じ、その社会的影響力を擁護した。団結したドイツ国民は、その国際的地位の変更を強く迫るだろうと想定していたのである。

一九三三年にヒトラーが政権に就いた後、ドイツは「現状の修正」の一部として中欧・南東欧にその領土を積極的に拡張しようとした。反ヴェルサイユ・スローガンのもとでのこの攻撃的な行動を、カーは実際に非難できなかった。なぜなら、彼はその行動を不公正な講和の是正とみなしていたからであり、また、より強力なドイツがヨーロッパにおいてより大きく安定した単位の構築を促進することを期待していたからであった。実際、彼は一九三六年のヒトラーによるラインラント進駐にほとんど怒りを示さなかった。彼は次のように書いた。

全体としてドイツは、公正にふるまっているように思える。ドイツの経済組織と政治力は、もし賢明に用いられるならば、過去二十年の分断によって乱れた地域を再びまとめることができるに違いない(17)。

このような考えを抱いたのはカー一人ではなかった。彼はこの問題についてイギリスの新聞各紙の意見を調査したが、それによると、程度の差はあれ各紙の立場は同じだった。『タイムズ』紙は、済んでしまったことを悔やむべきではなく、ヴェルサイユで課されたかつての不平等な状況が取り除かれたのだという意見であった。『デイリー・ヘラルド』紙はおおむねこれに賛成だった。『ニューズ・クロニクル』紙は、ドイツに対するフランスの懲罰的な措置に関心を寄せていた。『イヴニング・スタンダード』紙は、ロカルノ条約が破棄されたことを喜んでいた。それは、ヨーロッパ問題に介入するという厄介な義務からイギリスを解放したからである[18]。この調査から、支持政党の違いにかかわらず、イギリス人はおおむねヒトラーのラインラント占領にあまり不快感を抱いていない、とカーは結論づけた。事件から一年後、ＢＢＣラジオにおける講話で、カーは「大国を不自然に拘束し、あるいは永続的に他の大国よりも劣った地位に置き続けること」がいかに無益なことかを説明し、イギリスはヒトラーの条約違反行為への反対のために戦争に突入する理由はない、と聴衆にほのめかした[19]。

カーが「ヒトラリズム」に対して寛大な態度をとり、あるいはドイツの動きについて楽観的な見方をしていたのは、すべて、彼が現実にドイツで進行していた事態を観察する機会を持たなかったからだというのは正しくない。実際に、カーは一九三七年にソ連と並んでドイツを訪問している。帰国直後に、彼はチャタム・ハウスにおいてドイツで見聞したことについて講義を行った。その講義の記録は、カーが、いまだにナチ体制の全体主義的・軍国主義的特徴を十分に認識できていなかったことを示している。彼は、慎重に言葉を選びながら、聴衆に次のように語っている。すなわち、「今日のドイツは、ロシアと比べるならば、まったく自由な国といえます……。（なぜなら）そこには、ナチ体制も完全に破壊することができなかったある種の自由の伝統が、まだ残っているからです[20]」。さらに彼は、たとえばドイツでは、「反ナチのドイツ人に会って話しかけるのに何の困難もなく」、「私はユダヤ人の家に行きましたが、彼らは完全に自由に会話をしていました」と付け加えた。

カーは、ソ連では膨大な数の人が逮捕され、公開の裁判なしに投獄されたと聞かされて、ソ連の国内状況について否定的な印象を抱いていたために、ドイツについてはそれほど問題がないと判断してしまった。この判断は、ソ連との比較に起因するだけではなく、彼の「ヒトラリズム」理解の限界にも由来していた。カーの考えでは、「ヒトラリズム」の中核的要素、すなわち高まるドイツ・ナショナリズムは、かなりの程度は「国内に吐き出されており」、対外的膨張の野心には結びついていなかった。[21] 明らかに、カーは、ドイツ・ナショナリズムが他国への攻撃を引き起こすとは考えず、それはもっぱらドイツの統一と連帯を生み出す「国内向け」の役割のみを有していると考えた。ドイツの対外政策は「純粋に機会主義的」なので、ドイツ・ナショナリズムがドイツの対外的問題に向けられることはないであろうと信じていたのである。[22]

カーは、歴史的な視座に立って、「今日のドイツとロシアの両体制は、ともかくも西欧において過去百五十年の間に広く行き渡った個人主義的なイデオロギーに対する一つの反動を代表している[23]」と十分に認識していた。両体制は、個人を、ドイツにおける「民族」やロシアにおける「プロレタリアート」のような神秘的な実体に従属させ、「個人主義的な自由放任経済システム」を解体したのである。[24] これまでにみたように、カーは、ヴェルサイユ以後の国際システムは、支配的であった自由主義的な自動調整方式の経済政策のみならず、国際連盟の創設を基礎づけていた国益の調和という政治的な教義に関しても、自由放任的イデオロギーを体現していると力説していた。カーが、この自由主義的体制の批判者として、かつまた地域の安定のために中欧におけるドイツの復活を希望し期待する者の一人として、ドイツの「反動」を否定しなかった事情は、少なくともある程度は理解しうる。

この「反動」は、「ヒトラリズム」が追求した政策の一つであった。「ヒトラリズム」に対するカーの寛大さは、「ヒトラリズム」に関する彼の限られた理解がもたらした結果であった。彼はドイツの行動と動機を擁護したが、噴出するドイツ・ナショナリズムの現実の機能と、それが国内および国外にもたらした結果には、あまりに無関心であった。彼は「ドイツにおける国民的統一への希求」という面にのみ注目しすぎたため、「ナチ革命」の成果を好意的にみていた。彼によれば、それは「ドイツの様々な地域を遮る障壁……様々な階級の間に走る障壁、そしてあらゆる労働者集団やその類の様々な制度を打ち壊す、すさまじい活力」なのであった(25)。逆説的なことに、ナチ体制の現実について探究を深めることなく、カーは「現実主義的」あるいはプラグマティックな理由から、ドイツに対する宥和を唱道することになったのである。

第二節　宥和政策

一．カーと宥和政策

「宥和（appeasement）」は、多くの意味を持ち、様々な目的のために様々な文脈で用いられてきた言葉である。ここでは、もっともよく知られ、かつ失敗に終わった前世紀の宥和の事例、すなわち一九三〇年代後半におけるイギリスのネヴィル・チェンバレン政権によるヒトラー政権に対する宥和政策を扱う。ドイツに対する宥和の過程における最大の事件が、一九三八年九月二十九日のイギリス、フランス、ドイツ、イタリアによる会談とその結果調印されたミュンヘン協定である。この協定によって、会議に参加すら認められなかったチェコスロヴァキアは、フランスとの軍事同盟あるいは英仏同盟の存在にもかかわらず、ナチ・ドイツに多大な領土の割譲を強いられた。また、ヒトラーとチェンバレンは、将来のあらゆる英独間の紛争を平和的手段によって解決することを定めた附属協定に調印した。この協定がドイツとの戦争を防いだかにみえたので――事実、しばらくの間は防いだのだが――チェンバレンは、イギリスに帰国した折、国民の歓呼で迎えられた。

カーは、多年にわたって宥和政策に積極的に関与した。まず、一時期には「イギリス外務省の」国際連盟問題担当の一等書記官として、次いで、当時のグローバルな問題について精力的に発言していたジャーナリスト兼国際政治学の教授として宥和政策擁護の立場を一貫させた。その経歴のどちらの段階においても、カーの宥和擁護の主張は明白であり、きわめて影響力を持っていたので、後にある歴史家は、カーの主張を「宥和に関する同時代の最上の分析であり知的な擁護論」であったと評した。[26]

外交官カーは、一九三〇年代のヨーロッパ問題に対するイギリス政府の将来の態度に関して、いくつかの覚書を残している。宥和政策に関する彼の立場は、一九三五年三月三十日付のストレーザ会議に向けた覚書にみられる。その当時、再軍備を進める意志を表明していたドイツに対して、フランス、イタリアおよびイギリス政府は、その会議で同盟関係を構築しようとしていた。カーは、イギリスが「オーストリアの独立保全を支持する宣言の承認、あるいはそれへの共感」を表明するように強い圧力にさらされることを予期し、そうした動きに対して注意深い行動をとるように提案した。なぜなら、「ドイツがオーストリアの独立を侵害した場合、われわれは、まさにドイツ再軍備を黙認したと同じように、結局のところそれを黙認しなければならない。イギリス政府にそれ以外にできることがないからである……」[27]と記している。

カーは、ドイツが「西方においては防衛的な立場」に満足して「フランス領土の割譲を要求する意図はないと宣言」する限り、イギリスがオーストリアの独立を守るためにフランスおよびイタリアとともに戦争に向かうべきだとは考えなかった。[28]イギリスは拙速に行動すべきではなく、ドイツへの警告は「われわれが東欧および中欧の安全保障、あるいは陸戦用の武器支援についての約束、ないしは見せかけの約束をすべて解消してしまうまでは発するべきではないし、警告は言葉によるものに限り、決して行動に移されてはならない」とカーは考えていた[29]。彼は、首相に提出した別の覚書では、イギリスがストレーザ会議などの結果として新たな約束を引き受ける気がないことをいかに隠し通すべきかを論じている[30]。もっとも賢明な戦略は、機が熟するまでは宥和という公式路線を隠し通すことである、というのがカーの提案であった。

外交の職務から解放された後（カーは一九三六年にアベリストウィスの国際政治学のポストを引き受けた）でさえ、カーはミュンヘン協定の積極的な擁護を試みている。一九三九年七月末に公刊した書『ブリテン――ヴェルサイユ条約から戦争勃発までの外交政策』において、カーは、ドイツに対する「和解政策」が当時の軍事状況においては唯一の現実的な選択肢であったという考えを示した[31]。彼は、とりわけ「軍事的助言者たちが政府に提出した勧告［イギリスは新たに対外的な軍事義務を負うべきではないという勧告］を知らずして、一九三八年九月のイギリスの政策［ミュンヘン協定］について責任のある審判を下すことはできない」と強調した[32]。こうしたプラグマティズムと安全保障への関心が、カーの「和解政策」支持の背景をなしていたのである。

カーが一貫して宥和政策を支持した理由は、いくつか指摘できる。地政学的戦略の観点でいえば、対独宥和の基盤は、地中海におけるイタリアの脅威に関する彼の認識にあった。「地中海大国としてのイギリス」と題されたカーの一九三七年十一月の講義に関するチャールズ・ジョーンズの研究が示すように、カーは、次第に力を増してきたイタリアが地中海の支配的大国としてのイギリスにとって代わり、エジプトとパレスチナを統制下に置くようになることを懸念していた[33]。そして、［イタリアへの譲歩とドイツへの譲歩という］二つの悪の中では、ドイツへの譲歩がより小さな悪であると示唆した。前述のようにカーは、イデオロギー的な点では、国内において「持たざる者」が一連のストライキや交渉を通じてその地位を変える権利を持つことを擁護したのと同様に、ドイツがヴェルサイユ体制に挑戦する権利を擁護した。ジョナサン・ハスラムが指摘するように、おそらくこの点は、当時支配的であった自由主義者やユートピアンの知識人たちに対するアウトサイダー、あるいは「隠れ反逆者」としてのカー自身の立場を反映している。[34] さらに理論的な点では、宥和政策はカーにとって自からの「現実主義的」命題を証明するために重要であった。カーは、「平和的変更を変化した力関係への適応とみなす現実主義者の見解」の支持者であり、その命題に従って、ドイツの威嚇的な武力行使を、政治的変化をもたらすための通常の手法とみなしたのである。[35]

カーが共有していたわけではないが、当時ナチ・ドイツとの対決を避けることについて、大衆受けのする理屈が存在していた。たとえば、多くの知識人や一般世論は、国際連盟がヒトラーの脅威に対処することを期待していた。他方で、カーは、ドイツ再軍備、ポーランドによるマイノリティ条約の拒否、日本の満州征服などの事例を引き合いに出し、もはや連盟は国際的な議論や調停のための十分な場を提供することはできないと論じた。[36] くわえて、カーは、保守党の政治家たちのように、共産主義者の脅威を宥和の理由として主張することは決してなかった。長きにわたる親ドイツ的な伝統と共産主義に対する本能的な嫌悪から、保守党の政治家たちは、イギリスの権益に対するスターリンの脅威を、ヒトラーのそれよりも深刻なものとみなした。[37] 彼らは、イギリスとフランスがドイツの西方でヒトラーに対する戦いに手をとられている間に、ソ連がポーランドと東部ドイツを侵略することを懸念していた。

これまで論じてきたように、カーの宥和政策へのアプローチは、犠牲者としてのドイツ、「持たざる者」としてのドイツ、そして旧体制に対する潜在的反逆者としてのドイツといった、国際関係の中におけるドイツの位置についての彼の理解のうちに深く根を降ろしていた。カーは、民族的統一と権力政治を求めるヒトラーの主張を無視できなかった。そのどちらもが、自由主義的な国際体制のもとで非難されてきたものだった。この自由主義的な国際体制という覇権的システムは、カーとヒトラーの共通の敵であった。彼らは、もちろん異なる方法によってではあるが、ともにそれと闘っていた。それゆえに、カーは、「ヒトラリズム」のネガティヴな側面、たとえば排外主義的なナショナリズムや拡張主義的な外交政策、そして軍事独裁制などを認識し損ねたのである。

カーの「ヒトラリズム」理解に限界があったことは、政治イデオロギーの役割に対する彼の機能的な見方によっておおよそ説明しうる。彼の「現実主義的」な言い方によると、当時の人々が直面していたのは、「一方における全体主義、他方における民主主義的な妥協」というような「イデオロギー間の紛争ではなく」、「全体主義的であれ民主主義的であれ、個人の生活を国家という権力のもとにますます組織化し統制しつつある新しいリヴァイアサンの間の闘いなのである……。両国［すなわちドイツとソ連］では、資本と労働が新しいリヴァイアサンの腹の中でぶつかっている」のだった[38]。言い換えれば、イデオロギーは国際政治において国益を覆い隠す以上のものではないのである。したがって、カーは、外交政策はイデオロギー的な理由によってではなく、国益によって動機づけられるべきであると主張した。現状に挑戦するドイツの権利を彼が熱烈に擁護したこと自体は、著しくイデオロギー志向であるようにみえるが、対独宥和へのカーの支持は、外交政策は「力と宥和という明らかに正反対の両極の間を揺れ動かなければならない[39]」という原則におおむねもとづいていたのである。

二　平和的変更のための宥和

カーの宥和政策擁護に関して重要なことは、それが「平和的変更」の点から論じられていたことである。第二次世界大戦前夜に刊行された『危機の二十年』の最後から二番目の章で、カーは、各国の相対的なパワーが絶えずシフトする国際関係の領域において、変化は不可避であると論じ、どうすれば破滅的な戦争に訴えることなく平和的な方法でこの変化を成し遂げられるかを討究している。カーはまず、国内領域における資本と労働との関係に焦点を定めた。そこでは、「持たざる者」たる労働者が一連のストライキや交渉を通して自身の地位を改善し、「持てる者」たる資本家は力の行使に賭けるよりも譲歩を選んだ[40]。カーは、これを国際関係の領域に類推適用した。

ひとたび不満足国家が平和的交渉によって憤懣を解消する可能性を認識したなら（まずは実力行使の威嚇が間違いなく先行するのだが）、いくつかの「平和的変更」の正規の手続きが次第に打ち立てられ、それが不満足国家の信頼を勝ち得るに違いない。そして、ひとたびこうしたシステムが承認されたなら、調停は当然のことと考えられるようになり、力による威嚇は、形式的には決して放棄されないが、よりいっそう後景に退いていくであろう[41]。

カーにとって、これが、平和的なやり方で国際政治の変更という問題を解決するもっとも望ましい手続きであった。平和的変更は「正義についての共通感覚というユートピア的観念と、変化する力の均衡に対する機械的な適応というリアリスト的観念との妥協によって初めて達成される」と彼は論じた[42]。これがまさに、彼が宥和政策に求めたものである。すなわち、ヴェルサイユ体制に対するドイツの反抗の試みは「それ自体、もっともで正しい」という共通の見方にもとづき、「領土やその他の手に入れたいものの配分を、政治的な力の均衡の変動に合わせて再調整する」ことを目的とした政策なのであった[43]。

カーは、「それが国際政治に関する最近の多くの論考で無視されている側面である」という理由から、平和的変更の「機械的な方策」としての機能をもっとも強調しているようにみえる[44]。彼の考えでは、国際共同体は組織化されていないという特徴を持つがゆえに、国際領域における政治的変更の問題を、司法的手続きによって解決することはできない。なぜなら、国際的な司法的手続きは「あらゆる変更への要求に必然的に伴う力の要素を承認していない」からである。[45] したがって、武力行使あるいは武力による威嚇が、重要な政治的変更をもたらすための手法とならざるをえない。そして、「武力による威嚇に屈すること」が、通常の政治的変更のプロセスとなるだろう。[46]

このような考えが、彼のミュンヘン協定支持の基盤を提供した。ドイツの武力による威嚇に屈することは、さしあたっては、平和的変更の手続きの一部だったのである。『危機の二十年』の初版に、彼は次のように書いている。

一九三八年九月二十九日のミュンヘン協定に至る交渉は、近年において平和的変更の手続きによる重大な国際問題の調停にもっとも近づいたアプローチであった。力の要素は存在していた。道徳の要素も、列強による共通の承認という形式で存在していた。……ドイツには和解のために最小限の犠牲も払う用意がまったくなかった。合意は一部のイギリス世論によって激しく非難された。……ミュンヘンの調停が、交渉による平和的変更を有効な要素とする国際関係のより幸福な時代を新たに開くかもしれないという見込みは、すべて消滅してしまったようだ。[47]

この引用部分は、同書の第二版では消えている。実際、第二次世界大戦の勃発は、「交渉による平和的変更」の手続きが「国際関係のより幸福な時代」を新たに開くことはなかったということを如実に示している。それはまた、ミュンヘン協定を平和的変更と結びつけるという（当時の）カーの構想の破綻を際立たせた。このミュンヘン協定の帰結は、カーの思想に深い影響を与えた。戦後の彼の著作から平和的変更の議論は姿を消したのである。

一九四五年末に出版された『危機の二十年』の改訂版では、いくつかの部分が書き直され、削除された。その多くが、宥和や平和的変更に関する部分であった。以下は、初版には存在したが、第二版では削除されたテクストの諸例である。

……チェンバレン氏……彼の政策はユートピアニズムに対するリアリズムの反応を示していた……。[48]

一九三八年のヨーロッパの力関係のもとでは、チェコスロヴァキアの領土の一部の喪失および最終的な独立の喪失が避けられないことであったとしたなら、それが大国間の戦争やドイツとチェコスロヴァキア間の地域紛争の結果としてではなく、ミュンヘンでテーブルを囲んだ議論の結果として生じたのは、（正義か不正義かの問題は別として）より好ましいことであった。[49]

一九三六年になっても、最後通牒や既成事実にもとづかない平和的交渉によってヴェルサイユ条約の修正を実現するという合理的な見通しは存在しなかった。[50]

一九三九年三月に［イギリス］首相は、ミュンヘン協定を含むヴェルサイユ条約のあらゆる修正にかかわって、「現状変更の必要性について何らかの言及をする」必要があったことを認めた。一九三五年と三六年に、この「何か」について、現状維持勢力の公式のスポークスマンが、非難や抗議を締め出すように、明瞭かつ断固として言及していたならば、平和的交渉の枠内でさらなる変更をもたらすのには遅すぎるという事情はまだなかっただろう。悲劇は……ドイツのみの責任に帰すことができないということである。[51]

これらの箇所の削除は何を示しているのだろうか。当初、カーは、宥和政策を主張するチェンバレンをリアリストとみなし、ミュンヘン協定を平和的変更のより望ましい手続きとみなしていた。彼にとっては、協定の失敗の原因は、原理や目的にではなく、時期のまずさにあり、「ミュンヘンは遅すぎた」のであった。しかし、戦後にカーはこのような見解を修正した。初版の改訂は、宥和や平和的変更についての彼の立場の変化を如実に反映していた。カーは、そのような転向を直接的には認めず、いささか不誠実に、第二版で彼がほどこした修正を、「もともとの文脈から今では時間的に遠く離れている読者に誤解を与えたり、理解が難しかったりする語句について書き直し、誤解を招いたいくつかの文章は訂正し、時間の経過の中で意味を失ったり、違う背景に置かれるようになった、当時の議論に関連する二、三の箇所を削除したものである」と読者に伝えた[52]。

カーは、改訂の重要性を明らかに控えめに述べているが、彼が、自分のもともとの見解を戦後当時の思潮にあわせるために調整した単なる機会主義者だったと簡単に結論づけるのは間違っている。肝心な点は、外交交渉や武力行使の威嚇を用いた「持てる者」と「持たざる者」との間の機械的な調整は、国際的な変化をもたらすもっとも重要な要素ではなかったことを、宥和政策の破綻が彼に教えた、という事実にある。国際領域において変化は不可避であり、現状は常に挑戦を受ける。しかしながら、変化の実現は、常に国家間の力関係の変化の技術的あるいは機械的な帰結というわけではなかった。この経験を経て、カーは、平和と安全をもたらす手法を求めて、他の方向へ目を転じた。カーの戦時のベストセラーである『平和の条件』の中で、彼は、もはや交渉によるドイツへの譲歩を提唱することもなく、武力によるドイツの制圧をも支持せず、新しい戦後ヨーロッパを構築するという共通の目標を追求するなかでの協調による和解を唱えるようになったのである。

第三節　第二次世界大戦後のドイツをめぐって

一．「ヒトラリズム」とその後

カーの平和的変更の理論は、対独宥和政策によって実質的に検証され、失敗であることが示された。失敗の理由の一つは、平和的変更の機能を、「持てる」国家と「持たざる」国家との間の力の均衡の機械的な調整であると強調したことに見出される。実際には、力関係はまったく機械的に調整されるには複雑すぎた。くわえて、より根本的な意味で失敗の理由は、政治的信条やイデオロギーなど、力以外にも調停すべき諸要因が存在したことである。

カーは、力以外の要素は国益に従属しており、またそれらは本質的に国境を越えて国際問題になることなど決してないと固く信じていた。カーによれば、このことはソ連をみればとりわけよくわかるのであった。カーは、一九二七年以降のソ連の国益はもはや共産主義イデオロギーに従属しておらず、ソ連政府の対外関係は他国のイデオロギー的立場に関係なく推進されている、と論じた。[53] 換言すれば、国際関係の領域においては、イデオロギーは問題ではなく、国益が支配するのである。

第二次世界大戦前夜に、カーは次のように書いた。

今日の国際政治の問題を、民主主義とファシズム、あるいはファシズムと共産主義との間の闘いという観点で語ろうとするのは、まったくミスリーディングである。国際的なスローガンは、国家政策の言葉に翻訳さ

れたときに、初めて現実的かつ具体的になる。(54)

興味深いことに、この引用部分も、『危機の二十年』の戦後版［第二版］からは削除されているのである。イデオロギーの役割についてのカーの見解の変化は、第二次世界大戦の経験の一つの結果であった。ナチズムに対する戦争とか、日本帝国主義に対する戦争という用語の使用が示しているように、第二次世界大戦はある程度まで特定のイデオロギーに対して実際に闘われたということを、カーは慎重に認めるようになった。ここでイデオロギーは、もはや国家的な目的を偽装するための単なるスローガンではなかった。たとえば、反ファシズム、すなわちファシスト・イデオロギーへの反対は、政府間の同盟につながり、国際的なレジスタンス運動を組織し、国際連合の中心的な教義を構成した。こうして、イデオロギーは、人々のエートスに深く広がる影響力を行使し、人びとは国家政策の枠を超えて定義された戦後世界に向かって進んだ、と彼はみたのである。

「ヒトラリズム」に対するカーのアプローチは、第二次世界大戦が勃発すると、より理論志向になった。彼は、次第に、ドイツの反個人主義や反国際主義がドイツの国益を道具的に支えた側面ではなく、ドイツ政治哲学の反個人主義と反国際主義を生んだ歴史的諸条件に焦点を定めるようになった。

過去の遺産は、近代ドイツの政治的な発展に二つの特徴的な反動をもたらした——一つは個人主義に対する反動であり、いま一つは国際主義に対する反動である。個人の権利にもとづく人間社会の創設と独立した個々の単位からなる経済世界の自由放任主義という前提——これらの自由主義的な十九世紀の公理は、現実にはドイツ人の生活と思想の基礎として決して受け入れられなかった。個人主義が十分なものではないということ、すなわち個人の権利同様に義務が秩序ある社会の必要条件として主張されねばならないこと、個人が実際にはもはや経済システムの単位を構成しなくなったため、自由放任主義の原理が正確に機能しないということ、現代の社会的・政治的諸問題は個人というより大衆の問題であるということ——これらが二十世紀の世界で次第に明らかになったとき、この十九世紀的信念に対するもっとも強力な挑戦者が、それを現実にはまったく共有していなかったドイツに現れることは、ほぼ不可避であった。(55)

ここでは、ヒトラーの挑戦が、より広い歴史的文脈に置かれ、大衆社会の到来と二十世紀西欧世界の政治との不可避的な帰結として受け止められている。カーは、ドイツ外交の目的についてイデオロギー的な議論を避け、宥和政策を「現実主義的」に擁護したはずであったが、彼のドイツ政治哲学に関する歴史的な思考法は、結果として、ヒトラーへの譲歩をイデオロギー的に防御する役割を担うことになってしまった。おそらく彼は、『危機の二十年』の第二版から宥和とイデオロギーにかかわる部分を削除したとき、このパラドクスを自覚していたであろう。

すでにみたように、カーの平和的変更の論理は、国際環境における力関係によって規定された、「持てる者」と「持たざる者」との間のギャップに関する論点にもとづいていた。戦間期におけるこの二つのグループ間の差異は、カーの眼には明らかであった。つまり、国際連盟のもとで自由主義的な国際システムを組織した西欧の連合国が「持てる者」であり、ドイツやソ連のようなヴェルサイユ体制の部外者が「持たざる者」であった。カーは、平和的変更のために、抑圧された「持たざる者」による反抗の権利を認め、力のある「持てる者」が彼らに犠牲を払うか譲歩するようにと説いた。ここでの彼のモデルは、雇用者と労働組合との労働争議の平和的解決であり、明らかに労資関係に関するマルクス主義的な見方の影響を受けていた。(56)しかし、彼は、第二次世界大戦の戦況が悪化した一九四一年一月には早くも、力の均衡の調整という議論をしなくなった。カーは、ドイツの自己正当化的なプロパガンダの多くを、「持たざる者」の立場の濫用とみなすようになった。そればかりか、カーは、ドイツはもはやかつてヒトラーが主張したような「持たざる者」ではなく、また、「持てる者」と「持たざる者」との間の相互の譲り合いという手続きは、ドイツとの交渉には適用されないと論じた。『タイムズ』紙にカーは次のように書いた。

ナチ・ドイツの……世界を統制しようという剝き出しの試みは、富裕階級である「持てる者」に対するプロレタリアート的な「持たざる者」の反抗という似非マルクス主義的な術語で偽装されている。あらゆる点でヨーロッパの中でもっとも恵まれた国の一つであるドイツが、いかなる名目で「持たざる者」の中に位置づけられるのかはまったく明らかではなかった。[57]

さらに興味深いことに、カーは、『危機の二十年』の戦前版［第一版］において、「ヒトラー氏（Herr Hitler）」は「持てる者」と「持たざる者」との利益共同体などありえないとしたマルクス主義者を、正しい根拠を持って模倣」した人物として描写していたが、戦後版［第二版］では「ヒトラーは……マルクス主義者による否定を、違った文脈で模倣したに過ぎない」と修正している。[58] また、カーは、「ヒトラー氏は、イギリスによる「平和的な経済的」世界征服という話を割引して聞いていたという点で正しい」[59]という、「親ヒトラー」と解釈されうる文章も削除した。そしてついには、ドイツの「持たざる者」という立場は見せかけであったと認識したカーは、ヒトラーによるマルクス主義的な階級闘争観の不適切な使用を否定する態度をとった。このことは、ドイツに対する実際の戦闘開始と相まって、西欧列強とドイツとの間の平和的変更というカーの瀕死の仮説を葬り去った。

ナチ・ドイツに関する彼の著述のすべてにおいて、カーは「ヒトラリズム」の興隆を、一貫してドイツの政治発展の歴史的文脈の中に位置づけた。彼にとって、ドイツに対する勝利は、必ずしも「ヒトラリズム」の終焉をもたらすものではなかった。それを克服するためにも、近代ドイツが長く挑戦してきた十九世紀的な自由主義諸原則を廃棄する必要があった。カーは、「ヒトラリズムの打倒が十九世紀の資本主義システムを復活させることはないだろう」と信じ、「新しい秩序」は、ヒトラーの「軍事的支配や普遍的抑圧」ではなく、「別の手で、別の方法で、打ち立てられなければならない」と論じた。(60) こうして、「ドイツ問題はヨーロッパおよび世界の文明という広範な問題の一局面である」という理由から、いまやカーは、その問題を戦後復興にかかわるより広いグローバルな議論のうちに位置づけたのである。(61)

二．ドイツの分割

カーがヨーロッパの枠組の中でのドイツ再建を主張したのは、対独戦争の最中であった。カーは、「ドイツは単なる政策の客体ではなく、それを実行するパートナーになりうる」と論じた。ここで「それ」とは、新しいヨーロッパの建設を指している。(62) この提案は、戦後ドイツの扱いについての支配的な考えに抗して構想された。カーは、支配的な考えの多くを非現実的で近視眼的とみなしていた。

たとえば、ドイツ民族は、いくつかの点で本来的に救い難いほど邪悪であると考える「ドイツ邪悪説」が存在した。説得力がほとんどないように思えるにもかかわらず、実際にこの説は、戦後ドイツに対する抑圧政策を正当化するために、多くの政治家や知識人によって誇張を伴って提唱された。(63) カーは、この説を、自らの敵を劣等者あるいは賤民として扱いたいと願う人々の感情的な反応の産物である、と批判した。彼は、「ドイツは歴史的な理由から、常にその時代の普遍主義あるいは国際主義に反対してナショナルな発展をとげてきた」とあらためて説明し、「ドイツ邪悪説」は終戦時の対独政策の中心となるべきではないと主張した。[64]

カーは、ドイツの処罰、分割、恒久的無力化といった政策に反対し、「そうした政策は、長期的にみると、道徳的には不快で、物理的には実行不可能で、経済的には退行的であることが判明するだろう」[65]と述べた。彼の反対の理由は、詳しくは次の通りである。すなわち、抑圧政策は、道徳面で戦争の大義名分であった諸原理と矛盾する。実際面では、ドイツの恒久的な占領や恒久的行政管理を含む戦後の負担を引き受けられるような国はない。そして経済面では、ドイツの分断は中欧の経済的統一性の崩壊につながるということであった。カーは、この経済的帰結にもっとも関心を寄せていた。なぜなら、当該地域がより小規模な経済単位に分割されて経済単位が増加することは、統合へと向かう現代の経済発展の方向性に逆行する、と考えたからである。[66]

カーは、抑圧政策の代わりに、ドイツとの和解と協調を主張した。ドイツの軍事占領は同国の国家機能を復興するために必要ではあるが、占領は「最終的にはドイツも参加を求められる新しいヨーロッパ秩序の建設準備の一部」[67]として実施されるべきである、と彼は論じた。カーの見解によれば、ドイツは、戦争の圧力によって強められたヨーロッパの経済統合プロセスにおいて、キープレイヤーとなる存在であった。したがって、連合国は、ドイツの経済システムを、様々な統制の形式のもとで、より大きな単位に統合するように支援すべきであった。[68]この「より大きな単位」への彼の期待は高く、かつ楽観的であった。カーは、ドイツ問題がヨーロッパの、あるいは世界の、全般的な再建の一部として解決されるだろうと信じており、「ドイツの遅れたナショナリズムは、国際主義をドイツにとって価値あるものにすることによってのみ克服されうる」と考えていた。[69]

戦時中にカーは、ヨーロッパの「機能的統一」の枠組の中で戦後ドイツの一体性を維持する政策を精力的に唱えた。[70]しかしながら、この政策提言は時宜を得ず、歓迎されることはなかった。一九四四年二月二十九日の『タイムズ』紙の社説で、カーが「ドイツを多くの別々の単位に解体するという広く議論されていた提案」に反対を表明したとき、この記事は国際的な批判を招いた。[71] 記事が出た翌日、ワシントンのイギリス大使館は、ロンドンの外務省に、『ニューヨーク・ヘラルド・トリビューン』紙で示された否定的な反応について報告した。このアメリカ紙は社説で、戦後ドイツ問題について『タイムズ』紙の議論を受け入れるのはためらわれると述べていた。この報告を受けたイギリス外務省は、ただちに在モスクワ大使館に次の指示を含む電報を送った。

最近二回にわたって（一九四三年十二月十日と今年二月二十九日）、『タイムズ』紙の社説がドイツの分割に強い反対を表明した。ロシア側から尋ねられた場合、『タイムズ』紙はイギリス政府からまったく独立しており……いかなる点でも政府の意を受けたものではないと説明すべきである。[72]

注意すべきは、敗戦したドイツの分割は、一九四三年十一月のテヘラン会談で連合国の指導者たち――最初にそのアイデアを提案したローズヴェルトと、スターリン、チャーチル――の間で初めて議論されたという事実である。それ以降、戦後にドイツを分割する政策は既定路線となっていた。したがって、イギリス外務省にとってカーの社説は厄介な問題であった。なぜなら、『タイムズ』紙は半ば公的な地位を占める新聞であり、戦後のドイツ占領に向けてさらに足並みをそろえる必要があった大同盟を揺るがす可能性があったからである。カーのもう一つの提案、すなわちドイツの戦争能力は、経済力であれ軍事力であれ、「ヨーロッパ全体を代表する機関の強固な統制のもとに」置かれるべきだという提案も、イギリス政府内で歓迎されなかったのは驚くに当たらない。[73]

終戦から一年後の一九四六年においてなお、カーは、「ヨーロッパの分断を意味するドイツの分断は、まだ避けることも修正することも［できる］」[74] という希望に執着していた。パリ講和会議［ヨーロッパにおける第二次世界大戦の講和会議、一九四六年七月二十九日～十月十五日］に関する『タイムズ』紙の論説で、彼は、参加国の決断によって「ドイツにおける協調的な行動を選択する、より好ましい雰囲気」が創り出される希望を表明していた。ある意味では、カーのドイツに対する寛大な態度はまだそのままであった。しかし、いまやその寛大さの論理は、ヨーロッパ統合のプロセスにドイツの役割が決定的に必要なので、可能な限り同国を支援することが重要である、という議論によって明確に特徴づけられるようになったのである。

小括

これまでみてきたように、カーのドイツに対する方針は、戦間期、戦中、戦後初期を通じて「穏健」なものであった。カーは、ドイツに対するヴェルサイユ条約の厳しい扱いに批判的だったので、ドイツがその国際的地位に逆らって抗議するネイションの権利を認め、外交交渉によってドイツの侵略を宥和しようとし、さらに第二次世界大戦後における同国の分割に反対した。ここで注目すべきは、一貫した「宥和主義者」としての彼の政治的外見ではなく、ドイツに対する彼の態度のうちに観察できる知的発展である。カーの態度には、彼が国際関係においてもっとも重要と考えていた二つの要素、すなわち力と道義との間のバランスという問題を含んでいた。

ドイツを取り巻く戦間期の国際環境について、カーは、ヴェルサイユ条約の不公正に対して強い「道義的」憤慨で向き合うとともに、その結果として生じた中欧の「力」の真空に懸念を表明した。彼の見解では、「あらゆる政治的状況に含まれる」道義と力という「相互に矛盾する要素」は、「絶えざる相互作用」の関係にあるのであった[75]。このことは、多くのカー研究者が批判してきた、その時代の世界の出来事に関する彼の両義性《アンビヴァレンス》を説明するのに役に立つ。一方における力の面について、カーは大国の地位を擁護し、イギリスが自己利益を追求することを支持した。他方で道義の面について、彼は「持たざる者」による現状変革の権利を擁護した。カーにとって、これら二つの立場の間に矛盾はないように思えた。なぜなら、彼は、道義と力の両要素が平和的変更のプロセスに存在するのは当然と考えていたからである。具体的事例は、「ミュンヘン協定に至る交渉」であり、カーはかつてそれを「近年において平和的変更の手続きによる重大な国際問題の調停にもっとも近づいたアプローチ」であると考えていた(76)。しかしながら、ヒトラーに対する宥和の破滅的な帰結は、彼の平和的変更のテーゼの破綻を示した。それは、国家間の力関係の機械的な調整によって政治的な変更を誘導しようとする方策の限界を明らかにし、また、力と道義の間の緊張関係への批判的な視点を持たずして、その「相容れない諸要素」を政治思想と政治的実践の中に組み入れることは難しいという教訓を示したのであった。

カーは、「ヒトラリズム」の本質を、西欧的個人主義と自由主義的国際主義に対する異議申し立てと考え、それはドイツ政治哲学のナショナルな発展の特殊な歴史的条件に根差しているとみていた。しかしながら、そのような文脈化は、「ヒトラリズム」の人種主義的・軍国主義的な側面についてカーの目を閉ざす要因にもなった。この点で、彼は、ドイツが十九世紀の資本主義システムと自由主義的な教義に対する主要な挑戦者であるというナチのプロパガンダを無批判に受け入れたとして批判されたが、その批判は妥当であった。

他方で、カーは、自分が国際的な政策と実践はイデオロギー的に動機づけられているという前提に挑戦していることを自覚していた。「ヒトラリズム」が国民的な精神状態に付け込んでいるにすぎないことを示しながら、彼は国際領域におけるイデオロギーの問題に対して「現実主義的」アプローチを採用した。しかしながら、逆説的ではあるが、第二次世界大戦の勃発に伴いナチ・ドイツと全面的な軍事対立に入ったことによって、カーは、「ヒトラリズム」が彼と同様にその一掃を目指していた西欧の自由放任主義的資本主義や自由主義的国際主義を克服するための共通の理念や原理が重要であることに気づかされた。それまでのカーの宥和政策擁護の姿勢は、徹底的に「ヒトラリズム」を打倒し、同時に国内および国際社会の基盤としての十九世紀の自由主義的教義を取り除くという提案にとって代わられた。こうしてカーは、ドイツが重要な役割を果たすことになる新しいヨーロッパ秩序の建設という処方箋を提唱し、その構想のためにナチ後のドイツとの和解を主張したのである。

彼は、ドイツの政治発展の歴史的条件の産物として「ヒトラリズム」が登場したという理解を根本的に変えはしなかったが、第二次世界大戦を経験する間に、現代の国際問題に対する彼の態度は、より理想主義的になった。後年、カーは、戦時中の自分の著述が「ユートピア的な諸要素」を有していたことを認めている。[77] ただし、ここにいう諸要素は、カーが政治的リアリズムという弁証法的対応物をもって攻撃していた自由主義的な十九世紀的ユートピアニズムに由来するものではなかった。カーが認めた「ユートピア的な諸要素」とは、リアリズムが自由主義的国際主義という既存のユートピアを粉砕した後に、「われわれ自身の新しいユートピアを打ち立て」ようとする過程で見出されたものであった。[78] 彼は、この「新しいユートピア」を築くという野心的な計画を導入することによって「ドイツ問題」は解決されると信じていたのである。この「新しいユートピア」とは、戦後ヨーロッパにおけるマルチ・ナショナルな政治的・経済的秩序に他ならない。

この「新しいヨーロッパ」という構想を検討する前に、自由主義的な十九世紀的ユートピアニズムに対するいま一つの主要な挑戦者、すなわちソ連に対するカーの態度を確認することが有益であろう。

第四章「ソヴィエト・インパクト」

十九世紀の自由主義に対するカーの批判は、西欧の自由主義的国際主義のうえに築かれた国際関係の現状に挑戦しつつあったドイツとロシアの二つの新たな政治体制の台頭によって、後押しされた。カーは、ヒトラーの原理は「似非マルクス主義」イデオロギーであると見抜いたが、他方のソ連は、西欧の自由放任主義的資本主義に対するもっとも影響力の大きな対抗勢力として存在し続けた。強烈な「ソヴィエト・インパクト」が、彼を全十四冊の『ソヴィエト・ロシア史』執筆に衝き動かしたことはよく知られている。その第一巻は一九五〇年に出版され、最終的には一九七八年に完結した。また、カーは、戦間期および大戦期に、同時代のソ連の様々な問題についで頻繁に著述を行った。一九一七年のロシア革命が世界史における重要な転換点であったとする彼の考えは、この著述活動を通じて徐々に形成され、固められていった。興味深いことに、カーの認識は、国際関係の大きな変動に対応するなかでいくつかの重要な変化を遂げ、やがて彼をソヴィエト・ロシア研究に向かわせることになったのである。

本章は、まず、ソヴィエトの実験とその結果に対するカーの批判的評価の発展を概観する。第一に、彼の知的営為の進展に影響をおよぼしたいくつかの歴史的転換点に焦点を定めて、彼のソ連観の推移と、変わりゆく評価を論じる。第二に、戦間期と大戦期における彼の積極的な政策提言に照らして、カーのいわゆる「親ソ的」姿勢のダイナミズムを再評価する。そして最後に、第二次世界大戦後の西欧民主主義諸国の将来的な方向に対してソ連が与えたインパクトおよび挑戦に関するカーの考え方を検討する。カーが『ソヴィエト・ロシア史』において到達したソ連の実験に関する見解にどのようにたどり着いたかを検証することによって、西欧の自由主義的な経済と政治に対する彼の批判において、ソヴィエト・インパクトの果たした役割が年を経るごとに高まっていった経緯をみることになる。

第一節　ソ連観の変化

一．カーの自己評価

カーのソ連観がどのように展開したかを理解するためには、ソヴィエトの実験に対するカー自身の評価の変遷を簡潔に描写した自伝から始めるのが最適であろう。彼自身の説明によれば、一九一七年に初めてロシアと接触したのは、ボリシェヴィキ体制に対する経済封鎖を組織していた外務省の輸出入禁制局の一員としての役割を担ってのことであった。カーは、「レーニンとトロツキーの革命観についてぼんやりした印象」しか持っていなかったが、ボリシェヴィキに対する欧米の反応は「偏狭で、盲目的で、馬鹿げている」と考えていた。しかし、彼はまだ革命を「西欧社会への挑戦」として全面的に理解するには至っていなかった[1]。ロシア革命は彼の思考にただちに深い衝撃を与えたというわけではなかったのである。

一九二五年、リガのイギリス公使館の二等書記官に任じられた当時、カーはまだ「ロシア革命に関心を持ってはいなかった[2]」。けれども、公務がそう多くはなく時間的余裕ができたことから、彼は十九世紀のロシア文学に親しむようになり、ドストエフスキーとゲルツェンに多大な影響を受けた。したがって、おそらく重要なことは、ロシアに刺激を受けたカーの西欧自由主義に対する最初の批判の基礎を形成したのは、革命という同時代の出来事ではなく、十九世紀のロシアの作家たちであったということである。彼は、以下のように回想している。

私はそのとき初めて、私がその中で育ってきた自由主義的で道徳主義的なイデオロギーが、私が常に思っていたように、現代世界では当然とされる絶対不動なものなどではなく、守られたサークルの外側に住み、世界を非常に異なった目で眺める実に知的な人々によって、鋭く、説得力ある方法で攻撃されていたことを認識したのである。言い換えれば、ブルジョア資本主義社会への最初の挑戦は、私に関する限り、マルクスやボリシェヴィキから発せられたものではない。それは、いかなる厳密な意味でも革命的などではまるでなかった、十九世紀ロシアの知識人から投げかけられたものであった。(3)

カーの最初の知的革命は、このように「いかなる厳密な意味でも革命的などではまるでなかった」人々によってもたらされた。彼の最初の著書であるドストエフスキーの伝記の中で、カーはこの作家の「われわれのために新しい世界を創り上げ、古い基準、希望、恐怖、理想が意味を失い、新しい光の下で変貌を遂げるような、存在の新たな地平にわれわれを引き上げる才能」を称賛している。カーにとっては、時代遅れの信念や原則のうえに築かれた古い体制にとって代わるかもしれないまったく新しい世界を提示したのは、現実の出来事としてのロシア革命ではなく、小説だったのである。(4)

一九二〇年代末には、カーは西欧自由主義に対してさらに批判的になっており、大恐慌を資本主義の破綻の表れと考えていた。(5)『ドストエフスキー』（一九三一年）と、アレクサンドル・ゲルツェンとその仲間たちを扱った

『ロマン的亡命者たち』（一九三三年）の二冊の書の執筆を通じて、彼はマルクスの重要性を理解するようになり、彼を「ブルジョワ資本主義社会に対して反旗を翻す重要人物」とみなすようになった。[6] しかし、マルクス主義に対するカーの関心は、常に、資本主義の没落に関する経済的分析よりも、「思想と行動の隠れた源泉を明らかにする方法」の側面にあった。カーにとっては、資本主義が廃れかけていることはあまりにも明白だったのである。[7]

当時、彼はカール・マンハイムの『イデオロギーとユートピア』からも影響を受けていた。彼は、この本を「政治的、経済的な諸集団の意見は、いかにその地位や利益を反映しているか」を扱った「疑似マルクス主義」の書とみなしていた。[8] マルクス主義を、西欧社会の自由主義的道徳的イデオロギーの仮面を剥ぐための道具とみなしていたカーの道具主義は、当時のほとんどのマルクス主義者に対する比較的醒めた姿勢を形成した。バクーニンの伝記の出版契約を得るためにしぶしぶ書いたマルクスの伝記の中で、カーは、「マルクス主義者は盲目的な狂信者である。似非マルクス主義者は間抜けである。反マルクス主義者は単なる頑固者である。私はそのいずれでもない」と述べている。[9]

一九二九年にリガから帰任する頃には、カーは「完全に親ソヴィエト」になっており、五か年計画の理念に深く感銘を受けていた。五か年計画は、一九二八年に初めてソ連経済に導入され、農業集団化とともに産業の国家的計画化へと導いた。カーにとってこのような政策と実践は、一九三〇年代にその幻滅がピークに達した「資本主義のアナキーに対する回答」に思えた。[10] 資本主義の世界恐慌に対する危機感はイギリスでも広く共有されていた。後に保守党の首相となるハロルド・マクミランでさえ、「資本主義社会の構造が崩れ去り……全システムが見直されなければならない……。国内だけではなく海外においても、何か革命のような状況が形成されていた」ようにみえていたのである。[11] このような文脈において、ソ連共産主義は、近代経済の問題への対処の成功した事例とみなされていた。

しかしながら、カーは、ソ連に見出したこの進歩に熱狂を覚えたことによって、もっとよく知らなければならなかったはずのソ連の現実についての認識を曇らせてしまった。カーは後に、当時のソ連で何が起こっているのかをまったく把握しようとしなかったと告白している。[12] 彼の自伝によれば、一九三五年になってようやく、スターリンが独裁を確立するために行った粛清に気づいた結果、ソヴィエト体制に対する自分の立場が根本的に変わったという。特に、一九三七年五月にソ連を訪れ、その社会的、経済的状況を目撃したことによって、カーはソ連に幻滅し、敵対心を抱くようになった。まず彼が衝撃を受けたのは、ソ連における「理論と実践の乖離」あるいは「理論に対する実践の遅れ」であった。「ロシアには真の功績がある。彼らは実に多くを成し遂げた。しかし、彼らが成し遂げた振りをしているほどには、何も成し遂げられていなかった」のであった。[13]

一方で、カーは、生産手段の国家による所有と計画経済のシステム構築において、ソ連政府に「満点、百パーセント」をつけてもよいと考えていた。しかし他方で、贅沢を享受する「中産階級」の人々を観察し、その国に生まれつつある新しい階級制について「彼らは搾取する階級を廃絶したが、新しい搾取階級が育ってしまった」と辛辣なコメントを残した。[14] カーが到達したのは、ロシアでは労働者階級の革命の機が実際には熟しておらず、ロシア革命は徐々にプロレタリアートの手を離れ、旧体制のもとに存在していたものと構造的に類似した体制へと回帰してしまったという結論であった。[15] くわえて、彼は、政治的自由と個人の自由の制限にも、また進行中であったスターリンによる政敵の粛清にも批判的であった。一九三七年にカーがみたソ連の現実は、成功した集団化経済に対する熱狂に対してのみならず、ロシア革命の成果に対する彼の評価全体にも影を落とし、彼がその後ずっと持ち続けることになる心底からの反ソ的立場へとつながったのである。カーは後に、自分がソ連の惨状にあまりにも気を取られていたため、その時ドイツで実際に何が起こっていたのかがみえていなかったと回想した。[16]

一九三〇年代後半に、カーは、ベルリンとモスクワが秘密裏に接触している可能性に気づき始め、その両者と敵対することはイギリス政府にとって賢明ではないと考えた。彼は、「ヒトラーの宥和」よりも、「スターリンに対する宥和の方に傾いて」いたのである[17]。それは、この頃数年間のマルクス主義に関する読書や思考と無関係ではなかった。カーによれば、一九三六年から三七年にかけて構想され、一九三九年に出版された『危機の二十年』は、「正確にはマルクス主義的な著作ではないが、マルクス主義的な思考法が染み込んでおり、それを国際情勢に適用したものであった[18]」。既述の通り、この著作の終わりから二番目の章に登場する「持てる者」と「持たざる者」との間の「平和的変更」に関する彼の構想は、資本・労働関係に関するマルクスの階級理論を国際関係に適用したものであった。

さらに、カーは、このようなマルクス主義の系譜を、近代政治の「現実主義」の知的陣営の中に位置づけた。この現実主義者の中には、思想の相対性を論じ、国家間関係にはいかなる道義的基準をも適用することはできないと主張することによって、十九世紀的自由主義に挑戦したヘーゲルのような大陸の哲学者たちが含まれていた[19]。カーの考えでは、マルクス主義も政治的現実主義も、支配的な自由主義的教義に対抗する武器として役に立つはずであった。したがって、戦争の勃発までに、カーのマルクス主義思想への傾倒は、国際情勢に対する彼自身の「現実主義的」姿勢と結びつくようになったのである。

カーは、第二次世界大戦勃発こそが、ソ連に対する自分の見解を最終段階に導いたと考えていた。『タイムズ』紙の執筆陣に加わるやいなや、彼はソ連との同盟を主張し始め、これが実現されると、ロシア革命を「偉業であり、歴史的転換点である」とする評価に立ち戻ったのである[20]。とりわけ、ソ連の参戦は、ソ連に関する彼の姿勢に影響をおよぼした。彼は以下のように回顧している。

第二次世界大戦のロシアと第一次世界大戦のロシアが――人々に関しても、物質的資源にしても――きわめて異なる立場にあったことは明らかであった。一九三〇年代を振り返ると、粛清やスターリニズムの残忍さへの関心が、私の見方を歪めていたと感じるようになった。汚点は十分すぎるほどに現実のものであったが、しかし、もっぱらそれだけを見つめていたために、実際に起こっていることの姿を見失ってしまった。……私は、ロシアが成し遂げたこと、そして、それが西欧社会にどれほどの教訓を残したのかについて、強い関心を抱くようになった。これが、資本主義とブルジョワジーに対するマルクス主義の批判への私の興味と結びついたのである。(21)

カーは、一九四四年にソ連の歴史を書く決意をし、一九四五年にその企画の契約を取り交わした。この当時、ソ連史研究への彼の動機は、かつてなく明確で、人目をはばからない親ソ的な姿勢に導かれたものだった。このことは、冷戦の開始を告げるチャーチルのフルトン演説の直前に、カーがオックスフォードで行った講義にもとづいた著書『西欧を衝くソ連〔西欧世界へのソヴィエト・インパクト〕』（一九四六年）に表れている。この著作で、カーは「ソヴィエトが達成したことのメリットとデメリットではなく」、政治、経済、社会、イデオロギーにかかわって、西欧文明にとってそれが持つ意義の大きさと、西欧世界がこれにどのように反応し、あるいはその影響下でどのように変化したかを検証した。(22)

この時点から生涯を終えるまで、彼はソ連史を「革命そのものというよりも、その成果と結果」の歴史として描いた。そして、ソ連史研究を通して彼の革命観は「ほとんど一定の」ままで、研究の目的は「何が起こったかを説明し、それを適切な視点でみること」であり続けた。(23)カーは、ソ連で起こったことに対して道義的判断を投げかけようとはしなかった。彼はまた、東西のイデオロギー的緊張関係に対しても超然とした姿勢を貫いた。しかし実際には、カーは、ある意味での冷戦的背景に逆らって研究を進めていた。ロシア革命の成果に対する彼の傾倒は、批判者たちからは「ソ連の政策に関する言い訳」とみなされたからである。[24] しかし、たとえば「赤い」教授というレッテルを貼られても、彼の実際のスタンスが変わることはなかった。一九七〇年代末、つまり「西側におけるきわめて反革命的な時期[25]」においてさえ、カーは、将来、新しい勢力や運動が社会秩序の根本的変革を成し遂げるかもしれないという、楽観的で実証不可能な信念を持っているという意味で、自分が「社会主義者」あるいは「ユートピア的マルクス主義者」と呼ばれる可能性を、ためらいなく認めた。[26] その一方で、マルクスやレーニンの著作はカーにとって福音ではなかった。彼は、西欧のプロレタリアートが世界革命を始めるだろうとは考えていなかった。この点において、彼はマルクス主義者ではなかったと認めている。

このように、カーは自ら、その生涯にわたるソ連評価にインパクトを与えたいくつかの重要な要素を認めていた。すなわち、リガ滞在中に十九世紀ロシア知識人たちについて研究し、伝記を著したこと、五か年計画の理念に出逢ったこと、大粛清を知って幻滅したこと、独ソ不可侵条約のショックとソ連参戦への熱狂、である。これらが示すのは、カーのソ連観は、ロシア文化、社会、そして当時の政治にかかわる彼の様々な経験と対応に従って、徐々に発展していったということである。彼の自伝は、カーの見解が当初は特定の時代の特定の状況にもとづいていたが、やがて、ロシア革命の成果という彼の中心的な関心に揺らぐことなく向き合うようになったことを示している。同時に、ソ連に対する彼の姿勢は、それが肯定的な場合も、否定的な場合も、国際環境へのソヴィエト・インパクトに対する彼の持続的な関心に支えられていたことを示しているのである。

二 「親ソ的」なのに「非イデオロギー的」？

カーが、ある程度自分の立場が変遷したことを認めているという事実にもかかわらず、歴史家たちは彼を、不変のソ連同調者として位置づける傾向にある。カーがロシア革命の成功を特に強調したことや、戦後のソ連との同盟を主張したことが、ナチ・ドイツへの宥和を支持したこととしばしば結びつけられ、カーは、まずヒトラーに、次にスターリンに共鳴したのだという否定的な評価を招いてきた。宥和こそ、ソ連に対するカーの基本的スタンスの大きな特徴であると評する論者も存在するほどである。

たとえば、リチャード・パイプスは、ソヴィエト体制の全体主義的性質を非難したうえで、カーのアングロ＝アメリカ的「ブルジョワ」文化に対する嫌悪こそが、一般に反ナチ感情が高まったときには彼の親ナチ的姿勢を、冷戦のピーク期には彼の親ソ的姿勢をもたらしたのだと論じている。[27] パイプスの見解では、カーの親ソ的立場にはマルクス主義あるいは共産主義といったイデオロギー的背景は存在しなかった。パイプスによれば、カーは政治的イデオロギーに無関心だったゆえに、多数の巻からなる『ソヴィエト・ロシア史』はロシア革命の「人間的な側面」を無視しており、「政府の法と行動」に特化された「参照文献」としてしか役に立たないのである。[28]

アラン・フォスターも、カーの「非イデオロギー的」アプローチに言及している。フォスターは、『タイムズ』紙におけるカーの個人的役割に注目し、カーが、ヨーロッパ全体の安定と繁栄に貢献するとして戦後の東欧におけるソ連の指導的役割を支持した事実に、政治的プラグマティズムを証明する確かな証拠を見出している。フォスターの見解では、カーが最初にナチ・ドイツの宥和を、次いで共産主義ロシアの宥和を支持したことは、「国際関係に対する彼のアプローチの非イデオロギー的性格」を立証している。[29] また、フォスターは、一九三〇年代のイギリス外交政策および冷戦開始期に関する修正主義史家の先駆者にカーを列する。なるほど、ソ連の外交政策にはイデオロギー的動機がほとんど見当たらないというカーの所見は、ソ連の領土膨張政策は国際共産主義の目的の具現化であると強調する冷戦起源論の正統主義的解釈に対する、一つの修正主義的挑戦の提示なのである。

このように、カーの親ソ的スタンスは政治的イデオロギーから距離をとっていたところに特徴があったと論じられてきたが、それは、イデオロギー的に敵対する論説が支配的であった冷戦初期には珍しいことであった。イデオロギー的外交政策を批判するという意味において、またソ連に対する姿勢が政治的イデオロギーによって決定される政治的党派性から自由であったという意味において、彼を「非イデオロギー的」とみなすことができるかもしれない。カーは、党派的な人々とは違って、たとえばスペイン内戦の際に、この紛争の非イデオロギー的性格を強調したのであった。[30]

しかしながら、カーが政策や行動に対するイデオロギー志向の強いアプローチから距離を置いていたことをもって、彼のソ連に対する姿勢の発展に関する全面的な説明とするわけにはいかない。カーの「非イデオロギー的」アプローチは、ソ連外交に対する彼の対応がプラグマティックで現実主義的であったことを際立たせるであろう。しかし、それ自体は、ロシア革命を二十世紀最大の偉業とする彼の印象的な最終評価にはつながらない。彼がいかにしてこの最終評価――つまり、彼の「非イデオロギー的」アプローチから単純に引き出すことができる意味内容を超える見解――にたどり着いたのかを示すには、彼の思考に関する詳細な分析が必要である。

二人のソ連研究者が、この点に関する議論を一歩前へ進めた。ジョナサン・ハスラムは、詳細なカーの評伝の中で、イギリスの対ソ外交に対するカーの対応と、ロシア革命に対するロマンティックな共鳴という両方の点で、カーのソ連との公的および私的なかかわりがどのように増大していったかを検証している。ハスラムが特に関心を持つのは、ロシア文学に描かれた価値観や考え方へのカーの愛着である。ハスラムの考えでは、これがカーをソヴィエト・ロシア史研究へと向かわせた個人的誘因であった。ハスラムは、カーにとってドストエフスキーは偉大な文学上の人物というだけではなく、人間の哲学的、倫理的、心理的ジレンマに精通した作家でもあった、と論じる。ヴィクトリア時代の自由主義の様式化された価値観の中で育ったカーは、ドストエフスキーの作品を貪り読むなかで「非合理的な世界」を学び、そして、ハスラムの言葉でいえば、「自分自身のものと呼べるような別の信念」を探し求めつつ、生育過程の制約から自分自身を解放したのである。[31] ドストエフスキーは、カーのロシア好きの土台を提供したのだが、それは大粛清のただ中にあっても変わらなかった。ハスラムによれば、カーは、「スターリン主義のテロル」に対してもっとも敵意を抱いたときでさえ、ソヴィエト体制全体を非難することは決してなかったのである。[32]

ハスラムによれば、第二次世界大戦へのソ連の参戦と戦場における勇敢なソ連軍を目の当たりにしたことが、カーを『ソヴィエト・ロシア史』の執筆に向かわせる重要な転換点であった。しかし、ハスラムは、これらの政治的出来事をカーのロシアに対する愛着を育んだ主要因とは扱っていない。なぜなら、カーのロシアに対する愛着は政治ではなく、文学の分野で発展したのであり、政治体制への彼の関心に先立つものだったからである。[33] カーは、「クールで私情を交えないソヴィエト・ロシア史研究」と「ソ連を攻撃する西側の人々への率直で、感情的な非難」を重ねながら、同時に、ソヴィエトの実験の中に「進歩」の意味を探していた。[34] ハスラムによれば、ソ連に対するカーの態度は、革命に対する情熱と、革命の冷静な観察との間で引き裂かれた人間の心理的肖像を映し出しているのである。

ロバート・W・デイヴィスは、ハスラムが、カーの世界観の変化を、彼が直面した諸状況に対する反応にではなく、カーの複雑な人格に帰していると指摘する。ハスラムとは対照的にデイヴィスは、カーの思想形成は、個人的性格よりも彼が出会った状況に、はるかに大きく帰せられるべきだと論じている。[35] カーのソヴィエト・ロシア観の変化に関するデイヴィスの分析は、鍵となる歴史的出来事がカーにおよぼした影響を中心に展開される。

デイヴィスはこれを、国際情勢に対応するカーの思想的変容の時系列的局面として提示する。たとえば、一九二九年に資本主義世界を襲った経済危機と、これが一九三一年に最悪の状況に達したことが、カーの考えを「親ソ的」に変化させ、次いで、一九三六年から三八年の大粛清がカーに幻滅をもたらした。そして、第二次世界大戦が彼をロシア革命の再評価に導き、いま一度肯定的な評価を下させるに至った。デイヴィスによれば、カーが自伝で認めているように、これが彼の関心をソヴィエト・ロシア史へと向けさせることになったのである。

デイヴィスの見解では、冷戦期にカーがソヴィエト体制を考え直すことに「ブレーキ」をかけたのは、カーのロシアに対する感情的愛着ゆえではなく、当時の政治状況に起因していた。たとえば、「非寛容で一方的」な英・米の対ロシア政策、そして、もはや彼のラディカルな思想を受け入れようとしないイギリス・エリートの元同僚たちからの孤立などであった[36]。デイヴィスは、カーのロシア革命に対する肯定的評価は、このような政治状況の文脈と、社会の進歩はユートピアニズムと現実主義との相互作用にもとづくとするカーの基本的発想の観点との両面から、理解されるべきだと主張する。デイヴィスによれば、カーはソヴィエトの実験を、ユートピアニズムと現実主義との結合の試みとみなしていた。ユートピアニズムは新しい社会を建設するという大望を包摂し、現実主義は大国の地位を獲得するために政治的力を用いることを促す。この結合は、彼のソヴィエト・ロシア史研究に深く染み込み、それを貫いている[37]。また、デイヴィスは、カーがイデオロギー対立から距離を置いていたことと、ソ連の将来の進路に関しては不可知論的見解を持っていたことは、実に明白であると主張する。しかしながら、カーは、ロシア革命の偉大な成果に対する信念を持ちながら、ソ連で打ち立てられたものは社会主義などではないと確信していたこと、そのカーが、後年、（若干の留保は付けながらも）「社会主義者」を自認していたことに、デイヴィスが重大な意味を付していることに留意すべきであろう[38]。デイヴィスによれば、カーは完全に「非イデオロギー」的だったわけではなく、むしろ、ソヴィエト体制がまだ達成していないと彼が考えていた

「真の」社会主義に忠実であったのである。

ここまで、カーのいわゆる「親ソ的」姿勢は、国際関係に対する彼の「非イデオロギー的」アプローチに支えられていたという見解について検討してきた。彼の歴史研究の経験主義的性格と、政策提言にみられるプラグマティックな特徴は、彼がイデオロギーにもとづいた思考や行動にきわめて批判的であったことを示している。しかしながら、詳細に分析してみると、前述のような議論は、ソ連に対するカーの複雑な姿勢のほんの一側面を描き出しているにすぎないことがわかる。十分に批判的な評価を下すためには、戦間期および大戦期におけるソ連の主要な外交および国内政策の文脈に即して、彼の「親ソ的」思考がどのように発展したのかを紐解かなくてはならない。

第二節　危機の時代におけるソ連への関与

一．ソ連外交

ハスラムとデイヴィスによる詳細な分析も、カーのロシア革命観を最終段階に引き上げたものは正確には何であったのかという点について、検討の余地を残している。すでにみてきたように、ロシア革命が起こった直後に、カーはそれに熱狂したわけではなかった。彼のロシア革命への評価は、世界大戦や大恐慌のような世界的規模の危機からの国際的な回復を背景としたソ連の発展に伴って、徐々に変化をみせた。歴史的観点からは、西欧世界がいまだにしがみついているとカーが考えていた十九世紀的自由主義システムから、ソ連が離脱する程度によって、その進歩の度合いが評価された。依然として西欧世界を苦しめていた社会的、政治的、経済的諸問題の「解決」をソ連がどのように成就しつつあるかについて、彼がより注意深く観察するようになったのは、主に一九三〇年代と四〇年代初頭のことであった。

カーがソ連に見出した「解決」の一つは、ソヴィエト政府が世界革命の推進を本気でやめた後に採用した現実主義的外交政策であった。カーにとってソ連外交とは、自覚的に力と国益を志向する外交であり、それは、利己的な国益を平和と合理的な自決という道義的レトリックで覆い隠す傾向のあった英・米の外交政策とは対照的なものであった。彼の理解では、ソ連の現実主義的外交は、ソ連が押しつけられた国民国家という役回りに由来していた。つまり、国民国家に分割された現代世界では、ソ連の革命政府も、たとえその行動が革命の国際的原則からの逸脱であったとしても、諸国家からなる社会における国民国家の一つとして行動する以外の選択肢を持たなかったのである。[39]

一九一八年から一九二〇年の時期に、カーは、イギリス政府が新生ソ連に関して公的には不干渉政策をとりながら、同時に食糧や武器の供給によって様々な反革命運動を支援する実態を観察し、イギリス外交政策の「偽善」を知った。カーは、一九一九年に「パリ講和会議に派遣された」外務省の「臨時の要員」として、連合国によるロシア内戦への軍事的干渉の正統性に深刻な疑義を表明する覚書を記した。

もともとわれわれのロシアにおける干渉は、ドイツ人に対して向けられるものとされてきた。いまは、誰に対して向けられているというのか。もしもボリシェヴィキだというのなら、ロシア問題への不干渉という話はすべてばかばかしい不条理である。われわれがとるべき、偽りのない道は二つである。(一)ボリシェヴィキとの戦闘を中止する、あるいは(二)彼らに宣戦布告をし、不干渉について語るのをやめること。二つの矛盾する理想を一致させようという現在の不誠実な政策は、長期的にみてわれわれに利するところなど何もない。[40]

カーは、内戦への本当の意味での不干渉政策を考えていた。これは、ボリシェヴィキやその新政府に対する彼の同情に起因したものではなく、長引く連合国の干渉戦争は無益であるという彼の見解にもとづく判断であった。カーはまた、エストニア独立戦争（一九一八〜一九二〇年）へのイギリスの関与の行方についても懐疑的であった。この戦争は、ボリシェヴィキとエストニアの間で戦われており、イギリス海軍が後者を支援していた。カーは、赤軍の戦闘能力を相当のものと評価しており、エストニア人を助けようという試みは非現実的だという見解をとっていた。[41]

彼の自伝によれば、一九三〇年代にカーの第一の関心は外交問題にあった。彼は、ソヴィエト体制への共感あるいは失望の程度にかかわらず、ソ連の対外政策は政治的イデオロギーではなく権力政治の観点から理解するべきである、と一貫して主張していた。ソヴィエトの実験から十年以上が経って、ソ連当局の対外政策はしばしばその政治的信条とは無関係であることが、カーの目には明らかだった。もともとマルクスが、いかなる「国家」の政策も政治的イデオロギーから自由ではいられないと断じたことから、カーの理解では、初期のソ連の外交政策の第一目標はソヴィエト革命を世界に広げることのはずであった。[42]しかし、一九二七年にトロツキーが共産党から追放された後は、共産主義イデオロギーはソ連の国益に明らかに従属している、とカーは考えた。[43]カーは、その後もしばしば、ソ連外交政策のイデオロギー的な基礎なるものの空虚さについて論じた。

一九三〇年代のソ連に対するイギリスの姿勢は、おおむねイデオロギー的考慮や階級的偏見の影響を受けていたが、それは、ソヴィエト体制が（全体としての）西欧文明にとって、そして（とりわけ）イギリス帝国にとっての脅威であるという見方と結びついていた。カーは、ソ連外交に関する論争が、必ずといっていいほど「旧態依然とした階級問題」に還元されてしまっていると手厳しく批判し、「ソヴィエト・ロシアがすることは何もかも邪悪だと信じている愚かな人々が、ソヴィエト・ロシアがすることはすべて正しいと信じる愚か者と同じように、いまだに存在している」と論じた。[44] カーは、この二つの見解の存在は、煎じ詰めれば戦間期のイギリス政党政治を反映したものだと考えていた。概していえば、保守党はソ連政府による迫害や行きすぎを誇張し、他方、労働党はそれらを極小化し過小に評価したのである。[45] カーの目には、ソ連政府は大国の地位を手に入れようと必死であると映っていた。しかし、西欧各国の政府は依然として、肯定的にしろ、否定的にしろ、ソ連政府の目標は世界革命にあるとみなしていた。「親ソ」と「反ソ」の間の釣り合いをとるといった態度を超越していたカーは、党の政治的信条やイデオロギーが、もはやソ連外交政策の評価やそれに対する対応の基準とはなりえないと考えていた。

同時代のイギリス外交政策に関する彼の最初の著書『ブリテン――ヴェルサイユ条約から戦争勃発までの外交政策』（一九三九年）の中で、カーは、ソ連の対外政策の新たな局面とみなすものについて詳述した。ソ連政府は、ドイツにおけるナチの台頭に対応して、「極端な「修正主義」から、ほとんど狂信的なほどの現状維持主義」に転向した、と彼は論じた。[46] このことは、一九三九年八月二十三日の独ソ不可侵条約によって劇的に示された。カーの分析では、ファシストと共産主義の両政府間関係の進展は、ソ連との反ファシスト同盟形成に対する西欧諸国の消極姿勢と、ミュンヘンにおけるイギリス、フランスとドイツとの協定によって促進されたのであった。独ソ条約は、ソ連の政策が建前として立脚していたイデオロギー的基盤からは考えられないはずのものであったが、ソ連政府は「手を組むことが、そのときの特定の目的のために役に立つかも知れないと判断すれば、いかなる資本主義国とも一時的に連携するご都合主義の政策に、あっさりと向きを変えた」のであった。[47] 独ソ条約を支えたこの「非イデオロギー的」なプラグマティズムは、その後のカーの外交政策提言を現実主義志向に変えることになった。

第二次世界大戦開始直後から情報省で仕事を始めたカーは、ソ連のフィンランド侵攻とその結果に関連して、ソ連に対するイギリスの政策を注意深く検討した。彼がもっとも懸念したのは、ソ連のフィンランド侵略に対するイギリスの「生ぬるい」対応を不満に思う国々の反応であった。したがって、カーは、ソ連の政策に関するイギリス政府のコメントに「一定の辛辣さ」を加えることと、「ドイツはフィンランドに対するロシアの犯罪の幇助者である」という主張を広めることを提案した。[48] また、カーは、ともすれば再び「反ソ」に振れかねないイギリス世論を鎮めようとしながら、ソ連が連合国側で参戦するかもしれないという見解を提示した。『タイムズ』紙の社説において、カーは、ソ連とイギリスの両政府がプラグマティックなアプローチをとるべき理由を明確に表現した。すなわち、「もしもロシアの政策がもっぱら自国のニーズにもとづいており、もしもロシアに、自国とイギリスの利益に等しくかなうような取引の用意があるとしたら、両国にとって有益で適切な形の合意への道が開かれるかもしれない」と論じたのであった。[49] カーは、ソ連の参戦の決定は最終的に、「現実主義者」であり、「外交は効果的な力のみを基盤とすることができる」と理解しているスターリンによって、下されると想定していた。[50]

カーのソ連に対する非イデオロギー的、権力政治的な政策アプローチは、ヨーロッパにおける戦後の国際協力に関する構想にも生き続けていた。早くも一九四一年に、彼は、もしもイギリスが西欧の新秩序に責任を担うつもりならば、東欧におけるソ連の協力を確保することが合理的であるかもしれないと想定した。[51] ソ連が参戦した後、カーはいっそう明確に、東欧に対するソ連の支配は不可避であり、しかもそれは戦後ヨーロッパの安定のために適切でさえあるという意見を表明した。[52] この議論は、ソ連共産主義に対するカーの「擁護論者」的立場を示すものとして、しばしば取り上げられる。しかし、彼が外務省にソ連の戦後の東欧政策に反対しないように提言した理由は、独ソ同盟の復活を阻止するためであった。彼の考えでは、当該地域におけるソ連の支配力と、ある程度のフリーハンドの承認は、避けられないことであった。外務大臣に宛てた覚書に、カーは次のように書いている。

今日のヨーロッパにおける勢力均衡という現実は、一九〇五年のそれと同様に明白です。終戦によって、大陸には二つの潜在的大国のみが残るでしょう。この二つの大国と同時に敵対しないことが、戦後のイギリス外交の基本方針となるでしょう。ドイツとロシアは、強力な大国が両国の間に干渉しない限り、本来敵対する者同士ですが、東欧に干渉しようとする第三勢力に対しては、協力して対抗する共通利益を有しています。戦後、われわれがロシアの東欧政策に反対すれば、ただちにドイツとロシアの同盟を再建させることになるはずです。[53]

したがって、カーがソ連へのイデオロギー的共感のみに衝き動かされていたとするのは誤りである。彼は、ソ連政府が、国際共産主義の原則ではなく、権力政治の原則に従って外交政策を決定していることを、証拠が示していると考えていた。そこから彼は、イギリス世論と政策決定者たちがソ連の対外政策を評価するに当たって、古い階級やイデオロギー的な偏見にとらわれないように説得しようと努めたのであった。

しかしながら、カーを単なる権力政治の信奉者であると結論づけることも正しくない。彼は、徐々に、戦後世界の新秩序を建設するために、必要な共通の理念と原則によって権力政治を制御することが可能であると考えるようになった。事実、ソ連の参戦後まもなく、カーは、英ソ間の協力は軍事分野に限られるものではなく、「戦勝の暁には、ヨーロッパの解放と秩序再建という究極の課題」にまで発展させることを訴えた。[54]権力志向の強い彼の国際政治観が、ソ連の社会・経済プログラムに対する肯定的評価と結びつくことになった点は、特筆に値する。それらが互いに結びついた方法は、今日でいうところの「社会工学」的なものであったといえよう。この結びつきゆえに、やがて彼はソヴィエト体制を「偉業」とみなすようになり、次いで『ソヴィエト・ロシア史』の執筆へと向かったのである。

二　社会的・経済的計画化

カーのソヴィエト体制観のもう一つの重要な要素は、ソヴィエト体制を国家計画の時代の先駆けとする彼の認識である。ボリシェヴィキ政府が世界革命の装いを脱ぎ捨て、ナショナルな外交のそれを纏ってもなお、ソヴィエト体制の社会的・経済的目的と成果に対する彼の不断の関心が揺らぐことはなかった。ソ連の計画経済が西欧資本主義の市場経済に対する最大の挑戦だという彼の信念は、終生変わることはなかった。彼は、計画経済を「社会主義の「物質的・経済的半身」」であり「革命の主要な成果」であると描いた(55)。

ソ連の第一次五か年計画は、国の急速な工業化の基礎として生産手段の発展の最大化を目的に、一九二八年に導入された。周知のように、この計画は、一九二九年の世界経済危機の最悪の結果の一つである大量失業からソ連を守った。カーによれば、ソ連の計画化の原則と実践は、資本主義諸国の回復のための先行モデルであり、西欧のソ連に対する姿勢に多大な影響をおよぼした(56)。ソヴィエト体制が世界中におよんだ経済的衰退を免れたことを観察したカーは、五か年計画は「資本主義のアナキーに対する答えであり、それは経済のオアシスによって実に明確に実証された」という見解をとった(57)。

カーは、五か年計画が「電化、石炭生産の倍増、集団農場を媒介とした大規模な農業の機械化の実現」に、そして後には「都市計画、医療サーヴィス、全国民を対象とした教育、スポーツと余暇の組織化」に、確かな成果をもたらしたと考えた[58]。さらに彼は、五か年計画とその諸成果が、西欧資本主義諸国からの何らかの反応を引き起こすことを期待した。彼によれば、「現在のヨーロッパにとって重要な問いは……ロシアで目下生じている事態に匹敵するほどの原動力や信念の強さを、ヨーロッパが自らのうちに発見することができるかどうか」なのであった[59]。

他方で、カーがソ連の計画化の影の側面に対して無批判だったわけではないことに留意すべきである。彼は、表向きには階級がない国における「追放され、迫害された階級」の存在と、彼らが五か年計画の結果として「ほとんど耐えることなどできない苦難」を被らなくてはならなかった事実に言及した[60]。カーは、ソ連の成果に熱狂しすぎて、その諸問題に気づくことができなかった西欧の知識人たちを批判した。たとえば、ロシアの経済成長に関するその分析を、カーが「決定打」として賞賛していたモーリス・ドッブも、五か年計画の欠点を無視し、擁護したことを批判された[61]。多くの問題の中でも、カーは、ソ連の計画化された集産主義と西欧の自由主義的個人主義との間に、決定的な溝を見出していた。すなわち、前者は後者に対する対抗として登場したが、その国民に個性を育てる機会を決して与えなかった。なぜなら、カーによれば、ソ連の集産主義は、個人主義を「腐った自由主義」と「ブルジョワ・イデオロギー」の産物とみなしていたからである。

シドニー・ウェッブとベアトリス・ウェッブの多大な影響力を持った著作『ソヴィエト共産主義——新しい文明？』（一九三五年）に対する書評の中で、カーは、彼らが「ソ連を、それがまったく意図していない型に押し込み、それが受け入れたことなどない基準に従って判断し」ようとしている、と批判的にコメントした。そして、「ボリシェヴィキのウェッブ夫妻に対する答えは、個人の自由と福祉はそれ自体がソヴィエト体制の目的ではなく、目的であったこともない、というものだ」と述べている[62]。カーは、自分のほうがソ連の現実をよりよく知っていると自負していた。彼は、一九二〇年代末に始まった強制的な農業集団化が、一九三三年の悲惨な飢饉に直面して失敗したと報告し、加えて、この計画がロシア農民の自由と福利を犠牲にして進められたことを批判した。[63]

それでも、スターリンの粛清に「幻滅と嫌悪」を感じていた時期においてさえ、カーはソ連の社会的・経済的計画化について特段の攻撃を行わなかった。彼は、一九三七年の訪ソの際の印象にもとづいてソヴィエト体制の権威主義的あるいは全体主義的性格を攻撃しながらも、計画経済の成果を強調し続けた。彼は次のように述べた。「もちろん、この計画には長所も短所もある」。たとえば、計画のあらゆる要素の管理の結果、モスクワでは「官僚的集中化」が起こっている。しかし、人々は「ロシアがこの計画経済によって達成した成果を認識し、ロシアだけでなく他の国々においても、いまや大変流行している計画経済の成果を認識する」べきである。[64] ここでいう「他の国々」の一つは、もちろん、ニュー・ディール計画を推進するアメリカ合衆国であった。第二次世界大戦の初期段階に、カーは、ニュー・ディールを戦後ヨーロッパ再建のモデルとみなし、それを「自由という条件に根差した、計画化されたヨーロッパ秩序を構想する者にとって励ましとなる事例」とみていたのである。[65] この理解では、「秩序ある自由」が、ヨーロッパにおける集団的計画的秩序の基礎となりうるのであった。

ソ連が連合国側で参戦してまもなく、カーはさらにラディカルになり、ソ連の計画経済をもう一つの「励ましとなる事例」と呼んだ。そして、軍事分野でのイギリスとソ連との相互援助関係を、両国とヨーロッパの再建のための社会的・経済的協力にまで発展させることを構想した。『タイムズ』紙に寄せた論説において、カーは、次のように論じた。イデオロギーの差異に関係なく、両国政府は戦後再建の共同計画にかかわるべきであり、そうするなかで、両国の国家システムは根本的な変容を遂げるであろう。なぜなら、「社会構造の概観や両国の政治制度の違いは……共通目的のための協働や犠牲の影響を受けずにいるわけがない」からである。[66] 要するに、このような影響は双方向的であろうから、変化は両国にみられるだろう。カーによれば、「もし、共通の合意によって、この戦争がイギリスに広範にわたる社会的変化をもたらすとするならば、おそらくロシアにとっても同様であるはずだ」というのである。[67]

カーは、イギリスとソ連が、戦闘行為と再建だけではなく、社会的公正や改革の理念をも共有できるはずだと考えていた。戦争と再建計画を通じて、両国はお互いに対する共感と理解を深め、共通の基盤を広げるであろうと予見できた。カーは次のように書いた。

もしも英語圏の民主主義諸国が、社会の基礎として個人の自由と個々人の価値を確立したことに当然ながら誇りを持っているとしても、人々は、近年、ソヴィエト秩序の理想として主張されてきた社会的な目的のための集団的計画化という手段によってのみ、個人の自由は確実に保障されうるということを理解するようになってきている。[68]

したがって、かつてカーがソ連に欠けていると批判した個人の自由は、ここでは「社会的目的のための集団的計画化」によって保障されうるというのである。総力戦という国家統制のもとで、個人は次第に集団に従属するようになった。カーの見解では、この傾向は英ソ同盟によって強化され、そしてうまくいけば、ヨーロッパにおける国家的計画化の成功に道を開くだろうと期待されたのだった。

このように、カーは、異なるイデオロギー色を持つ二つの政府間の戦時協力が、両国に社会的、経済的変化をもたらすだろうと予見した。実際に、協働それ自体は、国際環境の厳しい現実の中で、国益と実際的なニーズのために模索された。カーは、国益志向のソ連外交政策に関する力還元主義的見解を維持しながら、その見解と、国内における革命的変革に関する彼のラディカルな理念の要因となったソ連の国家計画の成果に対する積極的評価とを、すり合わせたわけであった。

フルトンにおけるチャーチルの「鉄のカーテン」演説の直後に、カーは、戦後世界を共産主義陣営と民主主義陣営という二つのイデオロギー圏に分断することに反対した。両陣営は、いくつかの点で対立していても、「お互いから学ぶことはたくさんある――共産主義の側は、政治制度の機能や個人の権利の確立について、西欧民主主義の側は、経済の計画化と社会的目的およびインセンティヴの促進について、などである」。さらには、そのような相互作用は「昨今の応酬の辛辣さを、双方において和らげることにも資するだろう」[69]。このように、カーの「非イデオロギー的」な姿勢は徐々に社会工学の思想と結びつき、東西間のイデオロギー対立を緩和する主張へとつながっていったのである。

それにしても、彼はどうやってそのような協力的相互作用が起こりうると信じたのであろうか。次節は、彼の多分に「親ソ的」で、「もっとも偏った」書と称せられる『西欧を衝くソ連』（一九四六年）の評価を通して、この問題を考えるものである[70]。

第三節　「ソヴィエト・インパクト」から「新しい社会」へ

一・「ソヴィエト・インパクト」と西欧

ソ連の関心は共産主義イデオロギーではなく安全保障にあるとするカーの理解と、戦後の社会的・経済的再建にとってイギリスとソ連双方のニーズが一致するがゆえに、英ソ協力関係のさらなる改善が可能であるとする彼の信念は、一九四四年夏までは、イギリス外務省職員の多数におおむね共有されていた[71]。彼らにとって、それこそが、戦後の英ソ関係のもっとも実際的な価値を伴った構想であった。

ところが同時に、政治エリートの中には、カーを「対ソ宥和論者」とみなし、彼が冷戦対立の開始に影響をおよぼすことを望まない者たちが存在した。カーは、一九四五年七月に誕生した新しい労働党政権からも批判を受けた。チャーチルの演説に関する彼の論説は、アーネスト・ベヴィン外相による攻撃の的となった。ベヴィンは『タイムズ』紙の編集長に宛てて、同紙が「軸なし」「骨なし」になり、カーを含む「多くのピンク色のインテリゲンツィアたち」のせいで「親英的ではなく、親ソ的」になっていると不満を伝えた。[72] 明らかにカーの論説は、イギリスの国益がソ連共産主義の脅威にさらされていると主張することでアメリカの支援を取りつけようと望んでいたイギリス政府にとって、受け入れ難いとみなされていた。[73]

しかしながら、「戦後世界の政治的、社会的、経済的諸問題は、安定させようとするのではなく、革命的に変革しようという意欲をもって取り組まれなければならない」という戦時中のカーの意見は、広く社会に受け入れられていた。[74] これは、部分的には、第二次世界大戦におけるソ連の枢軸国に対する抵抗への敬意から、イギリス世論が左傾化していたためであった。カーはこれに気づき、次のように記している。

ヒトラーのロシア侵攻の瞬間から、ロシアとの同盟に関する全国民的な支持や、それをイギリスの政策の強固な防護壁にするという決意が、間違いなく存続してきた。[75]

実際に、当時のイギリス情報省は、ソ連の軍事的功績に対するイギリス国民の賞賛に注意を払っており、同省内には、やがてそれが共産主義政府への支持やスターリンへの賛美に発展する可能性を警戒する人々も存在した。[76] この文脈において、主要な新聞紙上に登場したソ連の国家的計画の成果に対するカーのきわめて好意的なコメントが、親ソ的な世論の傾向を後押しする潜在的要因とみなされたことは、驚くには当たらない。

『西欧を衝くソ連』は、このような背景のもとで出版された。カーは、「鉄のカーテン」が現実のものになっても、計画化と集団化へと向かうグローバルな傾向について、その信念を放棄しなかった。カー研究者たちは、この著書に高い価値を見出さなかった。なぜなら、カーが一方でソ連の成果の程度を誇張しすぎ、他方でソヴィエト体制の負の側面に相対的に無関心だったからである。この著書は、戦争末期に顕在化したカーの「親ソ的」立場の、より「イデオロギー」的な側面をよく示している例である。また、同書は、ソヴィエトの実験が西欧社会にもたらしたとカーが考える五つのタイプのインパクト――政治的インパクト、経済的インパクト、社会的インパクト、国際関係へのインパクト、そしてイデオロギー的インパクト――を提示している。

政治的インパクトに関して、カーは、西欧諸国家とソ連のそれぞれに固有な二つの種類の民主主義について論じている。前者すなわち伝統的な「自由主義的民主主義」は、カーの見解によれば、一八四八年革命後のフランス臨時政府以降は革命的であることをやめ、保守主義と結びついた[77]。後者すなわちソ連の民主主義は、「社会主義」と「共産主義」に源を持ち、西欧世界での未完の革命を完遂することを目的としている[78]。カーは、このソ連の民主主義概念は西欧の民主主義に重要なインパクトをもたらしてきたと論じる。カーによれば、以下のような理由で西欧民主主義諸国はソ連の民主主義概念の挑戦を受けることになったのである。すなわち、西欧の民主主義は「純粋に形式的で制度的」な民主主義に留まっており、「国家の階級的要素」を無視し、社会的、経済的な不平等には触れずに物事を一貫して「純政治的」に扱いながら、「反対派の異論」や異議に辛抱強く耐え続けてきた。このような西欧民主主義は、民主主義から「あらゆる絶対的な道義的基礎」を奪いかねず、また、「行政への大衆参加の用意をまったく行わない」まま、選挙における投票にひたすら関心を向けさせているからである[79]。

経済分野について、カーはソヴィエト・インパクトを「計画化」の一言に要約している。興味深いことに、彼は、マルクスの著作の中に、計画化された社会主義秩序の青写真や理論的詳細のようなものを見出していない。

カーにとって、計画すなわち「中央で決定された目的、あるいは一連の目的に向けた国民経済に関する中央からの指令」は、社会改革の理論の産物というよりは、国家的な危機の産物なのであった。カーによれば、計画は国家的な側面と社会的な側面という二側面を持ち、それぞれが、生産の国家的効率と分配における社会的公正を目的としている。彼は、この両者の結合は、最小限の公的介入と抑制のない市場の機能によって保障される自由放任主義のテーゼに対する挑戦であり、それはソ連の最大の功績の一つであると考えていた(80)。

二十世紀に社会政策が大幅に発展したが、それは、産業の諸事情や労働者階級の成長という圧力のもとで求められるようになったものである。カーによれば、社会政策の進展は自由放任主義イデオロギーを後退させたが、それは、ソ連の実験の魅力と影響力の増大と軌を一にしていた。彼は、ソ連の社会政策の基本的目標に、道義的な魅力、すなわちジェンダー、人種、階級などにもとづいて人間を差別しないという意味での平等という目標の魅力を認めていた。カーの意見では、「そのような人間を隔てる障壁は不適切であるという認識の高まりや、それを一掃する要求の強まり」は、ソヴィエト・インパクトの一つの効果であったが、システムがいかに「社会主義的」あるいは「民主主義的」であるかにかかわらず、「障壁」はまだ全面的には取り除かれてはいない(81)。カーはまた、ソ連の計画の構想は、個人的な要求ではなく、社会的なニーズによって動かされているとみていた。彼は、社会的権利とともに社会的義務の平等な承認を求めるソ連の集団的社会的目標は、完全雇用の達成に向けた西欧の姿勢に影響をおよぼした、と確信していた(82)。

次いでカーは、国際関係の処理に対するソヴィエト・インパクトに目を向ける。これは三つの主要な分野におよぶ。経済と金融、宣伝広報、そして政治である。経済的分野において、ソ連は、「関税という不格好な装置に訴える」ことなく重要な国内産業を保護する目的で、国際貿易の国家独占を加速させた(83)。宣伝広報に関しては、ソ連が外交の手段としてプロパガンダを使うことが、カーの見解では、他の国々に魅力的に映るようになった(84)。

最後に、政治に関しては、ソ連が国際政治に固有の力の要素を評価したことが、西欧の「旧」外交に影響力をおよぼしてきた、とカーは観察していた。ソ連外交は、国際的な権力闘争という頑ななまでの現実政治観を取り入れ、西欧民主主義国の外交政策における「粉飾の手段あるいはまったくの偽善」を暴露した[85]。カーによれば、ソ連は力の要因の重要性を理解していた。そして、ソ連が国際関係においてどのようにその役割を果たしているかを学んだ西欧民主主義国は、いまでは、国益に依拠した現実主義的外交に従事しているのである。

力とは、思想の力を含み、それはしばしば特定の種類のイデオロギーと結びつく。ソ連の文脈でいうならば、世界に強烈なインパクトを与えた信条としてのボリシェヴィズムがそれに当たる。カーによれば、ボリシェヴィズムには二つの側面がある。すなわち破壊的あるいは革命的側面と、建設的あるいは肯定的側面である[86]。ボリシェヴィズムは、唯物主義と弁証法哲学というマルクス主義の武器を用いて、西欧ブルジョワ・イデオロギーを粉砕しようとし、次いで、自由と平等という政治的理想よりもさらに徹底した社会的・経済的公正の評価にもとづく新秩序の構築を目指した。この論理は、国際秩序の発展に関するカーの議論を思い起こさせる。それは、ユートピアニズムの構想と現実主義という武器との相互作用を通じて国際秩序が発展するというものであった。しかし、いずれの文脈においても、築かれるべき新秩序の具体的な政治形態についてカーは曖昧であり、民主主義の、あるいはボリシェヴィズムのもとでのプロレタリア独裁の役割について、評価を伴うような判断を下してはいない。

すでにみてきたように、『西欧を衝くソ連』は、当時の西欧の生活のあらゆる側面にソ連がおよぼした影響がいかに大きなものであったかを示している。カーは、この著書では主にソ連から西欧社会が受けた刺激を重視しており、その逆ではないという点で、同書は「偏って」おり、一面的であると評される余地がある[87]。ソ連のイデオロギーやシステムは、西欧の影響に対する反応として生まれたものであるのに、彼はその西欧の影響をまったくといってよいほど無視している。ある意味において、ロシア革命は「西欧化の過程の頂点であったが、もう一つの面では、ヨーロッパの浸透に対する反発でもあった」とカーは示唆した。[88] もしそうならば、次のような疑問が生じる。ロシアの文脈におけるこの「西欧化の過程」の形はどのようなものであったのか。また、「ヨーロッパの浸透」はどれほど深くおよんでいたのか。カーは、バランスのとれた研究を生み出すために、「ソヴィエト世界に対する西欧インパクト」について歴史的評価を提示すべきであった。

カーは、ソヴィエト・インパクトによってもたらされた二つの世界に共通した政策——たとえば社会・経済分野における国家の役割の拡大——を強調することによって、二つの世界がますます一つに収斂していく様を思い描いていた。これは、一九五〇年代から一九六〇年代半ばに広まった収斂理論の先駆けとみることができるだろう。この理論は、計画経済を遂行する東欧の社会主義諸国と、自由市場を重視する西欧と北米の資本主義諸国とが、次第に共通の中心へ向かって収斂していくであろうと予言したのである。[89] 収斂理論は、近代化論と密接に結びつきながら、現代世界において産業社会が類似の特徴を備えて高度に統一化していくなかで、異なる政治的、社会的、経済的システムの間の分断が消滅する、と主張した。しかしながら、収斂理論が「西」側を他の社会が収斂する先のひな形だとするのに対して、カーがもっぱら説明に重きを置いたのは、西欧の政治および経済活動にソ連の影響がどのようにおよんだのかについてであった。

西欧における社会変革が、カーの主張する程度にまでソヴィエト・インパクトによって説明されうるのかどうかは、きわめて疑わしい。なぜなら、経済・社会政策の方向は、まず外からの影響によって定められるのではなく、国内状況に左右されるところが大きいからである。カーは、西欧諸国でケインズ主義経済政策が成功裏に採用されたことを、ソ連の国家計画の影響に帰した。[90] しかし、このケインズ流の政策は、ソ連の計画とは異なる原則にもとづいていたことに彼は留意しておくべきであった。たとえば、アメリカのニュー・ディール計画は、資本主義の廃絶ではなく、その救済と維持を目的に策定されたのである。その計画は、相当程度まで、当時の国家緊急事態の産物であった。ソヴィエト方式は一定の影響力を持ったかもしれないが、全世界的に受け入れられ、適用されたのではまったくなかった。

最終的に、『西欧を衝くソ連』は、西欧あるいはソ連のイデオロギーどちらかの「完全な勝利」を否定している。それはまた、冷戦の到来に伴う対決に抗議しつつ、双方の間に「鉄のカーテン」を引くことを否定している。カーは、そうする代わりに「折衷、妥協点、対立する生活様式の総合」を模索している。そこには、西欧民主主義には「個人主義や民主主義の伝統の中で価値あるものを大衆文明の問題によく適応させることができるような、社会的、経済的行動の新しい形を求め、見つけ出すことによって、ソヴィエトの挑戦に応じる」能力があるという信念が伴っている。(91)

この「第三の道」の原初的な方向は、カーの『ナショナリズムの発展』（一九四五年）でも主張された。同書において彼は「ソ連の国家独占のイデオロギーとも、アメリカの制限なき競争のイデオロギーとも異なる」諸原理を称揚した。(92)この「妥協」が、社会革命の歴史的不可避性を主張するマルクス主義者と、個人の自由と自由市場の伝統を守ろうとする西欧の保守主義者の双方からの批判にさらされたことは、驚くに値しない。(93)この論争にイデオロギー的にあまりのめり込まなかったゆえに、カーは、そのもっとも社会主義寄りの著作である『新しい社会』（一九五一年）の中で、さらに議論を発展させることができたのである。

二・「新しい社会」へ向けて

ソヴィエト・インパクトに対するカーの評価は、ヨーロッパにおける新しく力強い秩序の構築を目的とした国家的計画化と集産主義を採用するように、西欧諸国を説得する方向に彼を向かわせた。ただし、彼は、ソ連と西欧の社会・経済システムの「中間形態」を提言することによって、そのラディカリズムをいくぶん緩和していた。カーは、一九五〇年にこう述べている。

今日、世界中のさらに大きな部分で、政治的民主主義と経済的社会主義との間に、楔がこれまでよりいっそう深く打ち込まれている。「世界の六分の一」――今日では六分の一を大きく上回る――を占めるソヴィエトでは、十九世紀の政治的・民主的価値をまがい物として退けているある種の民主主義に対して、月並みで口先だけの賛意が語られている。残りの世界では、……「民間企業」を民主主義と同一視したり、「計画化」を自由の敵と非難したり、民主主義と社会主義をイデオロギー的な鉄のカーテンの反対側にそれぞれ押し込めたりする危険をしばしば伴いながら、特定の生活様式が教え込まれている。イギリスと西ヨーロッパの周縁部でのみ、民主主義の政治的価値と社会主義の経済的価値とを、単に両立するだけのものとしてではなく、相互補完的なものとして考えようという、真剣な抵抗作戦が試みられているのである。(94)

戦後再建がほぼ落ち着いた頃、彼の関心は、ソ連の挑戦の分析から、ソヴィエト・インパクトを経験した後の西欧民主主義諸国の将来の方向へと移行した。民主主義と社会主義の「相互補完的な」関係に関するカーの理解は、いまや、西欧民主主義は社会主義のための計画との和解なしには存続しえない、という結論につながった。『新しい社会』の各章のタイトルは、西欧世界が向かっているとカーが考えていた全体的な方向性を示している。それをもっともよく示しているタイトルを引用するなら、「競争から計画経済へ」、「経済の鞭から福祉国家へ」、「個人主義から大衆民主主義へ」である。カーによれば、これらのタイトルに示されている移行をもたらし、

「自由への道」［『新しい社会』の最終章のタイトル］のための運動を鼓舞したのは、ソヴィエト・インパクトであった。そして、ここでいう自由とは「万人にとっての自由であり、それゆえ平等」を意味し、それは社会的・経済的プロセスの計画化によって発展させられたものである。このように、同書は「大衆的・平等主義的民主主義」にもとづいた「補修的建設的機能を遂行する強力な国家」の時代の到来を告げているのであった。[95] カーは、このような道は西欧諸国においてだけではなく、ソ連においても模索されるはずだと想定していた。ソ連と西欧世界は「新しい社会」に向かって収斂しつつあるのであった。

今日、私たちは、ソ連共産主義との和解および「社会主義のための計画化」が西ヨーロッパで実現する可能性が高いとした彼の判断が間違っていたことを知っている。西ヨーロッパでは、ほとんどの場合、戦時中の国家的計画は長続きせず、政治的統制という意味に限られていた。カーは、ソヴィエト・インパクトに関する自らの評価について次第に懐疑的になり、一九七九年には、「先進資本主義の世界では、ロシア革命によって生み出された騒動は主として破壊的な段階にとどまり、革命的な行動に向けた建設的モデルの提供はまったくなかった」と結論づけた。[96] 一九五〇年代・六〇年代とは違って、革命の「破壊的な」インパクトは、社会主義的秩序の創造にも、ブルジョワ革命のようなものにもつながらなかったということが、西欧では広く受け入れられた。西欧民主主義諸国が向かっているとカーが考えた目標は、もはや到達不可能で、収斂という彼のシナリオが実現することもなかった。

批評家たちは、「新しい社会」に関するカーの幻想は、彼の歴史主義的、決定論的、国家統制主義的な分析によって生み出されたのだと論じる。たとえば、やがてロンドン大学経済政治学院（ＬＳＥ）でハロルド・ラスキの後任者となるマイケル・オークショットは、『新しい社会』の書評において、「国際的な場面におけるロシアの重要性を、もっぱらロシア革命に由来するものととらえる」カーの「歴史の流れ」アプローチを批判した。[97] オークショットの見解では、カーが「新しい社会」の「不可避性」を強調するのは、彼のプラグマティックな国家統制主義と関係がある。すなわち、彼のモットーは「飢えた文盲の大衆がまだ革命意識の段階に達していないようなところでは、革命がまったくないよりも、上からの革命の方がましだ」ということなのだ[98]。オークショットは、中央集権化され、かつ広範な国家統制を指向するカーの社会主義的傾向は、自由世界では評価されないだろうと主張し、「新しい社会」という概念は政治的プロパガンダである、と結論づけた。彼は次のようにカーを批判した。「カー氏は、強力な国家によって行使される支配の性質について、語るべきことを何も持たない。もしも、特定の場所で特定の仕事を割り当てられる人間と、飢えないために働く義務（彼がいうところの「経済の鞭」）を課せられる人間という違いがある場合に、彼は後者よりも前者を好ましいと考えるのだ[99]」。

国家による計画化こそが進むべき道であり、収斂は歴史的に不可避であるというカーの考えが、彼の進歩史観に下支えされていたことは明らかである。「新しい社会」が実現することはなかったが、ソ連の経験から有効な教訓を引き出そうというカーの試みには、高度に中央集権化された抑圧的国家体制が十九世紀型の自由主義的教義のこれ以上の移植を防いでくれるだろうという複雑な左派的信念と姿勢の一端が映し出されていた、と読み取るべきであろう。他の社会主義者や共産主義者たちの構想と同様に、カーの「新しい社会」も、まず間違いなく時の試練に耐えられなかったであろう。しかしながら、東、西を問わずいかなるシステムも進歩的に改革されるものだという彼の信念と、歴史における進歩の理念を維持しようという目的は、ソ連の改革の肯定的な面をみようとする人々にとっても、スターリン体制を歪んだ社会主義として否定的にみる人々にとっても、一定の魅力を持っていたのである[100]。

これまでみてきた通り、ロシア革命の本来の目的を問うたカーの歴史的な探究は、ソ連体制の影の側面を露呈させた。「新しい社会」という構想は、西欧民主主義諸国の現状に対してだけではなく、スターリニズム下の現実に対しても挑みながら、冷戦対立の型にはまった理解に対して進歩主義者の思いを代替案として対置しようとしたもの、とみなすことができるだろう。結局のところ、カーの目的は、ロシア革命のインパクト、業績、教訓を、二十世紀の世界が経験した著しい変化の中に位置づけ、それらを彼の歴史的進歩の概念に照らして評価することにあった。かくして、一九七七年にカーは次のように結論づけた。

一九一七年のロシア革命は、それが自らに課した目標と、それが生み出した希望の実現には、はるかに届かなかった。その記録は損なわれ、曖昧でもある。しかし、それは、近代の他のいかなる歴史的事件よりも、世界全体に、より深く、より持続的な影響を及ぼし続けてきた源なのである(101)。

小括

彼の自伝的スケッチが示すように、カーのソ連観は決して静止してはいなかった。彼は、国際的な大変動に出会い、ソ連に関する知識を得るに従って、ソ連の現在進行形の諸問題に対する自らの立場を修正し、発展させていった。間違いなく歴史的転換点の一つは、第二次世界大戦であった。「ヒトラリズム」との戦いは、イギリスに、ソ連との同盟とソ連体制に対する姿勢を再定義する機会を与えた。連合国の同盟は、共有されたイデオロギーではなく、ファシストを打倒するという共通の利益のうえに築かれた。カーは、政治的イデオロギーを凌駕する国益の優位を強調しながら、政策上の利益の収斂と、ソ連と西側のイデオロギーのプラグマティックな出会いが、共通の社会的、経済的計画にもとづく戦後再建という目的に向けてさらなる協力関係を強化することを、次第に予見するようになった。

カーは、ソ連共産主義に対する無条件の同調者ではなかった。彼は、ソ連外交の力と利益志向という性質を認識していたし、単純な階級あるいはイデオロギー的な根拠にもとづいてソ連政治のすべてを賞賛する人、あるいは、すべてを非難する人のいずれをも、決して支持することはなかった。彼はソ連の現実的政策を、純粋に国家の安全保障という政治目的に衝き動かされているものとみた。それは、「国益の国際的調和」といったイデオロギー的教義とは対照的で、彼の「非イデオロギー的」アプローチを証明するものなのであった。この点は、戦後の東欧におけるソ連の主導性を積極的に認める彼の提言にも示された。

カーの見解は、それだけに留まらない。第二次世界大戦中に、彼の力還元主義は、社会工学的誘引、つまり、イギリスとロシアが協働するヨーロッパのさらなる組織化という展望に引きつけられたことによって、和らげられた。かつてカーは次のように書いた。「この戦争の後には、国民の福祉のみならず国家の生き残りにとってさえも、国際情勢に関する首尾一貫した現実主義的な思考が、第一の条件となるであろう。イギリス外交は、われわれ自身と他国の、軍事的および経済的な、力という現実を全面的に考慮しなければならない」。彼は読者に向かって、このような「力の現実」ゆえに、「新しいヨーロッパの建設」という共通の事業が求められるのだ、と説いた[102]。

カーの「非イデオロギー的」姿勢は、第二次世界大戦がファシズムと民主主義との間の世界的戦いへと激化するにしたがって、彼が理想化したソ連の功績、特に社会的・経済的計画化の実績と織り合わさっていった。カーの見解では、東と西が収斂していくにしたがって、東にとっても西にとっても、十九世紀型の西欧自由主義ではなくて、計画化こそが進むべき道となる。ソヴィエト・インパクトとは、この点を示したことにあった。西欧世界の立場は、ソ連の影響を受ける客体から、新しい社会をともに築く主体へと移行するはずであり、カーは、新しい社会の中で、西欧民主主義と社会主義的計画化は調和に至ると信じていた。

カーに対するソヴィエト・インパクトは、彼を社会主義の概念への共鳴に導くほどに大きかった[103]。カーは、自分自身が平和主義者であったことは一度もなく、国際政治における力の重要性を疑ったことなどまったくないと認めていたが、後年、自分を「社会主義者」と称した。それは、当時のヨーロッパ諸国において社会・経済システムの不平等や不公正への不満が高まっているという、カーの認識が促した選択であった[104]。重要なのは、カーがソ連の諸問題に関して「社会主義的」であったことが、ロシア革命を世界史の不可避な過程の一部とみなした彼の歴史的進歩の理念としっかり結びついていたことである。カーは、ソ連において達成されたものが社会主義であるという見解を拒絶する一方で、社会主義への移行ということをおおむね信じていた。

カーによれば、社会主義社会は、資本主義が資本家的秩序のうちに据えた様々な基礎のうえに建設されているために、ハイブリッドで曖昧な性格を持つのである[105]。これと同様に、ソ連に対する彼の姿勢もハイブリッドであった。その姿勢は、力還元主義と社会工学の抽象的な概念を背景にしていた。また、それは、カーがその中で生まれ育ち、かつ常に闘ってきたイギリスの自由主義的伝統に根差した進歩の概念を基盤としていた。このことは、カーにとってのソヴィエト・インパクトが、資本主義の矛盾のみならず、彼が決して逃げ出さずに対抗した西欧イデオロギーのジレンマをも照らし出していた、ということを示唆している。

カーは、ヨーロッパにおける新しい国際秩序構築にソ連の実験がおよぼす影響は深大であると考えていた。次章では、「新しいヨーロッパ」の模索の中で、権力政治や社会の計画化に関する彼の考えがどのように発展したかを検証する。

第五章　「新しいヨーロッパ」

これまでの各章において、カーが、ドイツを弱体化させソ連を除外したヴェルサイユ国際体制の悲惨な結果をどのようにみていたかを検討した。彼が、第二次世界大戦後に、ドイツとソ連の双方が重要な役割を果たす新たなヨーロッパ秩序の構築に向けた提案について論じたのは、この経験に照らしてのことであった。カーの「新しいヨーロッパ」という構想は、ヨーロッパ諸国の共同の計画と機能的統一を基盤とした大きなプロジェクトとして提示された。本章では、彼がどのようにこの「新しいヨーロッパ」という構想を形成し発展させたかを検討するが、そのために、十九世紀の自由主義的国家体制の諸問題と、より大きな多国家からなる単位へと国家体制を再編することの望ましさについて、カーのアプローチを検証する。

本題に進む前に、第二次世界大戦後の国際関係に対するカーの態度について、二つの主要な解釈があることに留意しておくべきである。一つ目の解釈は、彼が力の重要性を鋭く認識し、安定的な国際秩序の構築において小国の権利を無視したことを強調する。この解釈をとる幾人かの論者は、カーが国家を重視し、戦勝国間の協調を構築するために大国を維持するという保守的な目的を強調したことに注目する。そして彼らは、それがカーの正統的現実主義とパワー中心主義を再確認するものだと考える。(1) いま一つの解釈は、カーが厳密な国家中心主義の立場を離れ、国家以外の力や枠組に関心を向けていることを指摘する。この見方をする国際関係研究の理論家は、カーの業績を、ポスト・ウェストファリア時代における近代国家体系の変容についての批判理論的分析であるとみなし、単純な現実主義者というカー像に疑問を投げかける(2)。

本章では、戦後再建に関するカーの提案の諸側面のうちにこれら二つの解釈が含まれていたこと、ただし、両者はヨーロッパの将来に関するカーの施策の中では互いに織り合わされていたことを確認する。カーにとって第二次世界大戦は、決定的な歴史的転換点の一つであった。「危機の二十年」を経験して、国際問題に関するカーの基本的に現実主義的でプラグマティックな見解は、彼の急進主義や集産主義と絡みあうようになり、それがイギリスやヨーロッパの多国間政治共同体における新しい社会・経済秩序についての提案に現れた。この時期に、カーは、マスメディアを通じて大衆に語りかけることにきわめて積極的になったが、後にみるように、彼の急進主義の影響力はイギリスの政策決定者たちの懸念を引き起こすようになった。ヨーロッパの将来に関する彼の診断と処方箋は、このように彼の思考の複雑さを示しており、ヨーロッパ統合の概念枠組に関する初期段階での知的議論の考察に新たな光を投げかけるものである。

第一節　カーの「新しいヨーロッパ」構想

一．「新しいヨーロッパ」とは？

カーのヨーロッパ観は常に進化していたが、それはある面で当時彼が対処していた国際問題を反映していた。彼の「新しいヨーロッパ」の追求の過程で、二つの重要な側面が現れた。一つは、彼が次第に一つの地域としてのヨーロッパ概念を発展させていったこと、いま一つは、彼が次第にヨーロッパ地域におけるより大きな多国からなる単位を志向するようになったことである。

彼の外交官としての経歴のもっとも初期の段階では、カーにとってのヨーロッパの観念は、全体として西ヨーロッパ諸国と（イギリスに明確に示されるような）西欧的価値体系から成り立つ、狭く、非開放的な地域であった。ロシアは、ヨーロッパの外側の、西ヨーロッパとはまったく異なる存在とみなされ、バルト地域や東欧、南東欧の国々は無視されていた。彼の自伝によると、ロシア革命が勃発した当時、カーはマルクス主義について何も知らず、マルクスについて聞いたこともなかった。[3] 彼は、当初、ヨーロッパの政治的・文化的アイデンティティに対するロシア革命の挑戦にあまり関心を持たなかった。当時の彼は、ヨーロッパの地政学的状況に関心を向け、ある国や地域がイギリスの支配下にあるかどうかを見定めようとしていた。第一次世界大戦後の連合国の政策に関する覚書で、彼は次のように論じた。すなわち、「勢力圏に関していえば、連合軍がそこに展開している限り、［ロシアの］アルハンゲリスクとその北部は間違いなくイギリスに残るであろう。バルト地域は、ポーランドをフランスの勢力圏と認める見返りに、イギリスの勢力圏とはっきり認められるべきである」[4]。ヨーロッパ大陸が内部において分散化し、外部の権力政治に従属するという地政学的見解は、国際政治が潜在的に対立的な性質を有するというカーの鋭い認識と結びついていた。

同時にそれは、東欧あるいは中東欧に生じていた紛争に対するカーの不介入の立場につながった。彼は、「西欧諸大国は、別の動機でもない限り、この種の紛争に関与しないし、現在、そのような動機あるいは十分な動機は、まったく存在しない」と論じた。[5] ヨーロッパに対する彼の態度は、当時のイギリス外交官の典型のように思える。ほとんどのイギリス外交官にとってヨーロッパは、イギリスができる限り距離を置くべきと考えていた大陸であり、比較的小さな国々が独立と力をめぐって争う敵対関係に示されるように、厄介な存在だったのである。[6]

しかしながら、一九二五年から一九三〇年のリガにおける勤務が、カーにヨーロッパを外側からみる機会を与えた。彼は、この視点から「自分の世界」がヨーロッパの単に一部分にすぎず、ヨーロッパの他の部分からも、ヨーロッパの外の世界からも完全に切り離すことができない存在だと認識した。すでにみたように、十九世紀ロシア文学との出会いも重要であった。カーは、完全に西欧の観点にもとづいたヨーロッパに関する狭量な自分の見方が、ドストエフスキーをはじめ、彼にとっては魅力的な社会の外に生き、きわめて異なった目を通して世界をみていた作家たちによって鋭く攻撃されていたということに、初めて気がついた(7)。また、ジュネーヴにおいて、自由貿易は経済的に強力な国家の自由主義的教義であって、弱小国にとっては致命的であるという、小国の代表からの「啓示」に偶然出会ったときに、西欧的自由主義に対するカーの批判が強まった(8)。自由貿易は、彼の知的成長において重要な役割を果たしていたため、この啓示は大きな衝撃で、自由貿易に結びついていた彼の自由主義的ヨーロッパ観のすべてを揺り動かしたのであった。

こうして一九三〇年代が始まると、カーは、西ヨーロッパのシステムと機能およびそれが他の地域に与える影響に新たな興味を向けた。とりわけ彼は、西欧社会の全面的な拒否を体現していたバクーニンに魅せられ、また、初めてマルクスに親しむようになった。彼がバクーニンやマルクスの西欧イデオロギーの矛盾に対する挑戦についてものを書き始めるまでに、彼のヨーロッパ観は、以前にはほとんど関心を示さなかった周辺地域を包括するまでに広がり、小国や発展途上国の問題を考慮に入れるほどに柔軟になっていた。ヨーロッパについての彼の観念が、「そのもっとも力のある二つの構成国」すなわちイギリスとロシアを含んでいたことは留意に値する(9)。

ところで、一九三〇年代半ばになって、カーがイギリスとロシアはともにヨーロッパに属するべきだと考えるようになった要因は何だろうか。彼の見方によると、第一次世界大戦後の国際政治の構造的変化は、両国に、望むと望まぬとにかかわらず、ヨーロッパ問題に積極的な役割を果たすことを余儀なくさせたのである。当時、ヨーロッパは凋落という問題に直面していた。ヨーロッパは世界のリーダーとしての地位をすでに失い、アメリカ、インド、日本、中国といった外からの挑戦者と対峙することになった、とカーは論じた。そこで、彼は、「ヨーロッパ合衆国」を志向するヨーロッパ贔屓の書物を好意的に書評するなかで、「イギリスとロシアという」二つの「もっとも強力な構成国」がヨーロッパを復活させる期待を論じたのである。(10) したがって、カーの「ヨーロッパ」の枠組は、集団的で、境界を拡大したものとなり、ヨーロッパを産業的にも経済的にも復活させるうえで重要な役割を果たすという観点から、ロシアと、オーストリアやチェコスロヴァキアのような以前は無視されていた国々を組み込むようになり始めた。

第二次世界大戦が勃発すると、カーは、ヒトラーの「新秩序」に対するアンチテーゼとして、「新しいヨーロッパ」という構想を発展させることになった。彼は、この構想を一連の著書や、『タイムズ』紙の社説、チャタム・ハウスでの講演、そしてBBCのラジオ放送でしばしば用い、できるだけ幅広い聴衆に語ることに努めた。とりわけ、「新しいヨーロッパ」は、一つのアイデアを意味するに留まらず、戦後にヨーロッパの再建を始める際に、その参加国が相互依存と協力の仕組みを通じて、政治的・経済的アイデンティティを組織的に形成するプロセスを意味していた。カーによれば、このプロセスの最初の段階は第二次世界大戦に勝利することで達成され、次いで、現実的な必要性と可能性にもとづいて、プラグマティックで経験的なプロセスを通して他のヨーロッパ諸国へと広げられるのである。(11) いまや彼の「ヨーロッパ」は、よりグローバルな観点の中に位置づけられ、「ヒトラリズム」と闘っている地域、および、カーが考えるに十九世紀以来、地域全体を苦しめてきた古い社会経済体制と闘っている諸地域を包括するものとなった。

当時、ナチ・ドイツも、自らの政策を、ヨーロッパの古い自由主義体制を打ち壊すものだと主張していた。カーは、自らの「新しいヨーロッパ」がヒトラーのそれとどのように異なるかを示すために、ナチによるヨーロッパ大陸支配の未来像を激しく攻撃した。カーの見解では、ナチの構想はベルリンから専制的にヨーロッパを植民地のように支配し、ヨーロッパ大陸を世界の他地域から孤立させようという計画なのであった[12]。彼は次のように論じた。

ヨーロッパに新たな秩序が生まれなければならず、そうなるであろう。しかしこれは、ヨーロッパ人の大多数やヨーロッパ外の世界全体の意思を無視して、一人物あるいは一国家の傲慢な野心によって達成されるものではない。……新しいヨーロッパは征服によってではなく、協調によってのみ実現可能であり、ヨーロッパを非ヨーロッパ世界から分断するのではなく、ヨーロッパ世界と統一するものでなければならない[13]。

他方でカーの「新しいヨーロッパ」が直面した問題は、「自由放任主義のアナキーな傾向」を排除して、どのように「人々の多様性」と「中央集権的な管理」とのバランスをとるかであった[14]。戦争の初期段階において、彼の「新しいヨーロッパ」は反ヒトラー・プロジェクトとして生まれたが、それは、多国家からなる単位に構成され、十九世紀の自由主義的秩序とは異なった政治・経済構造に組織されるものであった。

一九四一年六月にソ連が戦争に参戦した後、カーは、アメリカがますます積極的役割を果たし、またソ連が戦争に直接参加することによって、「新しいヨーロッパ」が「統一ヨーロッパ」へと変化しうるだろうと論じた。その「統一ヨーロッパ」では「ヨーロッパ人」が共通の統治機構を形成し、それによって救済の機能を促進し、ヨーロッパ産業と経済生活の歯車を再稼働させるのであった[15]。一九四二年に上梓した『平和の条件』においてカーは、ヨーロッパを「ヒトラリズム」と旧秩序に対する戦いに参加した一つの統一された地域とみなすことができると考えるようになった。敗北したドイツとその同盟国は「新しいヨーロッパ」に含まれるべきであった。

なぜなら、「ヨーロッパは、ドイツの生産力なしには現在の生活水準を上昇させることはおろか、維持することさえできない」からであった。[16] 地理、民族、政治的権威、あるいは共有する伝統や原則の領域における多様性をも超えて、いまや「新しいヨーロッパ」は、ヨーロッパの人々が共通の目的のために闘う一つの地域として認識されるべきなのであった。[17]

二.「新しいヨーロッパ」の構造

技術的にいうならば、カーの「新しいヨーロッパ」は、「何か新しい、理論的により完璧なシステムを作り上げようとするのではなく、(むしろ)連合国間組織の既存の枠組みを維持し、かつ、それを他の国々に漸次拡大する」ことを通して、機能的な統合を目指すものであった。[18] カーが期待したのは、戦時の軍事的協力を発展させ、既存の経済的な協力・管理システムの改善につなげ、それを救済、再建、および生産、貿易、金融をはじめとする戦後処理の計画に当たる機関とすることであった。

カーは、ヨーロッパ復興公共事業公社(European Reconstruction and Public Works Corporation)、ヨーロッパ救済委員会(European Relief Commission)、ヨーロッパ運輸公社(European Transport Corporation)、ヨーロッパ計画機構(European Planning Authority)の設立を提唱した。それらはすべて、第一義的には、終戦直後の必要に応えるために計画されるが、いずれは、諸政府や諸国家ではなく、もっぱら「新しいヨーロッパ」の人々を代表する持続的な一つのヨーロッパ体制へと発展することが期待されていた。[19]「ヨーロッパの統一」と題された一九四一年十二月のカーの論説は、ヨーロッパの機能的統一や、それが政治的統一へと波及する効果の展望を語った。彼は次のように論じた。すなわち、「ヨーロッパは、これを全体として取り扱わなければ、軍事的安全保障や経済秩序のいかなる計画もうまくいかないという意味において、一つの単位である。……ヨーロッパの機能的統一は、そこから政治的統一が育っていかねばならない土壌を提供するのである」[20]。

カーがもともと心に描いていた「新しいヨーロッパ」のモデルは、ブリティッシュ・コモンウェルスと英語圏諸国であった。彼の考えでは、それは、「すべての人々への平等なケアと機会、人々の間の自由な協力」、そして「自ら声を上げることができない人々のための信託統治」の原則という理想を実現する存在であった[21]。カーは、その仕組みに関して、アメリカ大陸の二十一の共和国の連帯を意味した「パン・アメリカ主義」を引き合いに出した。それは、生産の共同計画へ向かう最初の一歩として共同の市場管理を進める経済協力の明るい事例なのであった[22]。端的にいうと、初期の「新しいヨーロッパ」は、（実質的にはイギリス政府によって維持されていた）コモンウェルスの「自由な」結合と、（もっぱらアメリカ合衆国によって導かれていた）パン・アメリカ経済協力システムがモデルだったのである。

しかしながら、この議論については、カーはナイーブだとみなされざるをえなかった。彼は、現実の機能を調査することなく、諸組織の自己評価にもとづいてそれらを取り上げたが、実際にはその高い理想を実現できていないことがしばしばあった。彼は、まもなく自分の議論を修正し、ヨーロッパの統一は「長い伝統と発展の中で英語圏ではなじみとなっている既成の制度の型をヨーロッパに押しつける」やり方で進めるべきではないと主張した[23]。そして、「新しいヨーロッパ」の国々は、英語圏における既存の国際体制をモデルにするのではなく、新しい独自の秩序を構築すべきであると説いたのである。戦争が世界全体に拡大してしまうと、カーは、「新しいヨーロッパ」の、現代風にいえば「第三の道」とでも呼べるガヴァナンスの形態を構想した。ヨーロッパ大陸は、その組織のもとで等しくイギリス、アメリカ、ソ連から政治的・経済的支援を引き出すという仕組みであった。

カーは、アメリカとソ連との戦時協力は軍事的領域に限定されるべきではなく、ヨーロッパの解放と、戦勝後の秩序再建にまで拡大されるべきであると論じた[24]。彼は、いくぶん楽観的ではあったが、共通の目標達成のために働くなかで、英語圏とロシアとの間の社会構造や政治体制の相違は調和に至ると信じていた[25]。したがって、一九四三年五月にモスクワで表明されたコミンテルン解体という歴史的決定は、カーを喜ばせた。彼は、それを「ソ連、イギリスおよびアメリカの目的が次第に一致しつつある象徴」とみた[26]。この観点から、カーは、「新しいヨーロッパ」の独自再建に必要な国際的基盤として、「三大国協調」の構想を提唱した。彼は、アメリカ、イギリス、ソ連の三大国は、ヨーロッパの軍事的安全保障、復興、交通、そしてその他の重要な社会サービスに大きな貢献ができると論じた。なぜなら、それは三大国自身の安全や福祉を保証するプロセスでもあり、三大国はそれにかかわらざるをえなかったからであった。カーによれば、この三大国関係は、世界の将来の秩序形成に対する他の国々の参加や意見を排除するものではなかった。しかし、彼の「新しいヨーロッパ」の組織化は、ヨーロッパの人々の自律的な共同体という概念、あるいはそれを目指す運動を基盤にするというよりは、三大国の力と物質的支援に明らかに依存する構想であった[27]。

カーにとって、新しい政治秩序は、その物質的環境が保証された場合にのみ成立するのであった。すなわち、ヨーロッパの物質的再建の後に、人々や国々の間の新たな協力に政治的な形を与える試みがなされるべきであった。カーによれば、このプロセスは、戦争終結直後の救済をまず手始めに、次いで産業や農業の回復、そして最後にヨーロッパと残りの世界との間の経済関係の構築へと進むものでなければならなかった[28]。

そこで、カーの「新しいヨーロッパ」は何を理論上の敵としていたのだろうか。第二次世界大戦期にはヒトラーの「新秩序」がそれであった。「新しいヨーロッパ」はヒトラーの試みにとって代わることを目指していた。「新しいヨーロッパ」は、ヒトラーが行ったような特定の人種的あるいは民族的な支配を基盤としてはならず、また、「持てる者」に最大限の国力と資源と独占的な利益を保障することを目指すものであってもならず、諸国民間の平等な協力の原則にもとづいて機能するものでなければならなかった[29]。長期的には、「新しいヨーロッパ」は、十九世紀末以降ヨーロッパを苦しめてきた攻撃的ナショナリズムに挑戦する構想であった。ナショナリズムに対するこの否定的な見方は、戦間期および戦中を通じて、カーの「新しいヨーロッパ」へのアプローチに一貫していた。一九三六年から三八年にかけてカーが議長を務めたチャタム・ハウスのナショナリズム研究グループにおける彼のコメントは、彼がナショナリズムを退行的な政治イデオロギーであるとみなしていたことを示している。ナショナリズムは、本来的に攻撃的で、潜在的に敵対的であり、「さまざまな目的に使われる、たとえば電気のような装置にすぎず、異なる時代のさまざまな事柄によって発動される」イデオロギーなのであった[30]。これは、カーの道具主義的思考様式を示しているが、彼は、国家にとってよいものは当然に国際的によいものと一致する、という前提を疑っており、「国際的な観点からすれば、いくつかの国家は消滅する必要があるのは間違いない」と言い切っていた[31]。

カーはこの「国際的な観点」に固執した。ヨーロッパにおけるナショナリズムの制御に関する彼のアプローチは、小さな国民国家の力不足や民族自決原則の衰退について彼が強調していた論点と結びついていた。カーによれば、現代における自決の原則では「ネーション」はすべてが国家を形成する権利を持つことが前提とされているが、これがナショナリズムを破壊的なまでに成長させ、既存の国際主義の崩壊をもたらしてきたのであった。カーはこれを、利益は自然に調和するというアダム・スミスの観念にもとづいた十九世紀の自由放任主義の政治的援用に起因するとした。それは、諸国家間の利益の自然な調和とまで解釈されるようになってしまったのである。カーは、この自由放任主義は戦後ヨーロッパでは否定されるべきだと論じた。彼は、このような時代遅れの原則に支えられたナショナリズムに代えて、次のような諸条件が「新しいヨーロッパ」には不可欠であると提案した。すなわち、①軍事的・経済的な諸目的のためには、当時の国家よりも大きな単位の必要性を承認し、他の諸目的（たとえば社会保障など）のためには準国家レベルへの権限委譲を承認すること、②民族自決の権利は機能的な統合を進めるために必要な程度に制限されるべきであると承認すること、である[32]。

ナショナリズムに対して批判的なカーのナショナリズム分析は、異なった読者層や聴衆を満足させるために、「新しいヨーロッパ」を擁護する二つの議論の方向へ進んだ。一つは、政策決定者や国際関係の専門家に向けられた、政治的論評やチャタム・ハウスでの講演や会合記録などにみられる議論であり、国際秩序の安定に対する主要な脅威として、攻撃的なナショナリズムを否定すべきであるという趣旨であった。また、大国によって導かれるより大きな軍事的・経済的単位へと向かう現在の国際的な傾向を前にして、小さな独立したナショナルな単位に固執することは現実的ではないと強調された[33]。現在、非ヨーロッパ地域では、国家を超える大きな単位が形成されつつあり、それが世界におけるヨーロッパの地位を凌ぐことになるかもしれない、とカーは警告した。

いま一つの議論は、進歩的で教育のある非専門家を含むより幅広い庶民層を意識したもので、ヨーロッパ諸国がマルチ・ナショナルな政治的・経済的共同体に統合された場合、ナショナリズムは時代遅れな思想となるだろうという主張であった[34]。カーは、独立や自治に対する人々の願望は「新しいヨーロッパ」の中で全面的に満たされることになると考えていた。なぜなら、「新しいヨーロッパ」における相互依存の深化に伴い、人々の生活水準は向上し、平等が保証されるからであった[35]。

国際関係論を学ぶ者にとって興味深いのは、次の点である。カーの二つの議論のうち、前者は、アナキーな国際システムの中での小国の凋落と大国の必要性を強調する「現実主義者としてのカー」という典型的な像に当てはまり、他方、後者は、マルチ・ナショナルな相互依存を通じて国際協調に至る機能的な道を模索する「理想主義者あるいはラディカルとしてのカー」の見解を表現している。留意すべきは、カーのこれら二つの側面は、国益の自然な調和という十九世紀的な前提に対する彼の根本的な懐疑から生まれているという点である。カーは、この前提は次のような考えが基盤となっていると主張した。すなわち、諸国家からなる共同体全体の利益は、個々の構成国の利益と調和し合い、補い合い、また、個々の国家は、それぞれ自らのナショナリズムを発展させることによって、利益の国際的な調和に独自の特別な貢献をすることができる、という考えである。しかしながら、カーの見解では、そのような十九世紀的な教義を、経済的、政治的、社会的条件が全体として変化してしまった二十世紀のヨーロッパに適用するのはもはや不可能なのであった。なぜなら、世紀の変わり目において、ヨーロッパ列強が、自国の工業および農業の生産増進のために植民地における利益の確保をめぐって争奪を展開していたときに、「明らかな調和から、紛れもない利益の衝突へ」という著しい「変化」が生じたからである(36)。ここにおいて、ナショナリズムが、国際的な利益の調和に貢献するためではなく、闘争を正当化するために発動されたのである。したがって、カーは、このような衝突を回避するために、国際社会は大国とマルチ・ナショナルな協力の両方を必要とする、と論じたのである。

ナショナリズムを国際秩序にとっての脅威だとするカーのプラグマティックな態度と、ナショナリズムを後退的なイデオロギーだとする彼のラディカルな議論は、どちらも、民族自決の制御を主要な任務とする「新しいヨーロッパ」の構築という彼の考えの中に取り込まれた。このような考えにもとづいて「新しいヨーロッパ」は、国益の調和ではなく、将来における国益の衝突の回避を願うヨーロッパの人々の利益の国際的な調和を生み出すための、実際的な代替案を提示するものなのである。

ところで、カーにそのような考えを提唱させ発展させることを促した政治的、経済的、社会的文脈とはどのようなものであったのか。彼の「新しいヨーロッパ」は、どのような政治的または知的環境において支持を集めえたのだろうか。次節では、カーの「新しいヨーロッパ」構想と、ヨーロッパの戦後再建に関する同時代的な理論と実践との相互関係を検討する。

第二節　「新しいヨーロッパ」をめぐる文脈

一・国際環境

「新しいヨーロッパ」は、戦間期に支配的であった問題――すなわち、それまでヨーロッパの優位によって支えられてきた世界の構造的変化をいかに実現するかという問題――に答えようとして生まれたということができる。カーの言葉でいえば、鍵となるのは「世界の重みの中心の他の諸国への移行」の問題であり、それは、オスヴァルト・シュペングラーのベストセラー『西洋の没落』が出版された後には、西欧文明の衰退という言葉にしばしば置き換えられた問題であった。[37]『サンデー・タイムズ』紙において、カーは以下のように論じた。

紀元前五世紀の始まりから紀元後十九世紀の終わりまで、ヨーロッパは世界文明の発祥地であり中心であると認識されてきた。二十世紀に入ると、ヨーロッパの優位はすでに科学と発明の分野で競争にさらされており、すぐに他の分野においても挑戦を受けるかもしれない状況にある。もし、諸大陸間関係という観点で考えるとするなら、「ヨーロッパ大陸の危機」としてよいかもしれない。[38]

第一次世界大戦は、いくつかの点でヨーロッパの世界的優位に幕を下ろした。戦争がもたらしたバランス・シートはただちに明らかとなった。植民地の人々の間で独立運動が高まっていた。ヨーロッパの経済的資源は枯渇しつつあった。十九世紀の西欧による支配に具現化されていた利益、ルール、価値の共通理解と、それにもとづいて国際関係を制度化する土台と考えられてきたヨーロッパの国家体系は、ヴェルサイユ講和に対する反乱と軍事侵略の増大によって突き崩されつつあった。さらに、一九二〇年代と三〇年代における反帝国主義の合唱の高まりは、搾取の道具としてのヨーロッパ諸国家の在り方を攻撃対象とした[39]。たとえば、レナード・ウルフは、ヨーロッパの経済的帝国主義政策が、ヨーロッパの人々の経済的利益のために国家の力と組織を利用していると批判した[40]。

しかし、カーは反帝国主義に大きな関心を示さなかった。「漂流するイングランド」と題した論説では、彼は愛国的ですらあった。カーは、イングランドの人々も、他の列強と同様に、偉大なヨーロッパ諸国の中でその地位を維持するという特別で重要な「使命」を「果たす可能性を信じる」べきであると論じた[41]。カーによれば、諸大国においてこれらの使命は、たいていの場合、強力に中央集権化された統治構造とイデオロギーを伴った新しい政治秩序の構築によって実現されている。すなわち、イタリアのファシズムやロシアのボリシェヴィキ、あるいはドイツの国家社会主義などがその事例であった。もちろん彼は、これらを同じ範疇で括ったわけではなく、疑問も抱かずにすべてを受け入れていたわけでもなかった。しかし、カーは、これらの新しい政治形態が、その国民に「守るに足る信条、力を尽くすに足る理由、遂行するに足る使命」を与えたことを認めた[42]。カーの考えでは、このような国々が見せかけのうえで与えようと意図したものは、何か新しく魅力的なものであるが、その新しさや魅力は、現状の維持や過去への政治的ノスタルジアが支配的な多くの西欧諸国には提供できないものなのであった[43]。こうして、彼は、戦間期ヨーロッパの政治状況に関して、批判的ではあるが条件つきで楽観的な見解をとり、それを「新しいヨーロッパ」の提唱へと発展させたのである。

カーの「新しいヨーロッパ」構想の中には、もう一つの政治的課題が存在した。それは、ヨーロッパ問題にイギリスが積極的に関与するよう後押しすることであった。ヨーロッパ大陸の出来事にもっと密接にかかわる方向で圧力が高まっていたにもかかわらず、イギリスは、ヨーロッパ大陸諸国間の調停者の姿勢をとり、ヨーロッパにおける勢力均衡を外側から支援することを好んでいた。カーは、第二次世界大戦の災厄の後に、次のような考え方が支配的になってしまうことを恐れていた。すなわち、「イギリスは、ヨーロッパ大陸の問題への積極的関与からは身を引き、英帝国とコモンウェルスとアメリカ合衆国との協力関係を基盤とした限定的な世界秩序を構築することを求め、それによって世界大国としての地位を維持しようとする」という考え方である。[44]カーは、「光栄ある孤立」とか「勢力均衡」といった伝統的な外交政策は、いまや非現実的になったと理解していた。なぜなら、その伝統的外交政策の不可欠の条件、すなわち十九世紀のイギリスの優位によって維持されていた軍事力の均衡は、もはや達成不可能だからであった。[45]彼は、地上で唯一の最強国家から、いくつかの支配的な大国の単なる一つになってしまったイギリスの地位の革命的な変化を論じながら、イギリスの外交政策は、ヨーロッパとの緊密な関係を発展させ、その経済的再建に焦点を定めるべきである、と精力的に主張した。[46]また、イギリスは自治領や植民地との緊密な貿易関係のみに集中しなければならないという戦間期の考えに反論しつつ、カーは、経済面に関していうなら「新しいヨーロッパ」における戦後再建がイギリスの貿易の発展のより大きな機会をもたらすだろうと説明した。[47]

カーは、さらに軍事的観点から、国際政治において必要かつ有効な単位の規模がますます大きくなりつつある折から、イギリスはヨーロッパ大陸から距離を置いたり、英語諸国民の共同体の中に避難したりすることは、もはやできないと考えた。なぜなら、「かつてイギリスが勢力均衡政策によって自国の安全を保障することができたのは、三ないし四の主要な強国がほぼ対等の競争者として争っていたからであったが、今日のヨーロッパには、もはやそのような余地はない」のである。[48]したがって、「新しいヨーロッパ」の建設は、経済、軍事の両面において「光栄ある孤立」に典型的にみられる伝統的な外交政策の否定を必要としているのであった。カーは、イギリスの存続と安全は、イギリスがヨーロッパの戦後再組織の中で指導的な役割を果たす場合にのみ保障されると考えていた。

ヨーロッパの戦後再建に参加することによって世界大国としてのイギリスの地位を維持するというこの考えは、一九三九年のヨーロッパの大戦勃発時には、もちろん、かなり奇異な構想であった。実際には、戦時の同盟にもとづいてヨーロッパ大陸におけるイギリスの影響力を高めようという試みはいくつか存在した。ナチ・ドイツの脅威に直面したイギリス政府は、英・仏連合を提案したし、一九四〇年六月にフランスがドイツの手に落ちると、チャーチル首相は、五大国（イギリス、フランス、イタリア、スペイン、プロイセン）からなる戦後ヨーロッパとか、ヨーロッパ審議会（Council of Europe）の枠組で活動する四つの国家連合といった構想を語るようになった。しかしながら、チャーチルがこれを提唱したのは一九四〇年末以降であり、その時ですら、彼は、内々にはアメリカ合衆国およびイギリス連邦との緊密なつながりを維持することを望んでいたのである。(49) ヨーロッパの協力に関する高揚が復活したのはようやく一九四一年より後であったという事実に照らしてみると、カーの「新しいヨーロッパ」の特徴は、かなり早い段階でイギリス外交政策のヨーロッパへの移行、すなわち、ほぼ完全な孤立から、戦後再建への積極的関与という外交政策への転換を中心にした将来見通しを取り入れたところに認められるのである。

二・国内環境

イギリス国内の文脈において、カーの「新しいヨーロッパ」建設の提唱は、戦時中のプロパガンダの一部として、すなわち国民を鼓舞してヒトラーの「新秩序」に打ち勝つという政治的意図を伴って進められたプロパガンダとみることができた。フランスの敗北時から一九四一年四月のヒトラーによるユーゴスラヴィアとギリシャの攻撃に至るまで、イギリスとその帝国諸領はドイツに対して他国からの支援もなく立ち向かっており、イギリス政府はこの国民的戦いへの幅広い世論の支持を求めていた。この時期に、ヒトラーの「新秩序」喧伝は深刻な脅威として受け止められていた。イギリス政府はこれに対して即座に対抗できず、国民は、戦場においてドイツを打ち負かすことによってのみそれに抵抗できると考えていた。[50] このような状況のもとで、カーの「新しいヨーロッパ」は、「新秩序」に代わる理念としてそれに挑戦し、大衆の士気を鼓舞し、戦後問題の認識を喚起したのである。

一九三九年九月から一九四〇年五月までの間、カーは情報省で働いていたが、そこには、イギリス国民の士気が明らかに低く、国民は何のために戦っているかを理解していないという秘密裡の報告が集まっていた。[51] カーは、この状況は主としてイギリス政府がまだ戦争目的について語っていないからであると考えた。したがって、カーが情報省を辞めた後、初めて『タイムズ』紙に書いた論説が、戦後計画の必要性と、ヨーロッパの新秩序構築へ向かう戦後処理についてであったことは驚くに当たらない。[52] 彼は「戦後処理の条件について意見がいえる立場に身を置き」、[53] 戦後の再建について世論を喚起しようという特別な意図を持って、職場を『タイムズ』紙に移したのであった。このように、カーの「新しいヨーロッパ」構想は、世論を喚起することによって政府から公式の戦争目的と戦後政策を引き出すことを意図した戦時プロパガンダの役割を担ったのである。

カーの論説は、情報省によって注意深く読まれていた。同省は、ヒトラーはヨーロッパの新秩序構築のために戦っているというナチのプロパガンダを、『タイムズ』紙がますます執拗に報じていることに懸念を抱いていた。同省の検閲部門で働いていたコニー・ジリアカスは、カーの論説を検討し、次のようないらだちを示していた。

『タイムズ』紙は、［一九四〇年］七月十八日の論説の中で、この種のプロパガンダに単に否定的に応えるだけでは不十分であるとの意見を述べている。われわれは、ナチの専制にもとづくヒトラーの虚偽の新秩序に反対しなければならない。ヨーロッパの自由な諸国民の経済的連携と政治的連合にもとづく真に新しい秩序を構築するわれわれ自身の決意を、示さなければならない……。

このような状況で、われわれは一度だけでも主導権を握れないのだろうか。首相を説得して二、三日のうちに声明を発し、ヒトラーの機先を制し、形勢を逆転することができないのだろうか……。(54)

したがって、イギリス国内の文脈においては、カーの「新しいヨーロッパ」に関する論説は、とりわけ戦争目的と戦後計画についての公式見解を聞きたくてたまらない人々にアピールした。カーが示したように、戦争目的と戦後計画は互いに密接につながったものであった。カーの論説は、政府に対する政策提言として機能しただけではなく、イギリス政府は戦争目的を明確にすることについて極度に及び腰だと説得力を持って論じられていた時期に、世論を鼓舞するメッセージとしても機能したのであった。

三．国際関係の思想

カーの「新しいヨーロッパ」論は、戦間期および第二次世界大戦中の国際関係思想の文脈にも位置づけることができる。近年の研究によって、当時の国際関係に関する著述は、必ずしもカーやその批判者たちが前提としていた現実主義者と理想主義者という二項対立の枠組に収まりきれない多様性を持っていたことが明らかになっている。(55)ここでその多様な広がりを全面的に示すことは困難であるが、その主要な関心は、世界戦争の再発防止にあったということに言及しておくべきであろう。戦争を根絶したいというその願いは、国際連盟の創設にその一端が具現化され、その機能は様々な角度から検討されてきた。一方には、国際機構の将来に関して規範的、制度的、法的なアプローチをとる国際法や国際関係の専門家たちがいた。彼らは国際連盟を、平和と安全保障を提供する装置であるとみていた。他方には、そのような考えは階級志向で本質的に表層的であると批判する知識人や急進派が存在した。彼らは、平和の基礎として国内の社会経済状況の改善を強調した。これら二つのアプローチは、どちらも完全に理想主義的とも、完全に現実主義的ともいうことができないのである。

これらのアプローチの双方が、カーの「新しいヨーロッパ」構想の中に位置を占めていたことに留意すべきであろう。カーは、必要とされる国際機構の形態や規模の問題についていては、少なくとも部分的には、法的・制度的アプローチにならって、機能主義的アプローチをとった。彼は、形態や規模は、ヨーロッパにおける戦後の地域的な経済的・軍事的協力という、考慮中の目的にもとづいて決められるべきであると考えていた。[56] これは、よく知られているデイヴィッド・ミトラニーの国際協力に関する機能主義的アプローチに近い考え方であった。ミトラニーは、「もしわれわれが、世界を分割している要素によって世界を組織しようとするなら、平和は維持されないだろう」という考えにもとづいて、うまく機能する平和システムを追求したのであった。[57] ミトラニーが期待したのは、重層的な国際法の取り決めによって組織される平和のシステムであった。

しかしながら、平和のプロセスに関して、カーはミトラニーとは異なった議論をした。ミトラニーは、まず最初に国際平和を通じて、社会改革が追求されなければならないと強調した。しかしカーは、平和の第一条件として、国内における新しい社会的・経済的秩序が構築されるべきであると強調した。[58] カーが利益の自然な調和という教義の適用を「持てる者」のイデオロギーであるとして拒否した事実を踏まえると、カーのアプローチは、一般に急進派として分類されるもう一つの学派のアプローチとも大きな共通点があった。カーと同じように、急進派は、社会改革を平和のための前提条件であるとみなし、国際問題における経済要因と政治要因との間の相互作用の重要性を強調し、さらに、国際連盟や国際社会の現状は特権的な人々のみに役に立っていると批判した[59]。カーは、急進派とともに、戦後ヨーロッパにおいて国家や国際組織の構造改革のための法的あるいは制度的合意への傾斜を拒否する立場であった。

また、「新しいヨーロッパ」は、「主権の放棄」に関する専門的な国際関係研究、あるいは第一次世界大戦後に始まった国家主権に対する攻撃という文脈の中で読むこともできるかもしれない[60]。第一次世界大戦は明らかに国民国家に物理的損害を与えた。戦間期に多数の国民国家・主権国家が崩壊したことは、多くの論者に、国家主権にもとづく国家体系の再考と、それに代わる国際的な統治下に置かれる連邦主義の提唱を促した。戦間期における国際関係研究のもう一人の先駆者であるフレデリック・シューマンは、国民国家の身勝手なナショナリズムや帝国主義あるいは軍国主義は、国際システムの破局につながるであろうと主張し、将来における世界の政治的統一の必要性を強調した[61]。

第二次世界大戦が勃発したとき、国際法学者ゲオルク・シュワルツェンベルガーは、キリスト教国の間に広まっている民主主義と社会的公正という価値を共有する国際共同体は、必要最小限の超国家的政府を持つ連邦として組織化されるべきであると断言した[62]。高名な国際法学者であったウォルフガング・フリードマンも、主権を伴った国民国家の代替案を求める広い願望をうまく表現していた連邦への新たな熱狂を、好意的に受け入れた。彼の著書『民族国家の危機』（一九四三年）には十七カ所もカーに賛同する引用があるが、そのなかでフリードマンは、異なったナショナルな諸集団が、個々のナショナルな個性を失うことなく、より大きな単位へと作り直されることを期待していた。ただし、そのナショナルな個性は、あくまで法的および制度的表現にのみ留めておく必要があるとされた[63]。

このように、カーの「国際主義的見通し」は、国民国家の正当性に対する戦間期の思想的挑戦に刺激され、国家主権という考えを相対化しようという同じ立場をとる人々に支持された。一見するところ、カーは、国民国家や主権国家の体系が完全に消えてしまうと考えてはいなかったと思えるが、第二次世界大戦の前夜に、彼は「将来、主権概念は現在よりもいっそう曖昧で不明瞭になりそうである」と予言していた。[64] このような見通しが、第二次世界大戦のきわめて早い段階で彼が「新しいヨーロッパ」を提唱する、重要な起動力となっていたのである。

いま一つ重要なことに、ほとんど同時期に、チャタム・ハウスの国際関係の理論および実践に関する主だった研究者たちが、ナショナリズムについての研究グループを立ち上げた。彼らは、「最近におけるナショナリズムの発展は、文明のまさに将来を脅かしているようにみえる」という共通理解を有していた。[65] カーがこの研究グループの議長であったが、グループは歴史家や社会学者を含む多様な専門家で構成され、ナショナリズムの破壊的性質に対する嫌悪感だけを共有していた。ナショナリズムの歴史と発展に関するグループの活発な議論に刺激されて、カーは『ナショナリズムの発展』（一九四五年）という書物を出版した。そこでは、ヨーロッパにおいてナショナリズムはすでに極点に達し、いまや凋落しつつあるという見解が示された。[66]

しかしながら、カーが戦後のヨーロッパ諸国間の相互依存について書いたときに、彼は国家主権という考え方をすべて否定したわけではなかったことに留意すべきである。むしろ彼は、「われわれが放棄を求められているのは、主権と呼ばれる神話的な属性ではなく、他国にとっての必要性や利益を考えずに軍事的・経済的政策を形成する習慣である」と主張した。[67] カーは、もはや主権は無条件あるいは無制限とされるべきではないと主張しつつ、問題なのは、国際機構の形態や様式あるいは制度的枠組ではなく、その実際的な機能性であると論じた。したがって、カーの「新しいヨーロッパ」は、連邦的あるいは超国家的な理想主義と結びつけられた制度的、法的な装置によって形作られるべきではなく、共通の敵に対する防衛、地理的近接性、補完的な軍事的・経済的利益、そして社会的・政治的結合など、基本的な共通利益の組み合わせを通して形作られるべきものなのであった。国民国家や主権国家が相争う政治的無秩序に代わる状態を求める熱狂の影響は大きかったが、それは、カーの「新しいヨーロッパ」構想の源泉であったのではなく、むしろその構想を支持する背景になっていたのである。

第三節　「新しいヨーロッパ」の影響

一．イギリスにおける反応

戦後世界の形成に人々の関心を引きつけようというカーの試みは、読者からおおむね好ましい反応を引き出したという意味で、成功であった。彼が『タイムズ』紙上に書いた論説の一つは、「新しいヨーロッパ」の喫緊の課題として、戦争と失業の二つをなくすることを論じたが、それは読者から編集部への多数の手紙をもたらした。それらのほとんどは、ヒトラーの「新秩序」に代わるものを求めるカーの論説を賞賛した(68)。その論説はその年の十大論説の一つとして再掲載され、『タイムズ紙史』の中では戦時中のもっともセンセーショナルな論説であったと評された(69)。国内の社会的・経済的計画化にもとづく「新しいヨーロッパ」構築の国内的側面は、ついに、何らかの類の大きな社会福祉システムの変革を求めるイギリス国民の高まる要望と共鳴し合った。

社会福祉システムの改革という構想（およびそれに対するカーの支持）は、一九四二年秋に生じ、「ベヴァレッジ報告」に対する驚くべき反応の引き金となった世論の大きな盛り上がり――これは、しばしば「左傾化」と解釈された――にも貢献したといえるかもしれない。ベヴァレッジ報告は「ゆりかごから墓場まで」の包括的な社会保障プログラムを提示したものとしてよく知られている(70)。一九四二年の時点でベヴァレッジの意見に納得したイギリスの政策決定者はほとんどいなかったが、彼は、イギリス政府が戦後も完全雇用を維持すべきであると考え、戦時計画という手法を平時における失業一掃に生かすことを期待していた。(71) ベヴァレッジの考えは、カーの「新しいヨーロッパ」の国内面に関する言説と重なる。とりわけ、失業を社会的悪であると定義し、その治療の方法として社会的・経済的計画化を勧める点でそうであった。こうして、後の「ベヴァレッジ報告」とともに、カーの「新しいヨーロッパ」の提案のいくつかの主な構成要素は、福祉国家への移行過程にあった社会に広く力強くアピールするようになった。

国内の社会改革に対するカーの「ラディカルな」アプローチは世論の支持を得たが、彼が「現実主義的」で「権力政治的」なアプローチをとった戦後の国際秩序に関しては、大きな論争が生じた。彼のソ連に対する「好意的な」路線と、「新しいヨーロッパ」におけるソ連の役割の強調は、イギリス外務省の特別な不興を買った。一九四一年八月一日付けの『タイムズ』紙の論説の中で、カーは次のように論じた。

東欧の大国の役割について、客観的に、かつイデオロギー的先入観から距離を置いて評価することが重要でない、などということはほとんどありえない。……東欧におけるロシアの影響力がドイツの影響力によって遮られるべきではないという点で、イギリス、ロシア、そしておそらくアメリカも付け加えられるかもしれないが、これら三国の利益は似通っていることは疑う余地がない。ロシアは、アメリカと同様に、将来行われるロンドンでの連合国代表の協議から外れるつもりはないと推定される……。(72)

戦後の東欧におけるロシアの影響力と指導性を認めるというこの論説は、イギリス外務省の重大な懸念を引き起こし、カーは「ポーランド人の間に多くの混乱を招き」、「考えの足りない論説で嵐を巻き起こした」と批判された[73]。このことはまさに、『タイムズ』紙のカーの論説がいかに大きな影響力を持つと考えられていたかを示している。

小規模な独立した国民国家の存在は国際機構が機能するうえでの障害であり、そのような国家は大国の管轄下に置かれるべきであるというカーの考えは、「ヨーロッパのバルカン化」を懸念する同時代の評論家たちによって実際には共有されていた[74]。しかしながら、イギリス外務省は、公式的には、そのような考えはイギリス政府のものではないと説明する必要があった。外務省は、イギリス政府は「一大国が東欧における統率的な役割を担うことなど一度も考えたことはない」と述べた[75]。その結果、いまやカーは、「親ソ派」で対ソ「宥和」政策の提唱者であるという攻撃にさらされた。彼が、イギリスは中欧ならびに南東欧におけるあらゆる権益から手を引き、「ヨーロッパのこの地域すべてはロシアの排他的勢力圏に陥ることを認める」べきだと提案していると、外務省は考えた。それに対して「イギリス政府は、『タイムズ』紙においてカー教授が提唱している政策にまったく反対」なのであった[76]。

カーがヨーロッパ問題におけるソ連の積極的な関与を一貫して提案し続けたのは、もっぱら現実的な理由からであった。カーは、「一九一九年の過ち」すなわち、講和の処理からのソ連の排除が、中・東欧における力の空白を生み、多くの地域紛争をもたらした、と認識していた。それゆえに、彼は、「新しいヨーロッパ」の将来的安定にはソ連の関与が不可欠であり、戦後の東欧におけるソ連のフリーハンドをある程度認める必要があるという見解に至ったのである。彼は、現実主義的で権力政治的な見方から、もし東欧におけるソ連の支配的地位にイギリスが強く反対したならば、独ソ同盟の復活の可能性もあると懸念した。前章で論じたように、カーはイギリス外務省に送った覚書の中で、「新しいヨーロッパ」における大国間協調の必要性を重ねて進言した[77]。しかし外務省は、彼の提案を採用しなかった。イギリス政府は、カーが現実的であると考えていた提案が、もはやその当時の現実を反映しているとは考えず、過去に失敗した宥和政策の非現実的な焼き直しであるとみなしたのである。こうして、「新しいヨーロッパ」を提唱した結果として、カーは、ついには自らをイギリス政府内の政策決定過程から遠ざけてしまったのである。

二・グローバルな影響

他方で、戦時中のグローバルな文脈において、カーの「新しいヨーロッパ」論はおおむね好意的に受け止められた。たとえば、彼の『危機の二十年』は、戦時中のスウェーデンにおける議論の中でかなり参照された。スウェーデンの知識人の間では、以前よりももっと拘束力のある国際機構を求める傾向があったので、カーの著作は、よりよい国際秩序の基盤を生み出すための実際的な政策の手引きとして歓迎された[78]。著名な社会民主党員のアルヴァ・ミュルダールは、戦後計画を立案する任務を担う党の委員に任命されていたのだが、彼女によって書かれたある論説の中で、カーの「新しいヨーロッパ」構想は好意的に取り上げられた。彼女は、国家主権を制限する方向に沿った戦後計画に関するカーの著作を、「大国と小国との間の勢力均衡」に関する「非常に興味深い議論が進められている」とみなした[79]。デンマークでは、チャーチルのヨーロッパ合衆国構想がマスコミの反響を得ていたが、ある論説は、それをカーのヨーロッパ統合論を下敷きにしたものとみなしていた[80]。その論説の執筆者は、カーと同様に、次のように期待していた。すなわち「ヨーロッパ合衆国は、国連の下で地域的グループを形成すべきであり、アメリカおよびソ連とのもっとも友好的な関係と、もっとも緊密な協力を模索すべきである。……重要なのは、経済とコミュニケーションである。その構想のまず最初は、経済連合を作ることにある[81]」。北欧におけるこのような好意的反響は、新しいヨーロッパの安全保障システムと、イギリスによって主導される大きな政治的・経済的統合とに対する、北欧の人々の熱望と密接に結びついていた。[82] 興味深いことに、ヨーロッパ統合に関する初期の（すなわち一九四二年以前の）議論の中で、カーの「新しいヨーロッパ」構想は、統合問題に対する実際的で、レアルポリティーク的なアプローチであると特徴づけられていた。当時、他のヨーロッパ統合論が、いくぶん抽象的で理想的な色合いを帯びていたこととは対照的であった。[83]

ところが同時に、「新しいヨーロッパ」の「ラディカルな」側面は、日本の東アジアにおける「共栄圏」（大東亜共栄圏）という「ユートピア」の中に喜んで取り入れられた。戦時中の日本では、英語は敵性言語であるとして禁じられていたが、カーの『平和の条件』は例外的に軍部の中で注意深く読まれた洋書であった。著名な政治学者で東大教授であった矢部貞治は、日本政府の戦後計画に重要な役割を果たしたが、彼は、カーによる十九世紀型自由主義国家体系の批判と「新しいヨーロッパ」の提唱を、枢軸国が構築しようとしていた「新秩序」に共鳴するものだと解釈した。[84] 日本のある主要新聞も、十九世紀型自由主義に対するカーの批判的コメントに言及し、それらは「英・米の自由主義的民主主義の空疎」を示しており、また連合国の戦争目的は「完全に間違った政治的イデオロギー」にもとづいているという痛烈な批判を提示している、と論じた。[85]

同様に、カーによる集団的な社会的・経済的計画化の提唱は、日本やドイツの統制経済を擁護するために引き合いに出された。また、カーが「国家」と「ネーション」は一致すべきである、あるいはネーションは国家を形成すべきであるという前提に反対したことは、アジア太平洋地域の様々なネーションをまたいで建設されつつあった日本の「大東亜共栄圏」を正当化するために利用された。[86] この「大東亜共栄圏」の内部における民族自決を否定した日本の言論人たちが、ヨーロッパにおけるポスト・ナショナルで地域的な秩序を追求したカーの構想に共感したというのはありうることであった。もちろん、これら日本人の反応は、きわめて恣意的に選択されたものであり、「新しいヨーロッパ」における経済および政治システムは「ヒトラーの新秩序のそれとは正反対の原則に基づかなければならず、単一の強国による軍事的・経済的支配という教義を拒否しなければならない」というカーの主張を、意図的かつ体系的に無視したものであった[87]。

それでは、日本がアジアにおける「新秩序」建設に失敗し、戦後に政治体制の大きな移行を経験したときに、カーの著作に対する日本の言論人たちの態度はどのように変わったのだろうか。「新しいヨーロッパ」について言及する彼の著作は、かつては日本の「大東亜共栄圏」をもっとも強力に擁護する著作として高く評価されてきたが、実のところ戦後も積極的な支持を享受し続けたのである。一九四六年に『平和の条件』の日本語訳が初めて出版され、カーの民主主義解釈は西欧において新しいものであると紹介された。その翻訳者は、もし日本人が完全に新しい民主主義的秩序を構築しようとするならば、この本が重要であると主張した[88]。一九五四年に「安全保障問題の理論と実際」という副題を付されて新訳が出版されたときには、『平和の条件』は、「世界連邦論批判」であり、「国際政治のリァ《マ》リティ《マ》」に厳格に即したグローバルな安全保障への実際的な手引書であると解説された[89]。さらに、『ナショナリズムの発展』の訳者は、この本を、戦後国際社会の政治的・経済的単位の規模に関する見事な理論研究であると紹介した[90]。このような日本における反響は、戦後日本が憲法体制を変えた後においてさえ、カーの「新しいヨーロッパ」が日本の知識人の注目を惹きつけ、既存の秩序のラディカルな改革と関連づけて読まれ、また自己利益や力のプラグマティックな追求との関連でも読まれたことを示していた。

小括

本章は、カーのヨーロッパに関するイメージの変化と、新しいヨーロッパを目指す構想の形成過程とを概観することから始めた。この「新しいヨーロッパ」という概念は、カーがヨーロッパはどのように変化したのかという問題に取り組むなかから生まれた。この取り組みは、戦間期と第二次世界大戦期に国際政治の基盤的構造がダイナミックに変容しており、ヨーロッパもまた政治的・経済的・社会的に変化を遂げる必要がある、というカーの観察にもとづいていた。また、彼の「新しいヨーロッパ」という構想は、二度の世界大戦によって崩壊した十九世紀的自由主義秩序が、第二次世界大戦後には地域的なレベルで機能する新たなポスト・ナショナルな秩序によって乗り越えられるべきであるという、彼の一貫した信念に根差すものでもあった。

「新しいヨーロッパ」は、戦時の軍事的・経済的協力の発展を基盤にして、相互依存と国際協力の地域的機構として機能すべきである、とカーは考えていた。彼は、その機構は実際的な戦後のニーズに従った形で、実用主義的に他の諸国や諸地域に広げられるべきであると主張した。「新しいヨーロッパ」は、国内と国外に二つの敵を持っていた。一つは、連合国が戦っていた枢軸国であり、そしてもう一つは、カーがラディカルな改革と再建を必要としていると考えていた既存の社会・経済秩序であった。これまでみたように、「新しいヨーロッパ」を提唱する際のこの「二重の行動」は、いくつかの歴史的、政治的文脈——すなわち、ヨーロッパの衰退のようなグローバルな出来事、イギリス国民の社会福祉の要求、そして国家主権やナショナリズムの制限に関する国際関係思想の広まりなど——の中で解釈することができる。「新しいヨーロッパ」の構想は、これらの文脈から切り離されたとき、日本の戦争目的や東アジア諸国への侵略を擁護することにまで利用されたのであった。

これらの事実から、次の二つの結論が得られる。第一に、カー研究に関連して、彼の「新しいヨーロッパ」構想の知的発展は、彼の幅広い関心と多角的なアプローチが、戦後世界に関する彼の中心的問題に総合されていく過程を示しているという結論である。カーは、一方で、イギリスがその中で力を維持できる「新しいヨーロッパ」を構想する際には、機能的に統合されたヨーロッパの中で小国は衰退し、大国が協調するという、基本的に「現実主義的」で「権力政治的」なアプローチをとった。他方で彼は、これまではナショナルな境界の中で維持されてきた福祉や安全保障は、より大きな社会的・経済的単位の中で改善されると期待して、「新しいヨーロッパ」における協調的でマルチ・ナショナルな単位の形成については、「ラディカル」で穏健な「理想主義的」アプローチをとった。

このことは、カーが一貫性のない思想家であったことを必ずしも意味しない。彼の思想のこれら二つの側面は切り離すことができない。これらは彼の「新しいヨーロッパ」概念の中で相互に結びついており、国内外において十九世紀の自由放任主義システムを乗り越えようという彼の中核的な問題意識にもとづくものなのである。「現実主義かユートピアニズムか」という国際関係の硬直した二項対立は、国際関係という専門分野の中で、カーが想定した以上に固定化され深く埋め込まれるようになっていたが、カーの「新しいヨーロッパ」構想は、そのような二項対立を超えて、プラグマティズムと理想主義の総合化を模索するものであった。すなわち、カーは、枢軸国との戦いにおいて結びついた大国間の協調というプラグマティズムと、ナショナルな出自に関係なくすべての市民に平等な権利が与えられるポスト・ナショナルな政治共同体の形成という理想主義とを、総合することを追及したのである。[91]

さらに、ヨーロッパ統合の歴史を学ぶ者が留意すべきは、カーの「新しいヨーロッパ」はヨーロッパ統合に関する戦中の議論の先駆であり、特に社会・経済問題にしっかり注目した構想であった点である。早くも一九四〇年七月にカーの構想がイギリスで提案された当時、多くの著書やパンフレットがヨーロッパ連邦の必要性を主張していたが、ヨーロッパの統一と戦後再建のための社会・経済計画との関連についての議論はほとんど含まれていなかった。[92]その多くは、戦間期の理想主義の影響を受けて、国際紛争を終わらせる条件の理論化を模索するもので、国内戦線における社会問題の解決の模索ではなかった。

第二次世界大戦後のヨーロッパでは、特定の部門ごとのニーズに対する機能主義的解決として、ヨーロッパ石炭鉄鋼共同体（ＥＣＳＣ）とヨーロッパ原子力共同体（Euratom）が登場した。それらは、諸国家の協力を通じて産業および経済改革の過程を推し進めるべきであるというカーの現実主義的な関心を、少なくとも部分的に、含むものであった。しかしながら、ヨーロッパは、それ以上の構造転換に向かってカーが求めた新しい「ポスト・ナショナル」な政治体制の見通しに沿って進むことはなく、「ポスト・ナショナル」な政治体制は、ナイーブで現実性がないとして斥けられた。こうして、カーの「新しいヨーロッパ」構想は、ヒトラーと失業という二つの敵に対する戦いにおいてとられた時代遅れのスローガンとみなされるようになった。ちなみに、二つの敵のうちの一つは打ち負かされたが、もう一つは未解決のままであった。

しかしながら、カーの二つの異なったアプローチの総合化は、見直す価値がある。なぜなら、カーの総合化の試みは、理想と現実が、部分的に緊張を孕みながらも、互いに依存し合う関係を浮かび上がらせるからである。そのような理想と現実の緊張関係は、ヨーロッパ統合のごく初期の段階で語られたことであった。一般的にいえば、この緊張関係は、一方に、国家主権を統制しようという考えにもとづいてポスト・ナショナルな政治連合の形態に向かう傾向があり、他方に、各国の国益に資するような最小限の国際機構の枠組の中で国力を維持しようという願望があり、この両者によって生み出されていたのである。これまでみたように、カーによる戦後ヨーロッパのための設計図は、不備な点はあったとはいえ、前述のような傾向と願望の両方を組み込んでおり、戦争という経験によってものの見方が形作られた広範な人々に訴えたのである。

第六章　「新しいヨーロッパの家」のための新しい社会秩序

本章では、カーの「新しいヨーロッパ」構想の不可欠の構成部分をなしていた国内領域のあり方に関する彼の議論を検討する。彼は、「新しいヨーロッパ」と題された有名な『タイムズ』紙の論説において、「まずわれわれ自身の家をしっかり整えなければ、ヨーロッパの家を秩序立てることなどできない」と主張した。(1) 彼の著作の多くにみられたように、この「われわれ自身の家」の再建は、時代遅れの十九世紀的自由主義システムの克服のうえに実現されるものであった。なぜなら、カーによれば、第二次世界大戦においてイギリスは、単に国外の枢軸国と戦っただけではなく、国内の古い社会・経済秩序とも戦っていたからである。古い秩序は、もはや二十世紀の人々には受け入れられ難く、打破される必要がある、とカーは考えていた。

本章は、なぜ国内問題についてのカーの見解を検討する意味があるのかという問題に向き合いながら、イギリスにおける新たな国内秩序構築に関するカーの主張、および彼の「新しいヨーロッパ」構想の発展における国内秩序構想の重要な位置に焦点をあわせて論じる。とりわけ、戦時において彼の諸提案が発表された文脈に注目する。なぜなら、それによって、社会福祉を求めるイギリスの国民的要求にかかわってカーが果たした世論形成の役割と、混合経済、労働権、平等な配分、そして社会福祉体制を強調した彼のいわゆる「集産主義的」あるいは「社会主義的」立場が、浮き彫りにされるからである。「社会と経済の変革のための戦争」というカーの構想と、

「新しいヨーロッパ」を構成する諸国の共通の国内政策の導入という提言は、第二次世界大戦中に広く受け入れられ、影響力を持った。しかしながら、それは、冷戦初期の状況の中で論議の種にならざるをえなかった。以下にみるように、「新しいヨーロッパ」の提唱に国内問題を含めるカーのラディカリズムは、冷戦という国際的な理論と実践の文脈の中で、主流から遠ざけられていったのである。

第一節　イギリスをめぐって

一．カーと国内問題

なぜ、国内政策に関するカーの考えが重要なのであろうか。この問いに向き合わなければならないのは、これまでの国際関係研究者が、イギリス国内における新秩序構築に関するカーの議論に、ほとんど関心を払わなかったからである。この無関心の理由は単純で、かつ構造的なものかもしれない。つまり、国際関係研究という学問は、一般的に国内領域にはほとんど関心を示さなかったのである。諸国家の政治体制、思想、行動様式などの比較分析を別にすれば、国際関係研究は、通常、国民国家の境界の内側のみに関係するようにみえる諸問題を排除している。そのような学問の枠組の中にあって、国際関係研究のもっとも影響力のある先駆者の一人であった「国際関係研究者のカー」による国内問題への論及も、ほとんど注目を集めなかったのである。

しかしながら、イギリスの改革に関するカーの構想の問題は、この分野における彼の業績に関心を持ってきた近年の「カー研究」者によって、新しい見方を与えられている。これらの研究は、しばしばカーの議論のラディカルな側面やプロパガンダ的な側面を強調してきた。たとえば、チャールズ・ジョーンズは、イギリス国内に関するカーの「戦後のユートピア」構想は、一九三〇年代に影響力のあったシンクタンク「政治経済計画（PEP）」と軌を一にしていたと指摘している。[2] ジョーンズによると、戦時におけるカーの提唱は、基本的にはイギリス国内の福祉政策論者のコンセンサス形成のためのプロパガンダであり、同時に（なかば公共的な立場にある『タイムズ』紙から）アメリカ、ソ連、イギリス各国政府に向けて、社会福祉の必要性について形成されつつあったコンセンサスを基盤とした三国間関係の発展を促す提案であった。[3] ハスラムによる伝記において、カーは、ケインズによって設計され、後にベヴァレッジによってその一部が取り上げられた諸原則を受け入れた国内問題に関するユートピア主義者とみなされ、この側面は、外交政策に関する彼の現実主義と際だった対照をなしていたと評価されている。[4] この「二人のカー」の間の顕著なギャップゆえに、ハスラムはカーを矛盾《アンビバレント》した思想家であると論じるのである。

一般的に「カー研究」は、大戦期のカーの国内問題への「プロパガンダ的」あるいは「ユートピア的」アプローチを、国際問題における彼の「実際的」あるいは「現実主義的」態度と対比させている。しかしながら、既存の「カー研究」は、これら二つの異なった要素が、カーの思想の中で、どのように、そしてなぜ、共存しているのかを明らかにできていない。[5] 彼の国内問題についての考えは、まるで、これまで隠されていた彼の思考あるいは彼の「意外な」側面を明らかにする限りにおいて、重要であるかのようだ。残念ながら、カー自身の自伝は、この問題に取り組むうえではほとんど役に立たない。カーは、第二次世界大戦中に彼が書いたものは「公式の路線」をなぞったものにすぎず、それらが人々に受け入れられたのは、概してその時期に広まっていた空気をうまく掴んでいたためであった、と自ら認めている。[6] 大戦期にもっとも売れた著作『平和の条件』でさえ、彼にとっては「かなり及び腰」の議論であった。同書の中で彼は、「少々の社会主義」にもとづき、ただし「マルクス主義にはまったく」もとづかずに、国家および国際社会の戦後再建について熱く論じた。[7] 国内問題への自分の貢献について、後にカー自身が低く評価したという事実を考えると、国内問題についての彼の考察がそれほど注目を集めなかったのも不思議ではない。

しかし、イギリスに関するカーの著作や論述は、カーの思想を研究するうえでやはり重要であり、彼の国際思想を論じる際にも脇へ追いやるべきではない。すでにみたように、カーは、当初から国内における新秩序なしに「新しいヨーロッパ」は建設できないと断言している。このことは、カーの考えにおいて国際問題は国内問題と密接につながっていたことを示唆している。たとえば、彼の「新しいヨーロッパ」計画における国際機構——、ヨーロッパ救済委員会、ヨーロッパ復興公共事業公社、ヨーロッパ運輸公社、ヨーロッパ計画機構など——はすべて、国内における社会・経済計画の一部として創設される国内諸組織を基盤とすることが想定されていた(8)。

国際関係の「平和的変革」に関する彼の議論はよく知られているが、カーはそのために役立つ類推を国内領域に見出すことが可能であろうとも指摘している。国内では、労使間の緊張関係がストライキという手段に訴えずに仲裁を通じて調停されうるからである。「相互の譲り合い《ギブアンドテーク》と潜在的な自己犠牲の精神」にもとづく労使紛争の平和的解決の過程は、国際領域にも適応できるのであって、国家間の敵対的関係は戦争に至ることなく平和的に調停されうる、とカーは考えた(9)。このように、グローバルな諸問題に関するカーの議論のいくつかの主な要素は、彼の国内問題についての見方に由来していた。したがって、彼の国内問題についての考えは国際問題についての議論と無関係ではなく、これを、カーの国際思想の発展に重要な役割を果たしたという観点から再検討する必要があるのである。さらにまた、彼が国内問題と国際問題の間に見出していた相互補完的関係を検討することは、伝統的には国際問題を国内の社会・経済問題から切り離そうとしてきた国際関係研究の議論に、新たな光を投げかける可能性も秘めている。

くわえて、国内問題の議論に対するカーの貢献は、第二次世界大戦のイギリス社会史にとっても重要である。

社会・経済改革に関するカーの見解の影響力は、間接的なものであった。彼は政策決定者ではなく、彼が提供したのは、具体的な政策立案というより、変化と再建への刺激であった。しかし、世論を主導する言論人として、彼が戦争目的としてラディカルな国内変革を提唱したことは、戦後のよりよい生活を求める国民的要求に影響を与えた。さらに、カーが自らの構想を発展させた道筋は、イギリスにおける福祉国家体制への歴史的な移行過程を照らし出している。具体的にいうと、戦後再建に関する彼の議論は、世論の左傾化を加速した要因の一つであったと考えられ、また、一九四二年の「社会保険と関連サーヴィスに関するベヴァレッジ報告」に対する驚くべき反応のきっかけともなった。社会保障のために政府は産業を管理すべきであると主張したカーの『タイムズ』紙上の論説は、読者の一部を不安にさせ、ある右派の国会議員が、『タイムズ』紙は「『デイリー・ワーカー』紙［共産党機関誌］の高価版《三ペニー》」になってしまったと非難する結果ももたらした。(10)

カーの著書や論説は、第二次世界大戦をイギリスの「民衆の戦争」とする――すなわち、民主主義を守り、福祉国家を建設することを望む団結したイギリス国民によって戦われた戦争であるという――歴史解釈をおおむね支持している。しかし他方で、政府に対してただちに戦争目的と戦後計画の約束を提示するように説くことを目的とした彼のラディカルな提案や発言は、「民衆の戦争」という言説のもう一つの側面、すなわち、戦時政府の強いリーダーシップと戦後再建問題に関する早期の約束を強調する側面にあえて挑戦するものでもあった。「［イギリスの］戦時連立内閣は、一九四〇年五月の組閣以降、様々な重要案件があるにもかかわらず、来るべき時には平和に復帰し、戦争から脱した後にはどんなイギリスであるべきかという問題を心に留めていた」といわれている。(11)しかし、カーにとっては「戦争から脱したイギリスはどんなイギリスであるべきか」に関する政府のビジョンは不明瞭であった。したがって、彼は、戦時連立内閣成立後に、戦時における国内政策に関する自らの構想の公表を急いだのである。「戦争と平和のための計画」と題された論説の中で、カーは力強く次のように論じた。

ここに緊急で逃れ難い問題がある。ほとんどすべての人々が同意するだろうが、国家は、労働者階級の収入を家族の必要に即して調整する責任をとらなければならない。現在、それは、必要に充分見合ってはいない。われわれには、この社会的公正の施策を先延ばしにすることは許されない……。いかなるイギリス政府であっても、戦争政策を永遠に続け、それ以外の領域ではいつまでも無策でいることは許されない……。いまや、この国のみならず全ヨーロッパにおいて、戦後二〇年の間に、どのようにしてよい生活を再建するかを、具体的に考え始めるべきときである。(12)

以上を要するに、カーの国内問題に関する見解と、それが提示され論じられた文脈を看過すべきではない。国内問題に関するカーの見解を真剣に受け止めることは、カーの思想に関する理解を発展させるだけでなく、国際関係に関する私たちの理解を深めることにも貢献する。なぜなら、それは、国際関係研究という学問そのものが設定している国内領域との関係を再検討することにつながるからである。そして、カーの議論は、大戦期のイギリスの政治と社会の諸問題を浮き彫りにし、彼が国際的に発展することを期待していた福祉国家の誕生にかかわる言説の一部に修正を迫るものなのである。

二．大衆の意識向上

カーの国内問題に対する態度は、彼のヨーロッパおよび国際問題についての見解と同様に、二十世紀初頭から中葉にかけての国際政治とイギリス社会の不穏な状況を経験することを通して、形成され、再形成を重ねた。この時期に、カーの思想と政治的立場にいくつかの変化を観察することができるが、それは、彼の著作の中の強調点や用語の変化をももたらした。

一九二〇年代末に、カーは大きなイデオロギー的転向を経験した。すなわち、ロイド・ジョージの社会改革と財政改革を支持する自由主義イデオロギーから、西欧の自由主義を攻撃し、資本主義の破産を真剣に論じる非・自由主義的イデオロギーへの転向である。非自由主義的な立場への転向は、十九世紀のロシア知識人たちの著作と出会った結果でもあった。彼らは「どのような意味でも厳密には革命家」ではなかったが、それでも「ブルジョワ資本主義社会」に挑んでいた。(13) カーの転向は、かつては自分が、それ以前には父親が支持していた自由貿易体制は死んだという彼の信念によって促された側面もあった。カーは、西欧的自由主義の批判者として、十九世紀的自由放任主義イデオロギーに疑義を唱え、それに挑戦することに、残りの人生を捧げたのである。

しかしながら、この政治的転向が、ただちにカーをイギリスの代替的な社会・経済秩序の探求に向かわせたのではなかった。彼の同時代人には、世界恐慌ならびにソ連の実験に突き動かされて、イギリス社会にソ連型の計画経済を適応すべきであると主張する者も存在したが、カーは、西欧資本主義社会に対する攻撃を、ソ連の体制がイギリスの文脈でも将来の道となるだろうという主張に結びつけはしなかった。国内問題を扱ったカーの最初の論説は、当時の具体的な社会・経済問題について何も言及しなかった。その代わり、この論説は、カーが西欧文明の危機とみなす事柄について読者に警告を発し、ヴィクトリア時代の安定的な体制が崩壊した後のイギリスに蔓延していると考えていた「敗北主義、……懐疑主義、自己不信」に打ち勝つための「信念、あるいは最小限のこだわり」を持つようにと鼓舞するに留めた。(14)

カーは、たとえば初等教育、経済の計画化、あるいは一九三一年の農業の集団化など、ソ連の達成に多くの積極的評価を示したが、彼がイギリスに出現することを期待したのは、「現在のロシアで生み出されているものに匹敵する推進力や信念の強さを自らのうちに」発見する精神的な強さであった。(15) ここで、カーの西欧イデオロギー批判は、イギリスにおけるソ連型秩序の追求を含んでおらず、ただソ連型秩序を検討し、そこから学び、前を向くように人々を励ますに留まっていた。したがって、当時においてソ連の経験に対するカーの評価は、ロシアにおける有効性に限られており、それを国際的に適応する、あるいはイギリス国内に移植しようとする議論はほとんどなかった、ということができる。

後に本人が認めたように、カーは、一九三〇年代初頭には「まだもっぱら国外問題に関心を持っていた」[16]。彼は、時折、イギリスの社会・経済危機の問題に向き合ったが、それは諸国家間の政治的紛争に劣後する位置に置かれ、彼の政策論議の中で目立った扱いはなされなかった[17]。このことは、当時、彼が外務省に勤務していた事実によってある程度説明できる。この当時の彼の著述の多くは、外交政策はもっぱら国益という概念によって動かされ、国内の政治イデオロギーからは独立したものであるという印象を与えるものであった[18]。言い換えるなら、国内領域におけるイデオロギーや政治信条は対外政策にほとんど影響を与えず、国内における福祉政策は、国際的な目的として福祉を追求する外交政策に結びつくことはないということである。このように、国内問題に対するカーの相対的無関心は、国内問題が国際領域にインパクトを与えることはないという彼の考えに根差していたのである。

しかし、カーの考えの中で、一つだけ対外政策に大きな影響を与えうるとされたのが世論であった。カーは、アベリストウィス校における就任講演「平和の安全装置としての世論」の中で、国際領域における平和は、もはや、もっぱら職業外交官や兵士たちの手中に委ねられるのではなく、十分に情報を共有する国内世論を基盤として構築されるべきであると断言した[19]。このように、カーの国内問題への関心は、少なくとも部分的には、賢明な世論を形成したいという欲求の高まりによって形成された。彼は、賢明な世論こそ、国際関係の本質についての真の理解を促し、それによって平和の大義に貢献する、と考えていたのである。

一九三九年九月三日に情報省が創立されたまさにその日に、カーが同省に着任したことは、彼が世論形成に一役買おうと考えていたことを示している。この新しい省の目的は、「世論の状態を評価し、検閲を通じて世論に対する規制を行い、プロパガンダを通じて世論に積極的な影響力を行使すること」であった[20]。この当時、情報省が懸念していたのは、イギリス国民の間に広まっていた敗北主義と懐疑主義であり、それはカーが十年前に指摘していた問題に他ならなかった[21]。カーは、［情報省の］対外広報局局長として、イギリスの戦争目的を進めるためのプロパガンダの役割に関する論争に実質的に寄与することになった。カーは、情報省に提出し、外務省の注意をも引いた海外でのプロパガンダに関する覚書草稿において、イギリスのプロパガンダの目的を、「（一）われわれ自身の士気を高く維持すること、（二）敵の士気を挫くこと、（三）同盟国の団結を維持すること、（四）中立国を、その行動がわれわれの大義を支援し、あるいは敵のそれを妨げるような心理的枠組に取り込むこと」と定義した[22]。これらの目的の達成は、西欧文明の精神的・物質的成就、政治的自由、社会奉仕と人道主義的な将来像など「道徳的展望」を打ち出すという意味がある、とカーは論じた[23]。

ここにおいて、カーは、自由や人道主義といった伝統的な西欧的価値と、新たに認識された社会保障の重要性との戦術的な組み合わせを導入した。この覚書草稿と同じ年に出版された『危機の二十年』の中で、カーは「世論に対する力」というフレーズを用いているが、彼は自らその力を行使しつつ、海外でのプロパガンダと国内における戦争目的（たとえば社会改革や復興）とを調和させようとした。彼の考えでは、両者は緊密に結びつけられるべきものであった。前者は「対外政策の道具」であり、戦争に勝利するという目的に従属し、他方で後者すなわち社会・経済問題の克服は、戦勝を助けるために実際的な計画によって達成されるべきであった。この結びつきこそ、戦争目的に関するカーの提案の中核を成し、その提案を他に類のないものにした。それは、やがて、依然として国民感情を戦争に賛同させることにそれほど成功していなかった情報省の関心を引くことになった[24]。

当時のイギリスのプロパガンダ政策は、当局が「プロパガンダ」よりも「情報」のほうを好んだ結果、防衛的で受動的であった。[25] おそらくこのことによって、カーは政策形成過程から隔離されてしまった。彼は、外交政策の延長としてプロパガンダを全面的に利用したいと強く望んでいた。したがって、カーは、より大きくより効果的な発言力を得るために、情報省を辞職し、『タイムズ』紙の論説執筆者という新たな仕事に乗り出したのである。[26] この異動は、「奇妙な戦争」［第二次世界大戦初期、宣戦布告はなされたもののイギリス・フランスとドイツとの間で本格的な戦闘が展開されなかった時期］の終結時とおおむね一致する。この時点で、戦局は次第に厳しくなり、一九四〇年四月八日にはドイツによるデンマークおよびノルウェー攻撃によって戦域的にも拡大した。カーは、情報省にしばしば報告された国民の態度の中に、戦争指導に対する全般的な不信と意気消沈の感情を観察し、国民に直接、制約を受けずに話しかけることができる立場、すなわち世論に対して大きな影響力を持つ立場へと切り換えたのである。

カーは、『タイムズ』紙の論説によって政策形成過程にもっとも近い一定の層を鼓舞し、その層に少なくとも社会改革の約束をさせるという、野心的な計画に着手した。次いで彼は、政治的な雑誌の読者やラジオの視聴者へと対象を拡大した。彼は、それぞれの場で、社会・経済の計画化と福祉国家形成のキャンペーンを行った。戦況の悪化に伴って、彼の話や著述が訴えかける力を増すようになった。チャタム・ハウスにおける彼の講演「何のためにわれわれは戦っているのか？」は、国内の社会・経済秩序の観点から明確な戦争目的を要求し、「二つの災禍」と題した彼の論説は、戦争と失業は等しく悪であると論じた。一九三〇年代から四〇年代にかけての彼の仕事の軌跡は、政策形成過程の内側と外側にまたがる積極的な活動を中心に展開し、それは、徐々に深まった国内問題への関心と、戦争目的と国内政策の結合に対する支持を生み出そうという試みによって、駆り立てられていった。

『タイムズ』紙に移って以降、カーは、それまで以上に明確に国内問題に焦点を定めて、失業の恐れのない福祉国家こそ、戦争のない世界の基盤を形成する、というテーゼを掲げながら、国際政治と社会政策のつながりにいっそう注意を向け始めた。ＢＢＣラジオやチャタム・ハウスにおける講話の中で、カーは戦争目的について力説したが、彼はいまや、戦争目的は、政治的な関連ではなくて社会・経済的な関連で定義されるべきであり、「協定や条約、連盟や連邦に関する話ではなく、むしろパンとバターについての話によって」定められるべきである、と考えていた[27]。カーはまた、次のように主張した。「われわれが自国の社会・経済システムを整え始めたとき、われわれはヨーロッパのための、そしておそらくは世界のための政治的制度について考え始めることができる、と私は思っています。私たちの社会・経済システムが十分に基礎づけられ、ある程度秩序立ったものになるまで、政治的制度について詳しくは考えないようにしましょう[28]」。彼の公的発言は、国内における物質的な必要性、すなわち、栄養や家屋、衣服や公共事業などの充足に力点を置くようになった。

カーは、もはや、国際的利益と国内的利益の矛盾を強調しなくなった。カーは、戦況が悪化するなかで、第一の課題は国内外の「二つの災禍」を克服することであると論じ、相対立する利益や関心は、新たな戦後秩序を創り上げるための国際的計画と国内的計画の間の相互作用を通じて、和解させることができると想定していた。一方で、再建計画に関するカーの発言は、総力戦のための国家的必要、すなわち一枚岩的な戦争遂行を支える政府による動員、組織化、人や資源の管理に役だった。他方で、カーの議論は、常に国際的次元を想定していた。彼は、これらの計画が、戦時における軍事協力や共同計画を基盤として、後に国際的に発展させられるべきだと論じた[29]。

このように、戦争目的に向けて世論を形成し、リードしようという試みの中で、カーは、公的な発言全般を通して、国際的な戦争と国内的な改革が不可分であると主張したのである。次節では、このつながりについて精査する。

第二節　戦時の社会改革をめぐって

一・「われわれは何のために戦っているのか?」

戦争と国内改革に関するカーの議論を考察するに当たって重要なのは、実際にその傾向を伴っていた政治的プロパガンダとしての機能や、国内に関する議論と彼の国際思想との矛盾とされている点のみにスポットライトを当てることをやめて、彼の国内改革に関する思想を、それ自体の文脈で再検討することである。とりわけカーの国内問題に関する思想は、第二次世界大戦の性格ゆえにその必要性が強調されたラディカルな社会・経済変革の訴えとして描写することができる。カーは大戦を、自由放任主義、西欧的自由民主主義、および民族自決など、それまで支配的であった考えに対する世界革命の頂点とみなしていた。その結果、彼の提案はそれらにとって代わる構想として設計された。

短期・中期的にみると、カーの国内問題に関する提案は少しずつ練り上げられていった。それは主に、戦況が悪化したからであり、また、チャーチルが率いる戦時連立内閣の社会問題に関する見解に彼が不満を募らせたからであった。このような文脈がなければ、彼の論説が精力的に発表されたり、全面的に発展させられたりすることはなかったであろう。この意味でカーの論説は、きわめて困難な時期に戦後再建を求める国民の要求に応えた、戦時に特有の構想であった。同時に、彼のラディカルな提案は、十九世紀的自由放任体制に対する彼の一貫した批判によって生み出されたのである。すでにみた通り、それは彼の知的営為全体の中心的な位置を占めていた。

カーの国内問題に関する思想の中で、戦争と社会改革はどのような関係にあったのだろうか。彼にとって、後者は前者の目的であった。すなわち、戦争は既存の支配的な国際体制の変更のためにのみ戦われるべきではなく、同時に、国内領域におけるラディカルな社会変革を促進するために戦われるべきであった。カーは、その著書や『タイムズ』紙の論説、そしてチャタム・ハウスやＢＢＣラジオにおける講話の中で、この総力戦の努力は、戦後社会の再建を目指す思想と行動の両方によって、遂行され強化されなければならないと主張した。

思想の点についていえば、国内構想に関してきわめて明確でラディカルな彼の見解の一つが、一九四〇年七月の『タイムズ』紙に掲載された。これは、「戦時イギリスの社会的高揚」を象徴する「雄弁な論説」と評されている。[30]

民主主義を語るとき、それは、投票の権利を維持するだけで働く権利や生きる権利を忘れる民主主義を意味しない。自由を語るとき、それは、社会の組織化や経済の計画化を排除する頑なな個人主義を意味しない。平等を語るとき、それは、社会的・経済的特権によって無効にされる政治的平等を意味しない。経済再建を語るとき、われわれは、最大の生産（これはこれで必要なのだが）よりも、平等な配分を考えるのである。[31]

カーによれば、戦前に存在した社会条件に戻ることはありえないのだから、古典的な正統性に挑戦したナチやファシストの体制に対する戦いを通して、民主主義、自由、平等など古典的な西欧自由主義のすべての概念は、再定義されるべきであった。通常、労働権、社会組織、経済計画、そして平等な配分など、この論説の中で用いられた重要な用語は、左翼や社会主義者たちの言葉であった。しかし総力戦の文脈では、それらは、戦争が社会的進歩の助産婦になるべきだと考えている幅広い層の人々によって広く用いられた。

実際、『タイムズ』紙の読者は、全般的にカーのこの論説を好意的に受け入れた。彼らはカーの議論の中に「中庸」や「すぐれた価値」を見出し、経済の計画化の必要性はもはや疑う余地はないと主張した。(32)ほぼ同じ時期に、著名な小説家で劇作家のジョン・B・プリーストリーの講話が毎週日曜夜にBBCで放送され、人口の三十パーセントを超える人々が耳を傾けていたが(33)、彼も大衆に向かって、「所有から共同体へ」の変化と、私たちの「社会的・経済的慣習」ならびに「慣れ親しんだ考え方」の変更を説いていた。(34)さらに、シンクタンク「政治経済計画（PEP）」の戦後再建グループによってほどなく提示された「戦争目的」と題された詳細な報告書の中で、国民の思考を革命的に変える必要があるという多くの議論が示された（ちなみにカーはPEPから、デイヴィッド・オーエン、フランソワ・ラフィットなど何人かの執筆者を『タイムズ』紙に引き抜いた）。情報省でも回覧されたPEPの報告書「戦争目的」では、社会の組織化と「自由」との関係が、以下のように論じられた。

自由は、絶対的な言い方で定義することはできない。それは、それぞれの新たな時代において再解釈されなければならない。……自由は、自分自身の利益になり、しかも他者の利益に反しないことを行いたいと欲する場合に、享受することができる。……われわれには、個々人が社会とその資源の全面的な発展に貢献でき、同時に人間として自分自身が自由であると感じるような展望を作り出す課題が残されている。(35)

まるでカーの議論の道筋に沿うように、彼らもまた、新しい国民精神の必要性を指摘した。その精神は、戦後の福祉国家の基盤として、社会・経済政策を計画することによって涵養されるだろうと彼らは考えていた。次のような一節の中に、カーの強い影響がはっきりとみて取れる。

新しい精神を創造し維持するためには、われわれの潜在的な力を呼び起こし、イギリス文明のうちに内在する契約を実現するような、社会再建のための周到な政策がなければならない。戦時の規律や管理のための措置は、戦後における計画的な社会奉仕国家の土台となるべきである。(36)

カーは戦争を、対外政策の行為の一つとしてではなく、理念や道徳をめぐる闘争とみなし、ナチの挑戦に立ち向かうために、イギリスにおける社会生活の迅速な変革を求めたのである。彼と彼を支持する知識人たちにとって、最初の一歩は、たとえばダンケルクの共通の経験［一九四〇年六月、ドイツ軍によって包囲された三十四万人の英仏連合軍が、大量の民間人の船に助けられて撤退に成功した「ダンケルクの奇跡」は、イギリス国民の士気を大いに高揚させた］によって高まった、愛国的な国民の団結を基盤に作られる新しい理念や価値の必要性について、大衆を啓蒙することであった。革命的なイデオロギー転換に影響を与えようというカーの試みは、地平線の彼方のよりよい世界を信じようという戦時の国民の傾向に励まされ、かつまたその高揚を促すために貢献したのである。

カーをはじめとする論者たちが革命をもたらそうと試みたのは、価値や理念や概念など思想の領域に留まらなかった。彼らはまた、政策の実際的問題を解決する行動を模索した。カーは、様々な実践的な政策提言を行ったが、それらは、彼が戦時に著した『平和の条件』の中で理論的に発展させられた。同書の後半部は、戦後イギリスの国際政策と国内政策の処方に充てられており、その議論は、イギリスがヨーロッパと世界において達成できることは、本国において達成できることから生まれてくる、というテーゼにもとづいていた。(37)カーは同書のまえがきで「国内政策については詳細に論究するつもりはない」と述べていたが、この書の中で彼が描いた概要は、実際には、公共事業、社会保障制度、工業、農業、そして政府の形態など、広範な国内問題を含んでいた。(38)

経済分野に関して、カーは、産業の再計画化、新たな公共事業と運輸政策、新たな住宅計画などは相互に密接に連関しており、政府の政治的イニシアティブによる当面の雇用創出が緊急に求められている、と論じた[39]。国内経済体制のより根本的な再編と、より一層の社会的・経済的平等の追求のために、カーはその重要事項として最低生活水準の導入を提案した[40]。彼は、生産者よりも消費者に、そして利潤よりも福祉あるいは身体的健康に重点を置くべきであると論じた。

産業分野に関してカーは、第二次世界大戦は産業を国家の統制下に置いたが、それは全体としての共同体の利益、とりわけ弱者の利益を擁護するうえで役立ってきたと考えた[41]。彼の見解では、この国家統制は、価格、賃金、資本の利潤をめぐる様々な問題の調和的な解決につながりそうであった。それらの諸問題は、従来は自由市場の自己調整メカニズムによって解決されてきた。しかしながら、通貨および信用政策、資本市場に対する国家統制等の実施によって資本利益を自動的に回収できなくなったために、自由市場の自己調整メカニズムは回復不可能なまでに崩壊していた[42]。カーは、産業を政府管理下に置くように提案する一方で、「投機的投資と無制限の利潤」の余地を排除しなかった。それらは、革新的な生産を鼓舞するために、非重要産業部門において、オープンなままに残されるべきだと考えられた。基本的に彼が想定していたのは、以下のようなある種の「混合経済」であった。

重要産業と重要サーヴィスは、政府の統制下に置かれた自律的な単位という形で操業され、それに投下された資本に対しては、利潤というよりもむしろ利子を支払う。一方、奢侈的な産業やサーヴィス業ないし新しい生産事業は、多かれ少なかれ自由な市場という条件のもとで活動を続けることになる[43]。

経済諸力をそのように統制する政府の能力について再考した結果、カーは、政治的変革を求めるようになった。カーは、いまやこれらの経済諸力を効果的に統制することが民主主義のもっとも重要な任務であると認識し、権力を、経済的既得権益によって支配される議会から、行政へ移行させることを探究した。経済政策に関する行政の決定は、むしろ共同体全体にとっての善に合致すると想定されたからである。[44] 立法から行政へのこの実質的な権力の移行は、民主主義の重要性を減じることを意図したものではなく、とりわけより大きな権限移譲という必要性に応じられるような地方自治体改革を通じて、民主主義の形態と性格の変化を導くことを意図したものであった。[45]

要するに、カーの政策提言のポイントは、立法議会の権力の一部を行政へと委譲することを通じて、計画的な社会・経済政策を実施し、自由放任の資本主義を管理することであった。カーの考えでは、これこそが、民主主義を真のものに、かつ効果的なものにするために要求されている行動なのであった。民主主義は、労働権や生存権、そして思想の革命的変化を通じて認められるようになった諸権利を促進すべきである、と彼は主張した。

二 福祉国家への道

カーの諸提案は、第二次世界大戦中のイギリスにおける政治的・社会的発展の文脈から切り離して理解することはできない。この大戦における総力戦の経験が、福祉国家を誕生させようとしていた。社会改革に関する政策と世論の成熟が、カーの議論に好ましい環境を提供した。この項では、福祉国家創設につながる政策過程においてカーの議論が果たした役割と、その影響について検討する。これに関しては、カーの論説の発表のタイミングに十分な注意を払うことが重要である。なぜなら、彼は、世論と政策形成に影響を与える最大の効果を得るために、注意深くそのタイミングを選んでいたからである。

情報省の政策委員会の会合で社会改革の問題が最初にはっきりと取り上げられたのは、一九四〇年六月であったが、その会合で、「超党派政権〔第一次チャーチル戦時連立内閣〕は、機会をとらえて、戦後の社会改革について何らかの約束を行うべきか否か」が問われた。[46] この後まもなく、国内にかかわる革命的な戦争目的を求めるカーの論説「新しいヨーロッパ」が現れた。すでにみたように、この論説に対する読者の反応は全体として好意的であった。そしてその二日後、当時の労働党党首クレメント・アトリーも、同様に将来についての明確な声明を求める意向を表明し、「われわれは、古い秩序が崩壊したことを認め、人々に新しい秩序のために戦うことを求めつつ、積極的で革命的な目的を提示しなければならない」と述べた。[47]

イギリス政府はまだ戦争目的に関する宣言の草案を用意できていなかったので、カーの論説は大きな影響力を持った。カーは、ある論説の中で次のように論じた。「われわれは古い秩序のために戦っている、あるいは、われわれの目的はただヨーロッパにおける現状回復と本国における現状維持に留まると暗示した場合、ヨーロッパならびに国外において、われわれの大義を大いに傷つける恐れがある。[48]」情報省でもこの論説が回覧されたが、省内では、「社会的公正」にもとづく「新しい社会秩序を建設する」旨の理念を打ち出す公式声明を求める機運が高まっていた。[49] 実際、その理念は、カーの読者の多くにとってはすでになじみのものであったが、まだイギリス政府によって承認されてはいなかった。

カーは、この行き詰まりを積極的に打破しようとした。彼は一九四〇年八月にチャタム・ハウスで講話を行い、第二次世界大戦は、ヒトラリズムを打倒するための戦争としてではなく、国内の社会変革につながる社会的・革命的戦争として定義されるべきであると論じた。しかし、その場の聴衆の反応は本質的にはカーに批判的であった。聴衆はイギリスの政治的エスタブリッシュメントを代弁する人々であったかもしれないが、カーの話は、時をわきまえず、自由と民主主義に挑戦するものだとみなされた。ある聴衆は、「われわれが何のために戦っているかよりも、戦時に何ができるかについて話したほうがよいのではないか」と述べた。別の一人は、社会・経済改革の重要性を強調しすぎるのは、個々人の自由の維持を無視することになるとコメントした。[50] カーの見解は、チャタム・ハウスの常連にはあまりにも左派的でラディカルだったようで、その政治階層に属する人々による保守的な戦争目的の解釈とはきわめて対照的だったのである。

しかしながら、カーの働きもあって公式な戦争目的の声明を求める世論の圧力が高まったことに促され、一九四〇年八月に戦時内閣は戦争目的委員会を設置する決定を行った。しかし同委員会は、政府、とりわけチャーチル首相の消極的な姿勢ゆえに、公式の戦争目的の宣言について合意に達することができず、一九四〇年末にその活動を終えた[51]。カーのもっともよく知られた論説「二つの災禍」――すなわち戦争という災禍と失業という災禍――が発表されたのは、まさにこの時であった[52]。この論説は、大きなセンセーションを巻き起こし、『タイムズ』紙は、編集者宛ての読者からの手紙のすべてを投書欄に掲載するスペースを用意できず、二ないし三の手紙をもって他の手紙を代弁させるという異例の告知をしなければならなかった[53]。読者からの手紙は、すべてがカーの論説を賞賛し、新しい経済政策を構築することなしに平和は達成できないというカーの議論に明らかに感銘を受けたものであった。ある読者は、「現在、この国を統治している人々は、『タイムズ』紙と同様の問題に関心を向けてほしい[54]」と述べた。カーが引き起こそうとしていたのはこの種の反応に他ならなかった。世論の支持表明によって勇気づけられたカーは、迅速な行動を提唱し続け、同時に「現首相はもっぱら戦略的問題ばかりに関心を持っている」ために、「社会政策という長期的問題についてはいまだほとんど進展が認められない」と非難を重ねた[55]。

一九四一年末までに、戦後再建に関するキャンペーンは、日刊紙や定期刊行雑誌に強力な同盟者を獲得し、また、様々な組織の立案者たちも戦後計画を求める合唱に加わった[56]。しかし、チャーチルは、「建設的な平和目的」の概要を求める声に一貫して反対し、戦争のこの初期段階では、戦後の問題の優先順位をより低く設定することを選んだ[57]。そこでとうとう、当時、『タイムズ』紙の編集者であったロバート・バリントン＝ウォードがチャーチルに書簡を送り、カーがその頃書いた論説を選択し、要約した覚書を添えて、「国民的な目的の積極的な宣言」を要請した。

この時のカーの覚書は、次のような切迫した訴えで始まっていた。すなわち「国民は何と戦っているのかはわかっている。しかし、戦争が長引くにつれ、他の連合国とともに何のために戦っているのかを知りたいという明確な要求が増えている」(58)。チャーチルは、バリントン＝ウォードの書簡に返信をしたが、いかなる宣言の約束もせず、『タイムズ』紙が提唱した社会・経済変革の問題を先へ進めることは困難であると強調した(59)。このやりとりから、三つの事実がわかる。第一に、カーの主張や政策提言は、『タイムズ』紙の公式路線と認められていたこと、第二に、同紙の編集者は、首相に直接ものがいえる強力な立場にあったこと(60)、そして第三に、チャーチルは、依然として戦後再建のための社会・経済計画について議論することに、きわめて消極的であったこと、である。

カーと彼の同僚は、戦争目的の明確化を働きかけることによって、戦後初期の計画の見通しを前進させ、それを最終的には福祉国家の形成につなげることができると考えていた。この戦後計画へのプロセスは、一九四二年十二月に画期的な『社会保険と関連サーヴィスに関する報告書』（ベヴァレッジ報告）が公表された時点でほぼ完了した。ベヴァレッジ報告の公表は、その提言があまりに革命的であるとみなされたために、チャーチル内閣によって延期されていたのだが、カーは、大衆と同様にこの報告を熱烈に歓迎した(61)。カーの論説は、ベヴァレッジを支持して、次のように述べた。すなわち「［ベヴァレッジ報告の］筆者が成し遂げたのは、過去半世紀にわたって時々の緊急な必要性に応えるために、バラバラに、一貫した設計図もないままに、社会保障の広範な領域に広がっていった雑多な諸制度や諸規制を取り上げ、それらを秩序立った、効率的で、わかりやすい体系へと作り直したことである(62)」。カーは、前述の通り失業問題を「二つの災禍」の一つとみなしていたが、ベヴァレッジ報告は、失業というきわめて重要な問題に対する迅速な対処を促す効果を有すると考えた。

以上のように、戦後計画に関するカーの提言は、常に政府の先を行き、戦後再建のための社会計画を進める政府の努力を先導するように考案されていた、と結論することができよう。カーはすでに公式には政策形成過程にはかかわっていなかったが、国内戦線における平和の計画に関する彼のラディカルな議論は、戦争目的の一つとしての社会改革に世論の積極的な関心を引き起こすことに成功した。それは、しばしば国民の強い団結と戦時の気概《ウォータイム・スピリット》の形成につながり、また、福祉国家の建設を実現する力になったのである。カーと『タイムズ』紙が一貫して迅速かつ劇的な行動を求めたという事実に鑑みるならば、イギリスにおける社会・経済改革導入のイニシアティブをとった功績を、戦時内閣に帰することはできないのである。

第三節　「新しいヨーロッパ」の基盤としての国内秩序

一．国際的次元

社会的公正を求める戦時の声は、人々の意見を左傾化させた。それによって労働党は一九四五年に選挙で勝利する勢いを得ることができ、またそれは福祉国家の到来へとつながった。歴史家の中には、このような説明は階級の分断を超えた社会統合という国民的イメージを宣伝したいと望む労働党が作り出した神話であるとみなす者もいる。しかし、カーの影響力が働いたという事実は、「民衆の戦争」と呼ばれるようになった状況の基盤を形作った公共的関心が、紛れもない社会的傾向として存在したことの一面を示しているのである。もちろん、根本的な社会的・経済的変化がなければ進歩はやってこないという見方をしていたのは、カーだけではない。多数の他の進歩的知識人、学者、ジャーナリスト、そして政府関係者の中にさえ、このような見解の持ち主が存在した。たとえば、ハロルド・ラスキは、『平和の条件』に影響を受けたことを認めつつ、戦争が革命的な社会変化をもたらすというカーのテーゼに賛同した一人であった。[63] ラスキは、カーが指摘した民主主義、民族自決、そして自由放任経済の危機を同様に認識し、それは、宗教、政治、経済、科学、文化、およびそれらの相互作用全体に広範な影響を与えるという点で、ローマ帝国の崩壊以来のもっとも深甚な危機であると、とてつもなく大げさに喧伝した。[64]

それでは、カーの国内問題に関する思想を、同時代の多数の他の知識人たちの考えとは違ったものにしたのは、どんな事情だったのか。おそらくそれは、この騒乱の時期の国際政治という磁場との緊密な関係である。国内政策に関するカーの議論は、特別な政治イデオロギーや、特定のイデオロギー的基盤を持つ政党との関係ではなく、むしろ戦時の国際情勢の過酷な現実と結びついていた。ある意味で、カーの提案の意図は、実際的で国際的志向性を持っていた。カーの提案は、特定の政治集団の理想や価値の表明としてではなく、ヨーロッパと国際秩序の再建に決定的に重要で鍵となる問題を解決するために必要なこととして構想された。したがって、以下にみるように、第二次世界大戦の初期段階における彼の社会的・経済的変革に関する議論の狙いは、新しい「ヨーロッパの家」の建設にとって重要ないくつかの実際的な諸課題に答える試みであった。カーが期待したのは、この「ヨーロッパの家」においてイギリスが「道徳的目的意識の回復や、共同体の生活の再編、および国の生産力の増大」の成功に引き続いて、重要な役割を果たすことであった。[65]

現実的な課題の一つは、アメリカの積極的な協力を引き出すこととかかわっていた。カーの『タイムズ』紙の論説のいくつかは、アメリカの支援を調達し、アメリカのヨーロッパ問題への関与を促すことを目的として特別に書かれたものであった。『タイムズ』紙の編集者ロバート・バリントン＝ウォードの伝記によると、たとえば、論説「二つの災禍」は、編集部のジェフリー・ドーソンと駐米イギリス大使ロシアン卿との会話がその起源であった。ある日彼らは、カーを前にして、アメリカ政府からこれまで以上の支援を受けるためには、イギリスが社会政策を採用する必要性が高まっていることについて話をした。彼らは、戦後に向けた完全雇用政策がなければ、アメリカ政府はイギリスを民主主義の同盟国として全面的に信用しないだろうと考えていた。(66) ドーソンはカーに対して、論説でこの点を発信することを提案し、その結果が「二つの災禍」という論説が生まれたのである。

このエピソードは、国内問題の論議に関するカーの貢献のプロパガンダ的側面を強調することになるかもしれないが、ここで留意したいのは、カーの目的は、イギリスはもはや帝国主義的な階級支配の国ではないことを海外の諸政府に了解させ、同時に、イギリス政府に対して戦後政策の計画を遅らせないように警告することにあったという点である。(67) カーは、「なかば公共的な」地位にある『タイムズ』紙を介して英、米両政府に直接語ることにより、両国が、それぞれの国で計画され、実行されることになっていた社会政策の国際化のプロセスに関与するように説いたのである。「大西洋の両側で、「経済の計画化」と「ニュー・ディール政策」が、もはや国境の内側に留まることができない歴史的時代にたどり着こうとしている」というのが、カーの信念であった。(68) こうして、「新しいヨーロッパ」のためのアメリカの支援を求めたカーの国内問題に関するジャーナリズム活動は、いまや、イギリス政府が戦後の社会政策をさらに発展させ、英、米両政府が国境を越えた共通の社会・経済計画を目指して協力する道を開くことまでをも、目的としたのである。

カーの国内問題にかかわる提言には、もう一つの国際的側面があった。英ソ同盟である。すでにみたように、彼は、ソ連の参戦以前にはソヴィエト・ロシア問題にそれほど熱心ではなかった。しかし、ソ連とドイツの間に戦端が開かれると、彼は次第にソ連とナチ政権の違いを強調するようになり、戦後構想の点や、「偏狭でシニカルな人種差別主義的教義による恐るべき支配に反対する共通の人間的理想」という点で、ソ連は英語圏との親和性を有することを強調するようになった[69]。ここで重要な点は、カーが、英ソ両国の国内改革のプロセスに弾みをつけることを両国の戦時協力に、期待していたことにある。すなわち、カーの言い方に従えば「両国の外見、社会構造、あるいは政治構造の違いが……共通の目的のための協力と犠牲によって影響を受けないはずがない」のであった[70]。

実際的な意味では、同盟国ソ連を援助するうえでマン・パワーと生産力の必要が増大していくならば、イギリスの産業システムは効率的な管理と計画という方向へ変化するだろう、とカーは考えていた[71]。さらに、英ソ同盟のインパクトは、イデオロギー的原則や政治理念の領域にも達するであろうと想定された。すでに本書の中で触れたように、カーによれば、危機のさなかにある英語圏の民主主義国は、社会的目的のための集団計画という手段によってはじめて個人の自由が保障されるという、ソ連秩序の公式の理念から学ぶことができるのであった[72]。実際、相互に利益が生まれるはずだった。すなわち、もしこれらの社会的変化がイギリスにもたらされるとするなら、「おそらく同じことがロシアに生じることは間違いないであろう」。つまり、ソ連ではもっぱら社会的・経済的権利が重視されてきたが、それはイギリスの伝統が長い時間をかけて体現してきた政治的権利と民主主義の観点から再検討されなければならなくなるからである。以上がカーの主張であった[73]。

したがって、カーにとって一九四二年の英ソ条約調印は、きわめて重要であった。同条約は、両国民が社会・経済の計画化と政治的権利に関する共通の基盤を共有するための要石と考えられるべきであった。彼の執筆した論説からは、両国が実際にどのようにして基本的原則を共有できるのかという点は判然としないが、カーは、この二つの大国間の協力がヨーロッパに軍事的安全保障と並んで福祉をもたらすだろうと心から期待していた。彼は次のように論じた。

「ヨーロッパにおける安全保障と経済的繁栄の組織化」にイギリスが積極的に参画することについてのロシアの利益は、重大とか持続的であるとかいうに留まらない。そして、荒廃したヨーロッパ大陸における平和と福祉に関する共通の関心のうえに、英・ソの友好と協力の堅固な基礎が据えられるのである。「ソ連外相」モロトフ氏がいったように、英ソ条約は「戦後におけるソ連とイギリスの行動の共同路線を決定する」ものである。いうまでもないが、同条約の文言にあるように、両国は「これらの目的に関して連合国の利益を考慮する」のである。英ソ条約は、ヨーロッパにおいて秩序立った福祉を促進し、維持するであろうが、その秩序の構築は、ヨーロッパの人々と世界全体の人々双方にとって大きな利益だからである。[74]

二、戦争と革命

ここまでの議論を要するに、カーの国内問題に関する議論は、ヒトラーの「新秩序」への代替案として「新しいヨーロッパ」の建設を意図していたが、ある段階では英米協力の必要性に刺激され、別の段階では英ソ同盟の構築によって深められた。「新しいヨーロッパ」のもとで、人々は共同で計画された社会・経済プログラムを基盤とする社会的公正を達成するものと想定されていたが、英米関係や英ソ関係が「新しいヨーロッパ」の基盤を提供すると考えられていた点に、カーの国内改革のための提案がどれほど国際関係を考慮して練り上げられていたかが示されている。

これは、戦後再建の要因に関する他の論者の説明とは対照的である。他の論者は、多くの場合、総力戦の国内的文脈の中でのみ社会改革を正当化した。たとえば、空襲の影響によって既存のサーヴィスの機能不全や無視されてきた領域が露呈されたこと、国民的連帯の感覚によって階級分断が「解消」されたこと、さらに、平時における社会管理の先例を作り出したとみなされた国家管理と経済統制の拡大などが、復興の諸要因に含まれていた[75]。これに対してカーは、そのような狭い国内的設定の中だけで復興論議や社会経済政策を展開するのは不十分だとみていた。彼は、国際領域においてなされる必要があると考えた事柄と関連させて、それらの問題に取り組もうとした。

カーにとって第二次世界大戦は、「十九世紀の繁栄の時代にはその任を果たした政治的、経済的、道徳的体制が破綻したことの最終的な証明」であった[76]。古い体制は、十九世紀の三つの支配的で相互に関連した理念――すなわち、自由民主主義、民族自決、そして自由放任経済体制――を基盤にしていた。カーは、これらの理念が引き起こした諸問題には、国内的にのみならず国際的に、そして「安定させようという願望ではなく、革命的に変革しようとする意欲」を持って、対処しなければならないと論じた[77]。総力戦は、この「革命」に機会を与えた。カーは、国内および海外の双方における新しい秩序の建設を提言することによって、革命を起こそうとした。その秩序は、「新しいヨーロッパ」という構想を具現化するものであった。

すでにみたように、戦時におけるカーの国内計画に関する提唱は、福祉改革や社会的・経済的復興を中心とした政治的課題を支持した世論という文脈において、重要であった。もしも一九四五年の総選挙における労働党の勝利とその後の達成（たとえば、国民健康保険制度や多数の産業の国有化など）が、そのような社会的・政治的潮流によって方向づけられたのであるならば、カーの議論は、イギリスの戦後秩序構築の過程を形成したこれらの潮流の台頭に寄与したとして評価されるべきであろう。国内問題に関する彼の提案のいくつかは、少なくとも部分的には、政府の政策に採用されたのである。

しかしながら、これらの変化は、カーが求めていた究極の目的を実現するには至らなかった。彼の国内に関する諸提案は歓迎され、実際に戦後イギリスの社会・経済政策のいくつかに影響を与えたとはいえ、それらが国際的に採用されなければ、彼の求めた「革命」の達成にはならないのである。具体的にいえば、カーが望んだのは、ヨーロッパに新しい秩序が構築されるように福祉および計画化のプログラムが国際化されることであった。この「新しいヨーロッパ」の建設は、英、米、ソ三大連合国の関与に大きく依存していた。したがって、このプログラムは、まず第一に、戦時の協力的関係を基盤として、三大国に支持される必要があった。カーは、この国際化の最初の一歩は、それぞれの国内計画化が相互に影響し合うなかで実現することであると論じた。たとえば、イギリスの社会福祉政策とその混合経済は、部分的には、アメリカにおけるニュー・ディール計画やソ連の計画経済によって形作られるはずであった。

この点に関するカーの議論は実現に至らなかった。イギリス政府は、国内世論が「ロシアが同盟国になって以来、社会主義に傾斜しつつある」という報告が提出された後、カーの「革命」の到来を阻止することに腐心するようになった[78]。終戦直後、カーは、労働党政権の外務大臣アーネスト・ベヴィンからも、親ロシアで「ピンク色」の知識人であると攻撃された[79]。これは、当時の労働党政権がとっていた反ソ路線によって説明できる。労働党政権は、アメリカの援助を得ようと懸命になっており、主に、ソ連はイギリスに深刻な脅威を与えているという主張にもとづいて支援の要請を行っていた[80]。冷戦が進むにつれて、社会福祉と計画経済の国際化という構想にもとづいた「新しいヨーロッパ」の建設というカーの国内政策提案は、労働党政権の政策形成者たちにとっても、あまりにも過激で、あからさまにイデオロギー的すぎたのである。

ヨーロッパ経済共同体（ＥＥＣ）について、カーは、実際には何の見解も表明することはなかったのだが、おそらく相反する矛盾した気持ちを抱いたかもしれない。ＥＥＣは、加盟国の経済活動と社会保障の発展を調和させることを求めて超国家的組織のもとで共通の計画化を進めるというカーの構想の、少なくとも一端を内包していた。しかしながら、イギリスが参加しないＥＥＣ創設は、イギリスとヨーロッパとの関係を変容させ、「新しいヨーロッパ」というカーの構想（そこでイギリスは重要な役割を果たすはずであった）の基本的前提を取り払ってしまった。さらに、一九五〇年代と六〇年代の「イデオロギーの終焉」というテーゼに影響されて、ヨーロッパ統合を論じる研究者たちの多くは、公的な政策形成は、政府がイデオロギー的信念に沿って行うのではなく、むしろ主にテクノクラートによる行政管理として行われるという見方をするようになった(81)。この見解では、統治とは、合理的で科学的な手法にもとづく管理プロセスということになるが、それは、カーが心に描いていた統治の類――たとえば「二つの災禍」の克服と福祉国家建設などの進歩的な諸目的を、集合的な方法で達成する国家と人民のための主要な組織――とは異なっていた。このような相違は、戦争と革命が、ヨーロッパ統合のプロセスやそれがもたらす社会的・経済的変革の力強い原動力にはならなかったということを、カーに対して示唆するものであった。

小括

カーの見解では、人々が一九三九年から四五年の戦争で戦った敵は、枢軸国のみではなく、既存の政治・経済・社会体制でもあった。したがって彼は、政府の戦争目的および戦後再建計画の中に、社会保障、集合的計画化、そして政治権力の分権化のためのラディカルで新しい措置が明示されるべきだと主張した。外交政策に関する彼の提案とは異なり、ラディカルな社会的・経済的変革に関する彼の提案は、福祉国家の創設を求める戦時の世論の動向に刺激を与えた。

国内問題に対するカーのアプローチの特徴は、彼が、国内領域だけで生じつつあった問題にだけではなく、国際政治の変わりゆく現実にも対応しようとした点にあった。すでにみたように、カーは、ソ連およびアメリカとの同盟が経済の計画化と社会福祉を促進する方向にイギリスを導くことを期待し、それらがヨーロッパの国際的文脈においてさらに発展させられるべきだと論じた。カーの考えでは、ファシストと全体主義体制に対してともに戦った連合国は、その戦時協力と相互依存の深まりを基盤として、社会福祉および経済改革に関する共通の政策を必然的に模索するはずであった。

だが、カーの「福祉国際主義[82]（welfare internationalism）」に伴うこの側面は、彼が冷戦期における国際関係の学問領域において重視されなくなった要因の一つであったかもしれない。国際関係の学問は、冷戦対立の思想と規範の下で主としてアメリカで発展し、その思想と規範が「アメリカ社会科学」の特徴となった[83]。アメリカの政策形成過程と緊密に結びついていた国際関係研究は、もはや「ソヴィエト・インパクト」を建設的な方法で扱うことはなかった。西側の諸政府はその社会・経済体制を改革すべきであるというカーの信念や、集合的計画化の提唱は、本来はプラグマティックな文脈でなされたにもかかわらず、あまりにもイデオロギー的であるとして、戦後の雰囲気の中では歓迎されなかった。さらに、一九六〇年代と七〇年代初頭には、国際関係研究の下位分野であったヨーロッパ統合研究が、国際政治に関するより包括的な理論の一つの試みとして耐えうるように、その焦点を歴史調査から統合の原則や目的へと移した[84]。戦後ヨーロッパの統合に関するカーの論考において中心的な位置を占めていた価値や規範の要素が、学問的関心事から明確に除外されたことは、国際関係研究の変化を示す一つの指標であった。

冷戦期の国際関係研究は、変化という問題を無視してきたといわれる[85]。国際関係研究が間口を狭め、技術的かつ科学的になっていくなかで、それは相関関係として典型的に定式化される規則性を探究した。その際、動態的な変化は、不規則で、傾向としては滅多に現れないという理由で、無視されがちであった。この時代の支配的な国際関係理論であった現実主義は、本質的には静態的で、あるシステムによって課せられる一定の構造と限界の中でのみ力学が働くと仮定していた。さらに、現実主義の理論は、国家がシステムを変化させる可能性を低く見積もる傾向があったので、国内の社会改革をヨーロッパ国家体系の変化と結びつけようとしたカーの試みは、この主流のアプローチとは馴染まなかった[86]。

これまでみてきたように、カーは、著作全般にわたって変革という問題に関心を持ってきた。一九三九から四五年の総力戦の期間に、「二つの災禍」を克服するためのカーの改革提案は、人々を社会の重要な変革を求める方向へと促すことに貢献した。この点で、カーの変革のためのラディカルな構想は、「民衆の戦争」という概念を象徴し、また福祉国家の発展の先駆けであった。しかしこのラディカリズムは、もはや政策形成者たちに受け入れられなかった。彼らは、過度の社会変革を共産主義の脅威と同一視したからである。またそれは、価値と科学の厳格な分離を追求し、イデオロギー的で規範的な議論を無視していった国際関係研究の主流派にも、受け入れられなかった。このように、冷戦初期の政治的・知的雰囲気を反映して、カーのラディカリズム、とりわけ戦争と革命を関係づける彼の考えが、政治的かつ学問的に受け入れられ難い状況が存在した。

戦争は支配階級のためであり、労働者階級の革命によって終わりを迎えるというレーニン主義者の階級論に根差した見解とは違って、カーによる戦争と革命の結合は、悪化するイギリスの地政学的・社会経済的環境に対する現実的でプラグマティックなアプローチであったところに特徴があった。カーは、国内および国外の双方で革命的変化を起こすために、社会と経済の計画化の提唱者として、現実主義的な方法で世論や政策形成過程に影響を与えようと模索した。したがって、国内問題に関するカーの思想を研究することによって、私たちは、社会的公正に関する彼の理論的考察と福祉や計画化に関する実用的な処方箋に注目することになる。これらはいずれも、国際的に条件づけられて発展するとカーは考えていた。そして、国内問題に関するカーの思想の研究は、十九世紀の自由主義的諸原則という、より大きな問題に挑むなかで彼が到達した、理論的考察と処方箋の実際的な結合を際立たせるのである。

国内的な問題と国際的な問題をこのように相互に結びつけたことは、カーの理論の弱点であると結論づけるのは間違っているだろう。近年、変化の問題は、国内政治、国際政治双方の重要課題として立ち現れてきた。グローバル政治の変化し続ける現実を理解しようとするとき、一国内における社会的、経済的、政治的変革をヨーロッパ地域におけるそれと結びつけようと主導的な役割を担ったカーの思想の力と志を振り返ることは、これからも重要性を持ち続けるであろう。

終章

本書は、二十世紀の初頭から半ばにかけての国際問題に関するE・H・カーの研究方法を再検討し、カーの多面的な学識や様々な関心事は、十九世紀の自由主義的国際主義に対する鋭い批判を中心に展開していたと理解することがもっとも適切である、という考え方の提示を試みたものである。他書にはない本書の特徴は、カーが一貫して取り組んだ課題を、歴史的背景と文脈に留意して検討したことにある。カーの課題とは、第一次世界大戦後の政治思想、慣行、制度の中に再び現れ、それらを支配した十九世紀の自由主義原則を、いかにして乗り越えるのかというものであった。ところが、国際関係研究という学問領域において、このカーの取り組みは、戦間期の「ユートピアン」に対する現実主義者としての批判の一部分を構成するにすぎないとみなされてきた。このような理解は、カーが、国際関係における力の役割の過小評価を戒める現実主義者として長年にわたって名声を博してきたことに起因している[1]。しかし、カーを単なる現実主義者とみなすこの肖像は重大な誤解であって、十九世紀の自由主義原則に対するカーの「批判」の本質は、より広い歴史的・知的文脈の中で理解される必要があるのである。

本書は、当時支配的であった自由主義的国際主義の思想と実践に対するカーの挑戦について、その起源、経緯、範囲、対象、および反響を探究した。本書がとりわけ注視したのは、自由主義的な伝統の影響を強く受けた人々が絶対かつ普遍であると考えていた諸原則は、実際には純粋な原則などではなく、特定の時代における特定の利益――本質的には現状維持を望む「持てる者」の利益――を思想的に反映したものであることを、徹底的に暴露したカーの探究過程である。この自由主義と特定の利益との関係を暴き、さらにそれを乗り越えるために、カーは、リアリズムを含むいくつかの理論枠組を利用し、また、現状を革命的に変革するためにそれらの理論枠組を用いることを主張したのである。

近年の「カー研究」は、国際関係論の教科書から受けるカーのイメージと、政治・社会思想に対してカーが実際に行った貢献との間のギャップを的確に指摘したうえで、彼の理論は革命的な急進主義と実用的な現実主義との独特《スペシャル》な調和《ブレンド》であり、また、それはカーの思想の根深い両義性を反映していたと主張している。しかし、この「両義性」という概念に満足してしまうのではなく、なぜ、どのようにして、カーが異なった理論的な立場を取り入れたのか、また、カーが執筆していた当時の政治や経済の文脈に照らして、それはどのような意味を持っていたのかを検討することを通して、カーの「独特な調和」の背景と意図とをより深く探るべきなのである。

本書は、カーの思想の核心部分に西欧自由主義の覇権的地位への批判を位置づけることによって、前述の課題を解こうとした。彼の思想のこの核心部分は従来の「カー研究」によって十分に検討されてこなかったが、その検討は、国内問題と国際問題に対するカーの「両義的」な態度を理解する重要な手がかりを与える。カーの思想体系において、この核心部分は、自由主義的な国際主義のイデオロギー的本質に対するカーの一貫した問題意識と、国際的大変動に対応して変化していた政治問題に関する彼の見解とを結ぶ結節点であった。ここでいう国際的大変動は、カーによれば、既存の自由主義的秩序と原則の「時間を超越」した絶対的支配という幻想を信奉した結果に他ならなかった。カーは、自由主義の普遍性の主張に疑義を唱えるに当たって、常に変化する政治的現実を解明するために現実主義的・相対主義的な視点を取り入れ、世界政治の変化に対する進歩的な立場を支持したのである。本書の議論が示したのは、このようなカーの知的営為は弁証法的過程を通じて発展したということであり、そしてそれは、歴史的に進歩的な方法によって西欧自由主義の伝統をいかに乗り越えるべきかという彼の中心課題によって導かれていたということである。

本書の梗概

本書の第一部は、カーの思想の中核にどのように接近すべきかについての基本的な議論である。第一章では、最近のカー研究には「三人のカー」像（すなわち、国際関係研究者としてのカー、ソ連研究者としてのカー、歴史哲学者としてのカー）を一人のカーの思想として統合しようという野心的な試みも登場しているが、よく知られているリアリストとしてのカー像の分析に比べると、十九世紀の自由主義の教義に関するカーの考えは、研究者によって十分に検討されていないという点を指摘した。そこで、第二章以下の各章では、十九世紀の自由主義を二十世紀に「移植」することに対するカーの批判がいかに形成されたか、また、その批判がどのようにして様々な政治・社会問題に関するカーの議論の中心を占めるに至ったかを検討した。十九世紀の自由主義を退けようというこの問題意識こそ、ときに首尾一貫していないようにみえるカーの思想を理解する鍵なのである。

第二章は、二十世紀の国際的文脈におかれた十九世紀の自由主義に対するカーの辛辣な批判の目的を再検討した。その第一節では、自由主義的国際主義の発展を概観し、国際政治の中で変化する自由主義の役割——すなわち、権力政治に対する進歩的な挑戦者から、現状を擁護する「保守主義」への変化——に注目した。カーは、それまでにヨーロッパ大陸の近代哲学者たちによって主張されてきた西欧自由主義に対する批判的分析を通じて、この自由主義の役割の変化を鋭く見抜く視点を獲得した。カーは、とりわけ「自由貿易」と「恒久平和」という教義に疑義を呈し、すでに双方ともに革命的であることをやめ、国際システムの中で自国の優位を維持したいと考える国家のイデオロギーに転化していると考察したのである。第二節では、第一に戦間期の世界秩序構想、第二に新興の学問である国際政治学という二つの領域において、そこに深く根差した自由主義的国際主義の伝統がおよぼした影響力について検討した。この両領域の自由主義的伝統に対するカーの挑戦は、一般に「ユートピア主義」に対する「リアリスト」の攻撃として表現されているが、それは、英・米の政治文化の支配的な地位を相対化する試みとして理解するのが適切である。したがって、第二章では、国際関係の理論と実践の双方における十九世紀の自由主義の教義の支配に対して、カーが問題意識を発展させた文脈を明らかにすることを試みたのである。

第二部は、カーが取り組み、問題解決のための処方箋を検討した個別の政治的問題を取り扱った。第三章では、ドイツ問題と「ヒトラリズム」に関するカーの態度を論じた。カーは、既存の国際秩序の平和的変革を探求するという動機から、第二次世界大戦の勃発まで対独宥和を支持した。これは当時の状況に対する便宜主義的な対応だったのではなく、ヴェルサイユ体制の失敗に関する「リアリスト」の姿勢の表明であった。カーは、押しつけられた講和の「犠牲者」としてドイツをみる見解には現実的根拠があると考え、また、ドイツが復興した暁には中・東欧の「安定役」に留まるべきだと主張した。カーは、国際的な思想と政治的実践におけるドイツの「革命的な」役割を認識しつつ、ヒトラー率いるドイツを、当時の国際システム――それは「持てる者」の手中にあり、自由主義的な普遍主義にとらわれている――に対する疑似マルクス主義者的な挑戦者であると考えた。カーは、第二次世界大戦の勃発直後に、もはやドイツは「持たざる者」ではないと主張してこの考えを修正したが、ドイツ・ナショナリズムの反西欧自由主義的な性格については引き続き重視した。そして、ドイツは戦後に「新しいヨーロッパ」を建設するための多国間枠組に組み込まれるべきであると提案した。このように、ドイツに関して揺れ動くカーの見解を理解するうえで、自由主義的な国際主義に関するカーの問題意識がきわめて重要なのである。

第四章は、カーの「親ソ的」態度を再検討した。この章で論じたのは、ソ連の成果に関するカーの評価は、イデオロギー的な共感ではなく、ソ連の実験が西欧社会に与えうる重要性の分析にもとづくものであった、という点である。カーによれば、西欧社会は、時代遅れな十九世紀的自由主義の教義を墨守したために、政治的、社会的、経済的諸困難に直面した。カーの立場からみると、国家安全保障という純粋に政治な目的を見定めたソ連の現実的政策《レアルポリティーク》に対する「リアリスト」としての評価と、ソ連の集団主義体制下における社会的・経済的計画に関する「ユートピア主義者」としての評価との間には、何の矛盾もないのであった。これら二つの評価は、いずれも自由主義的国際主義の政策への対案を模索するカーの思考の延長線上に存在した。すなわち、現実的政策は「諸国家の国益の国際的な調和」というイデオロギー的教義によって進められてきた政策の代案であり、計画経済と社会福祉は自由放任的《レッセフェール》な市場資本主義の代案であった。したがって、カーの「親ソ的」姿勢は、ソ連に共感的なものではあったとはいえ、ソ連の衝撃を変革の手段——人々の関心を西欧において支配的な政治文化の諸問題に向けさせる手段——として戦略的に使ったものと理解すべきであった。ただし、カーは、ソ連の制度を西欧のモデルとは考えなかった。むしろ、カーの「新しい社会」構想は、民主主義的な価値と社会主義的な価値との統合にもとづくものであった。もちろんその構想は、ソ連の経験がカーの思想に与えた衝撃なくしては生み出されなかったであろう。

第五章は、カーの「新しいヨーロッパ」構想について論じた。カーは「新しいヨーロッパ」構想において、ドイツとソ連の双方が重要な役割を担うと想定していた。「新しいヨーロッパ」は、ドイツを疲弊させソ連を排除したヴェルサイユ体制の破滅的な崩壊［第二次世界大戦勃発］の直後に、第二次世界大戦の後の時代に誕生すべき秩序として提案された。それは、広い基盤を持った地域的枠組として、諸国家間の共通の計画と機能的協力によって形成される機構であった。同構想は、「ヒトラリズム」と戦った人々による戦後再建に必要な協力を確保するという実用主義《プラグマティズム》と、出身国を問わずすべての市民に等しい権利を与えるポスト・ナショナルな政治共同体の形成という理想主義とを結合させることを意図していた。カーにとって、この結合は新しいヨーロッパに不可欠であった。そして、自由主義的な国際システムを乗り越えるに当たって、ヨーロッパはさらなる衰退と内部分裂を食い止め、適切な社会福祉の制度を求める声に応え、攻撃的なナショナリズムを制御しなければならなかったのである。

しかしながら、「新しいヨーロッパ」は、まず最初にイギリスが改革されなければ実現の困難な構想であった。そこで、第二部の最終章［第六章］は、国際関係の研究者が概して見過ごしてきた主題であるイギリスの内政に関するカーの議論に注目した。カーの議論は急進的な社会・経済改革の主張を特徴としていたが、彼は、そのような改革のためにこそ大多数の人々が第二次世界大戦を戦っていると考えていたのである。カーは、集団的計画、混合経済、労働権、所得の均等配分、社会福祉、政治権力の分散を力説したが、それらは、行きすぎた個人主義、自由放任経済、社会と経済の分離、政府（行政府）に対する議会（立法府）の優越等に対するアンチテーゼとして主張された。カーの提示した構想は、おおむね類似の言葉で、同時代の多くの知識人や労働党員にも支持された。また、カーは世論の左傾化に大いに寄与した。「社会・経済変革のための戦争」というカーの構想について特に重要なのは、それがイギリスとアメリカおよびソ連との同盟を見越して、第二次世界大戦のごく初期段階に提示されたという点であり、また、主要な提案であった経済計画と社会福祉は、ヨーロッパ諸国による共通政策の導入を通じて国際的に実施されることが期待されていた点にある。

第六章ではさらに、カーが想定した「新しいヨーロッパ」と「新しい社会」との関係を論じた。彼は、「新しいヨーロッパ」は第二次世界大戦を通じて形成され、「新しい社会」は「革命」を通じて建設されると期待したが、理論的にも実践的にも、そのようには実現しなかった。ヨーロッパ統合の実際の過程では、国民国家体系は維持され、さらに強化されたといってよいだろう。多国間からなる社会・経済単位というカーの提案とは異なって、国民国家は安全保障と社会福祉をしっかり掌握し、それらは決して国際化されることなくもっぱら国内的に追求された。付言すれば、冷戦期における国際関係の研究は、国内の社会・経済改革によって促進される国際システムの構造的変化の可能性を無視しがちであった。国際関係において国内領域と国際領域が厳格に区分されたことによって、福祉の国際主義というカーの提案は、傍論に追いやられたのである。

カーの思想の見取り図

本書は、カーの思想を紐解く手がかりとして、西欧自由主義の覇権的な地位に対する彼の批判を提示した。カーの姿勢は文化相対主義であり、それは彼の全業績に貫かれ、また、普遍性を主張する自由主義の教義やイデオロギーとの対決の基層をなしていた。この（文化）相対主義はカール・マンハイムの「知識社会学」に由来するものであり、そのことは、マンハイムの信条に対するカーの次の賛意に明らかである。

現実の本質は動態的であり、それゆえ、その中に「時間を超越した」判断を下しうる静態的なポイントを探し出そうとするのは根本的な間違いである。この常に変化する現実についての個々人の理解は、部分的で相対的にならざるをえない。人は、自らが存在している時間と場所に規定された観点からのみ物事を理解できる。そしてこの限定された認識ですら、見ている間にも継続的に変化する過程にある何ものかの一部なのである。[2]

カーは、現実の本質を動態的なものととらえるこの考え方を重視し、国際問題の処理に絶対的で客観的な基準を求めようとする自由主義者の主張に反論を加えた。彼の見解では、国家間の相対的な力関係が絶え間なく変動している国際政治の常に変化する現実を認識するなら、自由主義者の想定する基準は相対化されるべきであった。カーは、「政治的変革の必要性を承認することは、どの時代の思想家にとっても、どのような種類の意見にとっても、当然のことであった」と主張し、国際領域のみならず国内領域においても、何らかの類の変革が不可避であると考えていた。[3]カーは、このような変革についての相対主義的な態度にもとづいて、何らかの大理論を構築する基盤として「時間を超越した」観察や分析を用いることに抵抗し、「新しいヨーロッパ」と「新しい社会」を提唱することを通して、いかに変革がよりよいものを導き得るかを探究したのである。

カーの思想は、単なる「現実主義者」と位置づけるにはあまりに歴史的かつ複合的であり、また、力の政治を説く国際関係理論の先駆者という分類は、彼の思想への誤解を招いてきた。さらに、カーの急進的で歴史的な思考様式は、一般に現実主義思想の柱をなすと考えられている保守的な現状擁護の立場とは大きく異なっている。他方で、カーは現実主義者の対抗勢力である理想主義者の同調者では決してありえなかった。理想主義者の陣営は、自由主義的な伝統を擁護する保守派から、ユートピア的な大構想にもとづいて世界を作り変えようとする革命的イデオローグに至るまで、戦間期の英語圏の幅広い思想家から構成されていた。したがって、カーの手法や思想は、一面において時代と場所の産物であったが、それは同時に、十九世紀的自由主義の有害な影響に対する彼の一貫した問題意識によって導かれたものと理解する必要がある。

二十世紀初期から中期において国際政治史がたどった道筋を評価するうえで、その軌跡に強く影響を及ぼしたドグマやイデオロギーに関するカーの相対主義的な分析を理解することは、非常に重要である。カーは、結果として「マルクス主義者」という評価を受けたが、あらゆる「絶対的なもの」の探究に根本的な疑義を抱いていたために、英語圏の社会主義とは明確に疎遠な間柄であった。カーは、「アングロ＝サクソンの社会主義」は「側頭上部に内在する理性に関する啓蒙主義時代の古い信条への退行にすぎず、また、それは哲学的に自由主義（およびそれがもたらした政治的帰結）と区別できなくなった」という見解を抱くようになった。[4] カーにとってそのような社会主義は、「自由」貿易、「自由」な市場価格、「自由」な資本移動、経済の政治からの「自由」など、自由主義の名のもとに絶対的基準に格上げされたすべての価値観と闘うには役に立たないのであった。カーの社会工学的な構想の中では、「時間の超越」を求めるすべての教義やイデオロギーは、その政治的色彩や立場にかかわらず、変革にとっての障害であった。これこそが、時事問題に対するカーの実用主義的で「非イデオロギー的」な立場を説明する論理であり、それが純粋な現実主義者の立場だと誤解されてきたのであった。

本書を締めくくるに当たって、今日あらためてカーの業績を読み返す理由を二つ述べておきたい。第一に、西側自由主義の地位の変化が、それに対する批判的な再検討を必要としていることである。冷戦後の世界において、西側自由主義の勝利を絶対視する考え方が強い影響力を持ってきた。第一章で触れたように、フランシス・フクヤマの「歴史の終わり」という観念が大変もてはやされ、アメリカと西側世界の政治エリートの間のみに限らず、自由民主主義が他のすべての対抗イデオロギーに打ち勝ったという見解が一般的になった。実際、現在の世界観の大部分を形作っているのは、西側の自由民主主義の普遍化が統治の最終形態であるとする政治的言説、新自由主義的な資本主義に立脚した自由市場経済の支配、そして集団的な構造から独立した自立的で道具的な諸個人という観念である。これらが、カーの時代に十九世紀的自由主義的の教義が果たしていたように、今日の政治理論や政治的実践に決定的な役割を果たしている。

しかし、昨今のグローバル政治の現実は、これらの原則が「国際関係の在り方に関する何らかの絶対的で公平な基準を提供する」には不十分であることを示している。[5] 現在進行中の世界金融の先行不透明性、繰り返し行われる軍事介入、国際的な不平等という事態に直面して、事情通の解説者たちは、次第に次のような議論を行っている。すなわち、経済的な安定と効率は自由市場のみによっては達成されない。あるいは、英・米による国家や既存の世界秩序に関する説明は普遍的価値を持つわけではない。さらに、すべての政治システムが「自由主義・資本主義」的な民主主義に行き着いて終わるわけではない、などである。したがって、現在の政治経済情勢において、私たちは、カーが「危機の二十年」の間に直面したのとおおむねよく似た状況――すなわち、「今日の国際政治において我々が直面しているのは……（長年の間）政治・経済思想を支配してきた道義的概念の完全な破綻に他ならない」という状況[6]――に直面しているといってよいだろう。そこで、十九世紀の自由主義的国際主義の支配に挑戦したカーの目的と文脈を再検討することによって、私たちの国際思想や行動を支配してきた理念や原則を、おそらくいくらかは相対化できるであろう。

第二に、国際関係研究における現在の潮流は、歴史的な変化を継続的で多面的な過程ととらえたカーの見解を、次第に受容するようになっていることである。第六章で論じたように、冷戦期の国際関係論は変化の問題にほとんど関心を払わなかった。今日、主流をなすアプローチ（すなわちネオ・リベラリズム［Neolibralism］と新現実主義）は、世界政治の根本的な構造変化に関する諸問題に取り組むことや、歴史とともに国家や社会が発展する道筋を検討することに、依然として消極的である。しかしながら、現在の主流アプローチの基礎となる諸前提が、いくつかの事情によって次第に疑義にさらされている。一つには、冷戦の終焉、グローバル政治の新たな特徴の出現（たとえばアイデンティティーをめぐる政治、非国家主体、国家横断的な社会運動、コミュニケーション・システムの多様化）、そして現在進行中のグローバリゼーションへの動きなど様々な出来事によって、また、理論面では社会科学思想における「ポスト実証主義的転換」［可視的な事実認識に留まらず、間主観的な事実認識も受容する傾向］が起きたことによって、主流アプローチの前提に疑問が提示されるようになったのである。ポスト冷戦期における非主流派の国際関係研究は、国際的な「自助」システムの中で「与件」とされ「固定した」ものとみなされてきた諸要素について、伝統的なアプローチが認知する以上に、実際には変化に対してより開かれたものであると主張している(7)。このような歴史的、社会的、文化的な論争が国際関係の理論研究者たちの関心を集めるようになっており、またそれらの論争は、世界史における政治的、社会的、文化的な変化の意味とその解釈に関するカーの洞察を詳細に検討することを促している。

本書の目的は、カーの思想を適用することによって今日のグローバルな諸問題が解決できると主張することにあるのではなく、また、その複雑性を正当に評価しないままにカーの思想を単に再定義することにもない。本書がとりわけ論証しようと試みたのは、十九世紀的な自由主義的国際主義の影響力に対する一貫した批判としてカーの思想を読み解くことが、もっとも理にかなっているという主旨である。もちろん、つい最近まで国際関係理論を支配してきたある種の不毛な概念上の袋小路から脱出するに当たって、カーの思想についての理解を深めることがどんなに助けとなるかに気づくであろうし、さらに、カーの思想の理解は、より緻密で歴史に敏感な方法で現代世界を理解することに寄与するであろう。

註

［邦訳書の版の選択と書誌情報の記載方法については、本書冒頭の「凡例」六、七、八に記した通りである。］

序章

（1） これはフーコーの著書の主題である。Michel Foucault, *The Order of Things: An Archaeology of Human Sciences* (New York: Vintage Books, 1994).

（2） John J. Mearsheimer, 'E.H. Carr vs. Idealism: The Battle Rages On', *International Relations*, 19(2), 2005, pp. 139–152.

（3） E. H. Carr, *From Napoleon to Stalin and Other Essays*, with a new introduction by Jonathan Haslam ([London: Macmillan, 1980] Basingstoke and New York: Palgrave Macmillan, 2003), p. 180.［E・H・カー、鈴木博信訳『ナポレオンからスターリンへ——現代史エッセイ集』岩波現代選書、一九八四年、二三八頁。］

（4） Quentin Skinner, 'Meaning and Understanding in the History of Ideas', in James Tully ed., *Meaning and Context: Quentin Skinner and His Critics* (Cambridge: Polity Press, 1988), pp. 29–67.

（5） *Ibid.*, p. 64.

（6） Skinner, 'Motives, Intentions and the Interpretation of Texts', in *Ibid.*, Chapter 3, p. 77.

（7） 国際関係論においてリアリズムは支配的な理論であり、一九七〇年代以降のリアリストの業績のほとんどは「ケネス・ウォルツの影響を受けて、多かれ少なかれ構造的な理論構成をとっている」。Jack Donnely, 'Realism', in Scott Burchill and Andrew Linklater *et al.*, *Theories of International Relations*, 3rd ed. (Basingstoke and New York: Palgrave Macmillan, 2005), p. 34. ウォルツは国際政治システムについての科学的な説明を提供することを構想し、システムの構造によってアクターが一定の予想された範囲で行動すると主張した。「なぜ人や国家の相違にもかかわらず類似の手法が繰り返し用いられるのかということを、構造的な制約が説明する」から、ほとんどの構造的リアリストにとってすべての国家は機能的に類似の単位であるという。Kenneth Waltz, *Theory of International Politics* (New York: McGraw-Hill, 1979), p. 117. 結果的に、構造的リアリストの学術用語による説明は、異なった時代や地理的な文脈と結びついた変化と多様性よりも国際システムの継続性と類似性に焦点を定める傾向がある。

（8） Carr, *What Is History?*, 40th anniversary edition with a new introduction by Richard J. Evans ([London: Macmillan, 1961]

Basingstoke: Palgrave, 2001), p. 17.［E・H・カー、清水幾多郎訳『歴史とは何か』岩波新書、一九六二年、二七頁。］

（9）Interview with P. Scott, 'Revolution without the Passion', *Times Higher Education Supplement*, 7, July 1978.

（10）Carr, 'An Autobiography', in Michael Cox ed., *E.H. Carr: A Critical Appraisal* (Basingstoke and New York: Palgrave, 2000), p. xiv.［エドワード・ハレット・カー、中嶋毅訳「自伝的覚書」『思想』九四四号、二〇〇二年一二月、岩波書店、五二頁。］

（11）Jonathan Haslam, *The Vices of Integrity: E. H. Carr 1892–1982* (London and New York: Verso, 1999), p. 16.

（12）Carr, 'An Autobiography', p. xv. 邦訳、五四頁。

（13）*Ibid.*, pp. xv-xvi. 邦訳、五四頁。

（14）*Ibid.*, p. xvi. 邦訳、五四頁。

（15）*Ibid.*

（16）Carr, 'Turgenev and Dostoevsky', *Slavonic and East European Review*, 22, June 1929, pp. 156–163.

（17）Carr, 'An Autobiography', p. xvii. 邦訳、五五頁。

（18）たとえば、BBCラジオでカーは一九三六年のヒトラーによるラインラント再占領への寛大な対応を主張した。この点について主要紙はカーの見解に同意していた。一九三七年三月九日放送用のカーのタイプ打ち原稿、Papers of E.H. Carr, Birmingham University Library［以下、Carr Papers と略記］。

（19）カーの生涯と『タイムズ』紙における業績については、Haslam, *op. cit.*, Chapter 4; Charles Jones, *E. H. Carr and International Relations: A Duty to Lie* (Cambridge: Cambridge University Press, 1998), Chapter 5.

（20）おそらく、カーはタマラ・ドイッチャーとの間でもっとも頻繁に文通していた。タマラ・ドイッチャーは著名な歴史家アイザック・ドイッチャーの生涯の伴侶であり、かつ、厚い信頼を寄せられていた協力者であった。一九七二年秋からカーの死まで、タマラ・ドイッチャーは『ソヴィエト・ロシア史』最終巻の作成のために緊密に協力した。タマラ・ドイッチャーとカーとの間の文通については、Haslam, *op. cit.*, p. 264 ff.

（21）Carr, 'The Russian Revolution and the West', *New Left Review*, 111, September-October 1978, reprinted as 'The Left Today: An Interview' in Carr, *From Napoleon to Stalin*, pp. 261–275. 邦訳、三一三—三三六頁。

（22）Carr, *The Twenty Years' Crisis 1919–1939: An Introduction to the Study of International Relations* ([London: Macmillan, 1939] Basingstoke: Palgrave, 2001), p. 29.［E・H・カー、原彬久訳『危機の二十年——理想と現実』岩波文庫、二〇一

一年、六九―七〇頁。〕

第一章

(1) Carr, *Crisis*, p. 88. 邦訳、一九一頁。

(2) 彼らによるカーと『危機の二十年』への応答に関する研究は、Peter Wilson, 'Carr and his Early Critics: Responses to The Twenty Years' Crisis' in Cox ed., *op. cit.*, pp. 165–197.

(3) Leonard Wolf, 'Utopia and Reality', *Political Quarterly*, 11 (2), 1940, pp. 173–174.

(4) Hans Morgenthau, 'The Political Science of E. H. Carr', *World Politics*, 1 (1), October 1948, pp. 127–134.

(5) Carr, *Crisis*, p. 88. 邦訳、一九〇―一九一頁。

(6) *Ibid.*, p. 192. 邦訳、三九五―三九六頁。

(7) ピーター・ウィルソンによると、カーの「テクストの道義的な示唆、その規範的な価値、その科学的な立ち位置の主張、そしてそれが現実の政治におよぼしうる影響」は、「ユートピアン」にもそうでないものにも等しく共有されていたという。Peter Wilson, 'The Myth of the "First Great Debate"', in Tim Dunne, Michael Cox and Ken Booth eds., *The Eighty Year's Crisis: International Relations 1919–1999* (Cambridge: Cambridge University Press, 1998), p. 6.

(8) Whittle Johnston, 'E. H. Carr's Theory of International Relations: A Critique', *The Journal of Politics*, 29, 1967, pp. 861–884.

(9) しかしながら、ブルはアメリカの政治学者とは異なる視点から、国際政治の特質についてのカーの分析は正しいとも述べている。また、これも興味深いことだが、国際社会に関するブルのもっとも有名な定義「一定の共通利益と共通価値を自覚した国家集団、それらに淵源を持つ規則体系と諸制度」〔ヘドリー・ブル、臼杵英一訳『国際社会論――アナーキカル・ソサイエティ』岩波書店、二〇〇〇年、一四頁〕は、すでにこのカーへの初期の批判の中に垣間見ることができる。Hedley Bull, 'The Twenty Years' Crisis Thirty Years On', *International Journal*, 24 (4), 1969, p. 639.

(10) この「パラダイム間論争」は、国際関係理論における「第三論争」を指し、それは「国際関係論という学問の焦点を、政治・軍事の問題から経済・社会問題へと移行させ、第三世界の社会経済問題という別個の問題を導入することで、国際関係論の研究をさらに複雑化させることになった」という。Robert Jackson and George Sørensen, *Introduction to International Relations: Theories and Approaches* (Oxford: Oxford University Press, 2003), p. 59.

(11) Graham Evans, 'E. H. Carr and International Relations', *British Journal of International Studies*, 1, 1975, p. 81.

(12) *Ibid.*, pp. 93–95.

（13） 一例として次を参照。K.W. Thompson, *Masters of International Thought: Major Twentieth-Century Theorists and the World Crisis*（Baton Rouge: Louisiana State University Press, 1980）, pp. 67–79.

（14） リチャード・アシュリーによれば、「新現実主義者の構造主義は、過程としての歴史を否定し、人間を「全体の再生産に参加するか……あるいは落伍者となることを運命づけられた単なる客体」に貶めるものである」という。Richard K. Ashley, 'The Poverty of Neorealism', *International Organization*, 38（2）, Spring 1984, pp. 225–286. 新現実主義が政治的変化を受容することの困難さについては次を参照のこと。R.B.J. Walker, *Inside/outside: International Relations as Political Theory*（Cambridge: Cambridge University Press, 1993）, pp. 104–124.

（15） Thompson, *op. cit.*, pp. 72–78.

（16） R. K. Ashley, 'Political Realism and Human Interests', *International Studies Quarterly*, 25（2）, June 1981, pp. 204–236.

（17） R. W. Davies, 'Edward Hallett Carr', *Proceedings of the British Academy*, 69, 1983, p. 509.

（18） 一例として次を参照。T. R. Fox, 'E. H. Carr and Political Realism: Vision and Revision', *Review of International Studies*, 11（1）, 1985, pp. 1–16.

（19） Hidemi Suganami, *The Domestic Analogy and World Order Proposals*（Cambridge: Cambridge University Press, 1989）.

（20） このような現実主義者の見解の例として、Kenneth Waltz, *Theory of International Politics*（Reading, Mass: Addison-Wesley, 1979）, p. 210.

（21） 実証主義とその批判者の論争については、次の著作の序章を参照。Steve Smith, Ken Booth and Marysia Zalewski eds., *International Theory: Positivism and Beyond*（Cambridge: Cambridge University Press, 1996）.

（22） Ken Booth, 'Security in Anarchy: Utopian Realism in Theory and Practice', *International Affairs*, 67（3）, 1991, pp. 530–531.

（23） Ken Booth, '75 Years on: Rewriting the Subject's Past – Reinventing Its Future', in Steve Smith *et al.* eds., *op. cit.*, p. 332.

（24） Paul Howe, 'The Utopian Realism of E. H. Carr', *Review of International Studies*, 20（3）, 1994, pp. 277–297.

（25） ブースは、カーの思想が「ポスト実証主義的転回と調和している」と指摘している。Booth, '75 Years on', p. 332. 次の文献も参照のこと、Scott Burchill, 'Realism and Neo-realism', in the first edition of Burchill and Linklater eds., *Theories of International Relations*（London: Macmillan, 1996）, pp. 67–73.

（26） Andrew Linklater, 'The Transformation of Political Community: E. H. Carr, Critical Theory and International Relations', *Review of International Studies*, 23（3）, 1997, pp. 321–338.

（27） *Ibid.*, p. 338.

（28）Tim Dunne, *Inventing International Society: A History of the English School* (London: Macmillan, 1998), pp. 23–46.

（29）*Ibid.*, p. 38.

（30）Tim Dunne, 'Theories as Weapons: E.H. Carr and International Relations' in Cox ed., *Critical Appraisal*, pp. 217–233.

（31）Carr, *What Is History?*, p. 24. 邦訳、四〇頁。

（32）*Ibid.*, p. 98. 邦訳、一五二頁。

（33）Geoffrey R. Elton, *The Practice of History* (Sydney: Sydney University Press, 1967), p. 13.

（34）*Ibid.*, pp. 51–73.

（35）H. R. Trevor-Roper, 'E. H. Carr's Success Story', *Encounter*, 104, May 1962, pp. 75–76.

（36）*Ibid.*, p. 76.

（37）Gareth Stedman Jones, 'The Pathology of English History', *New Left Review*, 46, Nov-Dec 1967, p. 41.

（38）*Ibid.*, p. 43.

（39）Carr, *What Is History*, p. 60. 邦訳、九六頁。ステッドマン・ジョーンズに対する手紙の中で、カーは次のように書いている。「十分に率直にいうならば、すべての構造はそれ自体においてのみならず、その他の構造との関係において考察されねばならない。そこには、現代の構造も、歴史的に先行した構造も、その後に続く構造も含まれる。どちらのアプローチも必要であることは明確だが、構造主義の主な強調点は前者にあると思われる。私には、前者のアプローチは静態的な条件を考察する意味において保守的であり、後者のアプローチは変化に重きを置く点で急進的であるように思われる」。Carr Papers, Carr to Stedman Jones, 18 June 1968.

（40）冷戦期の歴史学については次を参照。Richard J. Evans, *In Defence of History* (London: Granta Books, 1997), pp. 35–37.

（41）*Ibid.*, p. 36.

（42）Keith Jenkins, *Re-thinking History* (London: Routledge, 1991), p. 1.

（43）*Ibid.*, p. 33.

（44）アラン・ムンスローによる『歴史とは何か』への書評は、Alun Munslow, 'Book Review (reappraisal): What Is History?', in *History in Focus* (London: Institute of Historical Research, 2001) <http://www.history.ac.uk/ihr/Focus/Whatishistory/carr1.html> Accessed on 20 July 2007.

（45）*Ibid.*

（46）エヴァンスによる『歴史とは何か』への序文を参照。Evans's introduction in Carr, *What Is History?* (2001), p. xli.

（47） カーの『歴史とは何か』の昨今の再評価については次を参照。David Cannadine ed., *What Is History Now?*（Basingstoke and New York: Palgrave Macmillan, 2002）. 本書の寄稿者たちは大部分がカーの歴史学を擁護している。

（48） Carr, 'An Autobiography', p. xx. 邦訳、五九頁。

（49） 渓内謙「E・H・カー氏のソヴィエト・ロシア史研究について」、E・H・カー、塩川伸明訳『ロシア革命――レーニンからスターリンへ、1917–1929年』岩波書店、一九七九年、所収。同書本文の原典は Carr, *The Russian Revolution from Lenin to Stalin, 1917–1929*（London: Macmillan, 1980）. 渓内謙は、カーのソヴィエト・ロシア史プロジェクトの研究仲間の一人であった。

（50） 次の文献中のイリーナ・オレギナの見解を参照のこと。Stephen White, 'The Soviet Carr', in Cox ed., *Critical Appraisal,* pp. 111–112.

（51） 本文に引用したロバート・W・デイヴィスによるカーに関する新しい解説文は、*The Russian Revolution: From Lenin to Stalin 1917–1929*（[London: Macmillan, 1979] Basingstoke and New York: Palgrave Macmillan, 2004）, p. xxx.

（52） Geoff Eley, William Rosenberg, Moshe Lewin and Ronald Sunny, *London Review of Books*, 8, 1983, cited in R. W. Davies's introduction to *Lenin to Stalin*, p. xx.

（53） R. W. Davies, *Soviet History in the Gorbachev Revolution*（London: Macmillan, 1989）, p. vii.

（54） 渓内の回想によれば、一九九〇年代初頭の研究会における講演にて、影響力あるソ連史研究者がカーの業績は無意味なものとなったと発言したという。渓内、前掲解説文、三〇一頁。

（55） White, *op.cit.*, p. 119.

（56） 渓内、前掲解説文、三〇二頁。

（57） この点についてのもっともよく知られた議論は、Francis Fukuyama, *The End of History and the Last Man*（London: Penguin, 1992）.

（58） Rex A. Wade, *The Russian Revolution, 1917*（Cambridge: Cambridge University Press, 2000）, p. ix.

（59） Evans's introduction in Carr, *What Is History?*, p. li.

（60） 一九九八年以降アクセスが容易になったこの文書は、カーの私的な記録、他の学者との交信、論稿や書評などの刊行物、講義やラジオ放送のための未公刊原稿、草稿、校正文書などを含む。

（61） Richard J. Evans 'Prologue: *What Is History?* – Now', In Cannadine, *op. cit.*, pp. 8–9.

（62） 次の文献の序からの引用 Cannadine, *Ibid.*, p. vii.

（63） Evans's Introduction to Carr, *What Is History?*, p. xxxii.

（64） Evans, 'Prologue', p. 15.

（65） ロシア革命に関する十分確立された諸解釈間の論争を分析するに際して、エドワード・アクトンがカーの歴史哲学を紹介している。Edward Acton, *Rethinking the Russian Revolution*（London: Edward Arnold, 1990）, p. 4.

（66） たとえば、ロバート・W・デイヴィスによる次の序文を参照。R. W. Davies's introduction to Carr, *Russian Revolution*, pp. xxxvi-xxxvii.

（67） Labedz Leopold, 'E. H. Carr: A Historian Overtaken by History', *Survey*, 30, March 1988, pp. 94–111.

（68） デイヴィスによる前掲序文を参照。Carr, *Russian Revolution*, p. xxxvii.

（69） マイケル・コックス曰く「ソ連は国家としては消滅したかもしれない。しかし、このことはその建国者たちを鼓舞してきた計画も死んだことを意味するわけではない。まさにこの点において、歴史は終わっていないのである」。Michael Cox ed., *Rethinking the Soviet Collapse: Sovietology, the Death of Communism and the New Russia*（London: Pinter, 1998）, p. 11.

（70） たとえば、歴史的進歩についてのカーの見解に関するマーティン・グリフィスの分析を参照。Griffith, *Fifty Key Thinkers in International Relations*（London: Routledge, 1999）, pp. 7–11.

（71） この引用の出典は Robert W. Cox, 'Social Forces, States and World Orders: Beyond International Relations Theory', *Millennium: Journal of International Studies*, 10（2）, 1981, pp. 126–155.

（72） Jones, *Duty to Lie*, p. 122.

（73） *Ibid.*, p. 131.

（74） この引用は、ハスラムの伝記に対するマイケル・コックスによる書評のタイトルである。Michael Cox, 'Will the Real E. H. Carr Please Stand Up?', *International Affairs*, 75（3）, 1999, p.643.

（75） その中には、カーと友人や同僚との交信が含まれている。そのほとんどがカー文書に所収されたものだが、いくつかの手紙はハスラム個人のコレクションからのものである。また、『タイムズ』紙の論説や、カーの外交政策に対する関心を理解するうえで特に参考になる一九三〇年代から一九五〇年代にかけての政治雑誌への寄稿も含まれている。

（76） Haslam, *Vices of Integrity*, p. 92.

（77） Cox ed., *Critical Appraisal*, p. 13 ff.

（78） *Ibid.*, p. 12.

（79） Carr, *What Is History?*, p. 111. 邦訳一七四頁。

（80） Robert Jackson, 'Is There a Classical International Theory?', In Smith, Booth and Zalewski eds., *op. cit*., p. 216.

（81） Fred Halliday, 'Revolution in the Works of Carr', In Cox ed., *op. cit*., p. 276.

（82） Peter Wilson, 'E. H. Carr: the Revolutionist's Realist', *The Global Site*, 2000 <http://www.theglobalsite. ac.uk/press/012W:lson.pdf> Accessed on 1 March 2007.

（83） *Ibid*. 次も参照。Peter Wilson, 'Radicalism for a Conservative Purpose: The Peculiar Realism of E. H. Carr', *Millennium: Journal of International Studies*, 30 (1), 2001, pp. 123–136.

（84） Carr, *Crisis*, p.14. 邦訳、四五頁。

第二章

（1） 例として以下を参照。Peter Wilson, 'The Myth of the "First Great Debate"', *Review of International Studies*, 24 (5), 1998, pp. 1–15; Lucian M. Ashworth, 'Did the Realist-Idealist Great Debate Really Happen?: A Revisionist History of International Relations', *International Relations*, 16 (1), 2002, pp. 33–51; Joel Quirk and Darshan Vigneswaran, 'The Construction of an Edifice: The Story of a First Great Debate', *Review of International Studies*, 31 (1), 2005, pp 89–107.

（2） 多様な自由についてレオナルド・T・ホブハウスは、古い秩序を攻撃する際に自由を求める運動が掲げた鍵となった諸要素として、市民的自由、財政の自由、個人的自由、社会的自由、経済的自由、家庭内の自由、地方の自由、人種の自由、国民の自由、国際的自由、政治的自由、人民主権を挙げている。Leonard T. Hobhouse, *Liberalism* (London and Oxford: Oxford University Press, 1964), Chapter 2.

（3） 「自由主義的国際主義」の基本的な定義と、近代国際関係論におけるその役割については、次の書のティム・ダンによる「自由主義」の章を参照のこと。John Baylis and Steve Smith eds., *The Globalization of World Politics: An Introduction to International Relations* (Oxford: Oxford University Press, 2001), Chapter 8.

（4） Immanuel Kant 'Perpetual Peace: A Philosophical Sketch', in Hans Reiss ed., *Kant's Political Writings* (Cambridge: Cambridge University Press, 1970), p. 104.

（5） Evan Luard, *Basic Texts in International Relations: The Evolution of Ideas about International Society* (Basingstoke: Macmillan, 1992), pp. 415–416. Bentham's *A Plan for Universal and Perpetual Peace* (London, 1786–1789) からの引用。

（6） Michael J. Smith, 'Liberalism and International Freedom', in Terry Nardin and David R. Mapel eds., *Traditions of Interna-*

tional Ethics（Cambridge and New York: Cambridge University Press, 1992）, p. 207.

（7） Carr, *Crisis*, p. 28. 邦訳、六七頁。

（8） Smith, *op.cit*, p. 205.

（9） Luard, *op. cit.*, pp. 441–442.

（10） Donald Read, *Cobden and Bright*（London: Edward Arnold, 1967）, pp. 110–111.

（11） F. R. Flournoy, 'British Liberal Theories of International Relations（1848–1898）', *Journal of the History of Ideas*, 7（2）, April 1946, p. 201.

（12） Read, *op. cit.*, p. 65.

（13） Hans J. Morgenthau, *Politics among Nations: The Struggle for Power and Peace*（New York: Alfred A. Knoph, 1954）, p. 29.

（14） Hobhouse, *op. cit.*, p. 110.

（15） Anthony Arblaster, *The Rise and Decline of Western Liberalism*（Oxford: Basil Blackwell, 1984）, pp. 284–285.

（16） Flournoy, *op. cit.*, p. 196.

（17） Arblaster, *op. cit.*, pp. 286–287.

（18） Luard, *op. cit.*, pp. 180–185. J. S. Mill, *A Few Words on Non-Intervention*（London, 1859）からの引用。

（19） W. Lyon Blease, *A Short History of English Liberalism*（London: Fisher Unwin, 1913）, p. 214, pp. 259–260.

（20） マッツィーニは一八三七年、ロンドンに移住し、一八五一年に「イタリア友の会」を結成した。共和主義的自由の獲得に向けたイタリアの努力を支持することで、イギリスはヨーロッパにおける道義的優越を獲得できるとマッツィーニは考えていた。N. Gangulee ed., *Giuseppe Mazzini: Selected Writings*（London: Lindsay Drummond, 1945）, p.19.

（21） リベラルな反帝国主義者の急先鋒であったコブデンとブライトでさえ、インドにおける綿栽培を促進するための政策を打ち出すことを支持した。「われわれはかの国の人々より優位にあると考えられ、それゆえにわれわれは彼らに利益を与えてやることができるのだ」とコブデンは主張していた。以下を参照。Flournoy, *op. cit.*, pp. 209–210.

（22） グラッドストーンは戦争に反対しつつも、ルイ十四世やナポレオン一世のような絶対君主に対する戦争は正当であるとした。Flournoy, *op. cit.*, p. 213.

（23） Trobjørn L. Knutsen, *A History of International Relations Theory*（Manchester and New York: Manchester University Press, 1997）, pp. 171–172.

（24） Carr, *Crisis*, p. 46. 邦訳、一〇五頁。

(25) 大陸の応答が国際関係論において果たした理論的な役割については、以下を参照。Knutsen, *op. cit.*, p. 173 ff.

(26) James J. Sheehan, *German Liberalism in the Nineteenth Century* (Chicago and London: The University of Chicago Press, 1978), pp. 86–88.

(27) Friedrich List, *The National System of Political Economy*, translated by S.S. Lloyd ([London: Longmans Green, 1885] Fairfield: Augustus M. Kelley, 1977), p. 368.

(28) Carr, *Crisis*, pp. 46–47. 邦訳、一〇五―一〇六頁。

(29) Read, *op. cit.*, p. 239. 一例だけ批判を挙げると、一八六六年、『タイムズ』紙に、著名なアメリカ人が「自由貿易とは、イギリスが世界を略奪するために作り出したシステムだ」と書いたという。*Ibid.*

(30) この十九世紀的自由主義に「特徴的な矛盾」に関する分析は、以下を参照。Alan S. Kahan, *Liberalism in Nineteenth-Century Europe: The Political Culture of Limited Suffrage* (Basingstoke, Palgrave Macmillan: 2003), p. 2.

(31) 自由主義者の「民主主義に対する恐れ」に関する議論は、以下を参照。Arblaster, *op. cit.*, Chapter 15.

(32) Read, *op. cit.*, p. 177.

(33) Carr, *Crisis*, p. 45. 邦訳、一〇一頁。

(34) カーは「誤って、十九世紀の自由主義的国際主義者の代わりに、戦間期の理想主義者を攻撃対象とした」と、ティム・ダンは自身が執筆した「自由主義」についての章 (Baylis and Smith eds., *op. cit.*, p. 167) の中で認めている。ピーター・ウィルソンは、カーの「ユートピアニズム」に対する批判は、実質的には、自由主義、特に自由放任経済という十九世紀の諸原理に対する批判であったと主張している。Peter Wilson, 'Introduction: The Twenty Years' Crisis and the Category of "Idealism"', in David Long and Peter Wilson eds., *Thinkers of the Twenty Years' Crisis: Inter-war Idealism Reassessed* (Oxford: Clarendon Press, 1995), pp. 3–4.

(35) Carr, 'An Autobiography', p. xvii.

(36) *Ibid.*

(37) John Hallett [E. H. Carr], 'England Adrift', *Fortnightly*, September 1930, p. 356.

(38) *Ibid.*

(39) Carr, *Crisis*, p. 7. 邦訳、三二頁。

(40) *Ibid.*, p. 14. 邦訳、四六頁。

(41) *Ibid.*, p. 76. 邦訳、一六八頁。

（42）*Ibid.*, 邦訳、一六九頁。
（43）*Ibid.*, p. 119. 邦訳、二五三頁。
（44）*Ibid.*, p. 118. 邦訳、二五三頁。
（45）R. E. Robinson and John Gallagher, 'The Imperialism of Free Trade', *The Economic History Review*, Second Series, 6（1）, 1953, pp.1-15.
（46）Carr, *Conditions of Peace*（London: Macmillan, 1942）, p. 173. ［E・H・カー、高橋甫訳『平和の条件』建民社、一九五四年、二三四―二三五頁。］
（47）「ジェントルマン資本主義」の概念については、以下を参照。P. J. Cain and A. G. Hopkins, 'Gentlemanly Capitalism and British Expansion Overseas. II. New Imperialism', *Economic History Review*, 40（1）, February 1987, pp. 1–26.
（48）Carr, *Crisis*, p. 45. 邦訳、一〇二―一〇三頁。
（49）*Ibid.*, p. 50. 邦訳、一一三―一一四頁。
（50）Carr, 'Public Opinion as a Safeguard of Peace', *International Affairs*, 15（6）, November-December 1936, pp. 846–862.
（51）Carr, *Crisis*, p. 76. 邦訳、一六九―一七〇頁。
（52）*Ibid.*, 邦訳、一七一頁。
（53）*Ibid.*
（54）*Ibid.*, p. 77. 邦訳、一七一―一七二頁。
（55）*Ibid.*, p. 80. 邦訳、一七八―一七九頁。
（56）*Ibid.*, p. 29. 邦訳、六九頁。
（57）Carr, *Conditions*, p. 16. 邦訳、四四頁。
（58）A. J. P. Taylor, *Europe: Grandeur and Decline*（London: Penguin, 1991）, p. 28.
（59）Carr, *Conditions*, pp. 19–20. 邦訳、四七―四八頁。Carr, *The Soviet Impact on the Western World*（London: Macmillan, 1946）, p. 9. ［E・H・カー、喜多村浩訳『西欧を衝くソ連』社会思想研究会出版部、一九五〇年、三六頁。］
（60）Carr, *Conditions*, p. 21. 邦訳、五〇頁。
（61）*Ibid.*, p. 26. 邦訳、五五頁。
（62）*Ibid.*, p. 28. 邦訳、五六頁。
（63）*Ibid.*, p. 36. 邦訳、六五頁。

(64) *Ibid.*, p. 29. 邦訳、五七―五八頁。

(65) *Ibid.*, p. 36. 邦訳、六五頁。

(66) *Ibid.*, p. 27 ff. 邦訳、五六頁。

(67) Hedley Bull, 'The Theory of International Politics, 1919–1969', in Brian Porter ed., *The Aberystwyth Papers: International Politics 1919–1969* (London: Oxford University Press, 1972), p. 34. この文章は、戦間期の国際関係思想および国際関係論というディシプリンへの草創期のアプローチについて簡潔に描写していることから、国際関係論の歴史に関する研究でもっとも頻繁に引用されるものの一つである。

(68) David Steigerwald, *Wilsonian Idealism in America* (Ithaca and London: Cornell University Press, 1994), p. 8.

(69) Woodrow Wilson, 'Addresses to Congress Asking for Declaration of War', 1917. 次からの引用。John A. Vasquez, *Classics of International Relations*, 3rd edition, (New Jersey: Prentice-Hall, 1996), p. 40.

(70) 一例として、Michael Cox, G. J. Ikenberry and Takeshi Inoguchi eds., *American Democracy Promotions: Impulses, Strategies and Impacts* (Oxford: Oxford University Press, 2000), pp. 6–7.

(71) それゆえに、ウィルソン的な世界秩序に対するもっとも強硬な政治的な異議申し立ては、古い専制的な秩序を支持する大陸の人々からのものだった。これは、それ以前から存在していた、西欧的な自由主義の信条に対する大陸からの哲学的な挑戦とみることができる。Knutsen, *op.cit.*, pp. 209–210.

(72) Hidemi Suganami, *The Domestic Analogy and World Order Proposals* (Cambridge: Cambridge University Press, 1989), Chap. 4.

(73) P. J. Noel-Baker, 'The Permanent Court of International Justice' in H. V. Temperley ed., *A History of the Peace Conference of Paris* (London: Henry Frowde and Hodder & Stoughton, 1924), p. 482.

(74) Lorna Lloyd, 'Philip Noel-Baker and Peace Through Law', in Long and Wilson, *op. cit.*, pp. 31–33.

(75) L. Oppenheim, *The League of Nations and Its Problems* (London: Longman Green, 1919), pp. 75–76.

(76) いくつか例を挙げれば、Lucian M. Ashworth, 'Where Are the Idealists in Interwar International Relations?', *Review of International Studies*, 32 (2), 2006, pp. 291–308; Brian C. Schmidt, *The Political Discourse of Anarchy: A Disciplinary History of International Relations* (New York: State University of New York Press, 1998).

(77) Schmidt, *op. cit.*, Chap. 6.

(78) Suganami, *op. cit.*, pp. 79–82.

（79） Norman Angell, 'Weak Points of Pacifist Propaganda', in G. P. Gooch ed., *In Pursuit of Peace* (London: Methuen, 1933), pp. 28–44.

（80） Norman Angell, *Great Illusion 1933* (London: Heinemann, 1933), p. 370.

（81） David Davies, *The Problem of the Twentieth Century* (London: Earnest Benn, 1934), p. 56.

（82） Leonard Woolf, 'Labour's Foreign Policy', *The Political Quarterly*, 4, 1933, pp. 523–524.

（83） Leonard Woolf, 'Mediation on Abyssinia', *The Political Quarterly*, 7, 1936, p. 31.

（84） 一九三〇年代後半における平和運動と武力行使をめぐる世論の両極化についての説明は、Martin Ceadel, *Semi-Detached Idealists: The British Peace Movement and International Relations, 1854–1945* (Oxford: Oxford University Press, 2000), Chapter 10.

（85） Brian Porter, 'David Davies and the Enforcement of Peace', in Long and Wilson eds., *op. cit.*, pp. 59–60.

（86） A. E. Zimmern, 'Education for World Citizenship', in *Problems of Peace: Lectures Delivered at the Geneva Institute of International Relations,* Fifth Series (London: Oxford University Press, 1931), p. 304.

（87） *Ibid.*, p. 306 ff.

（88） *Ibid.*, pp. 310–311.

（89） Schmidt, *op. cit.*, pp. 167–171.

（90） *Ibid.*, pp. 163–171.

（91） Chris Brown, *Understanding International Relations* (Basingstoke and New York: Palgrave Macmillan, 2005), p. 21.

（92） Harold Laski, *Studies in the Problem of Sovereignty* ([New Haven: Yale University Press, 1917] Kitchener: Batoche Books, 1999), p. 17.

（93） Schmidt, *op. cit.*, pp. 177–178.

（94） Brown, *op. cit.*, p. 21.

（95） Carr, *Crisis*, p. 29. 邦訳、六九―七〇頁。

（96） Morgenthau, *op. cit.*, part V.

（97） Carr, *Crisis*, p. 175. 邦訳、三六三頁。

（98） *Ibid.*, p. 164. 邦訳、三三八頁。

（99） *Ibid.*

(100) *Ibid.*, p. 176. 邦訳、三六四頁。

(101) *Ibid.*, p. 165. 邦訳、三四一頁。

(102) *Ibid.*, p. 176. 邦訳、三六五頁。

(103) *Ibid.*, p. 126. 邦訳、二七〇頁。

(104) *Ibid.*, 邦訳、二七〇―二七一頁。

(105) Carr, *Conditions*, p. 52. 邦訳、八四頁。

(106) *Ibid.*, p. 53. 邦訳、八四―八五頁。

(107) Carr, 'The Future of the League', *Fortnightly*, October 1936, pp. 391–392.

(108) *Ibid.*, p. 395.

(109) Carr, *Crisis*, pp. 1–9. 邦訳、二二―三六頁。

(110) *Ibid.*, p. 50. 邦訳、一一三―一一四頁。

(111) *Ibid.*, p. 29. 邦訳、六八―六九頁。

(112) *Ibid.*, p. 58; p. 65 ff. 邦訳一三二、一四三頁。

(113) 次を参照。Carr, *Crisis*, Chapter 5.

(114) *Ibid.*, p. 80. 邦訳、一七九頁。

(115) *Ibid.*

(116) Carr to Stanley Hoffmann, 30 September 1977, quoted in R.W. Davies, 'Edward Hallett Carr', *Proceedings of the British Academy*, 69, 1983, pp.473–511; p. 487.

■第三章

(1) PRO FO371/4353, 'Minority Nationalities' by E. H. Carr, 20 November 1918. 実際、自発的な「本国送還（repatriation）」というカーの構想の強制版である住民交換は、一九二二年にギリシャ政府とトルコ政府との間で試みられた。Mark Mazower, *Dark Continent: Europe's Twentieth Century* (London: [Penguin Press, 1998] Penguin Books, 1999), p. 53.

(2) Carr, 'An Autobiography', p. xvi. 邦訳、五四頁。

(3) Ruth Henig, *Versailles and After 1919–1933*, 2nd edition (London and New York: Routledge, 1995), p. 51.

(4) John Maynard Keynes, *The Economic Consequences of the Peace* (London: Macmillan, 1919), p. 51.

（5） Étienne Mantoux, *The Carthaginian Peace or the Economic Consequences of Mr. Keynes*（London: Oxford University Press, 1946）, p. 6. マントゥーは、ヴェルサイユ講和のネガティヴな経済的短所を誇張しているとして、ケインズの本のインパクトを批判した。同書で彼は、条約が経済的に決して懲罰的でも復讐的でもなかったというだけでなく、さらに条約の政治的な成果が真に決定的なものであり、ケインズはそれについて意図的にほとんど言及していないと論じた。マントゥーの見方では、中欧と南東欧の分割は、いまだ強大な国家として残ったドイツを、小さく相対的に無防備で、「独立の維持を遠方の列強の支援に頼らざるをえない」一群の諸国家で囲むという政治的結果を導いた。したがって、真の勢力均衡は築かれなかったし、主権や民族や国境の諸問題は東欧に残り、その安定性を損なっているという（p.187ff.）。注目すべきは、外交に従事していたカーが、より早い段階で同様の見方を提示していたことである。Notes by Carr, 12 June 1920, in R. Butler *et al.* eds., *Documents on British Foreign Policy 1919–1939*, Vol. X（London: Her Majesty's Stationary Office, 1960）, pp. 697–699.

（6） *Ibid.*, p. 699.

（7） *Ibid.*

（8） 国際問題についてグラッドストーン的なリベラリズムを支持していた「新しいヨーロッパ」グループのメンバーたちは、輪郭のはっきりした諸国民国家の設立にもとづく、新しいヨーロッパ秩序の創出を模索していた。彼らは、膨大な数のドイツ人を外国の統治下に残すことになるとして、ドイツの国境線の引き直しに反対していた。Erik Goldstein, 'Great Britain: The Home Front', in Manfred F. Boemeke, Gerald D. Feldman and Elisabeth Glaser eds., *The Treaty of Versailles: A Reassessment after 75 Years*（Cambridge: Cambridge University Press; Washington DC: The German Historical Institute, 1998）, pp. 150–151.

（9） Carr, 'An Autobiography', p. xix. 邦訳、五七頁。

（10） *Ibid.*

（11） A book review of *The Spirit of British Policy* by Kantorowicz in *Christian Science Monitor*, 18 July 1931, filed in Carr Papers. 引用については以下を参照。John Hallett, 'England Adrift', p. 355.

（12） John Hallett, 'What France Thinks', *Fortnightly Review*, July 1930, p. 78.

（13） John Hallett, 'The Prussian Complex', *Fortnightly Review*, January 1933, p. 37.

（14） John Hallett, 'England Adrift', p. 355.

（15） John Hallett, 'The Prussian Complex', p. 37.

(16) *Ibid.*, p. 43.
(17) Carr, 'New Current on Danube', *The Christian Science Monitor*, 7 October 1936.
(18) Carr, 'Hitler Enters the Rhineland', typescript of the BBC radio broadcast on 9 March 1937, Carr Papers.
(19) *Ibid.*
(20) Carr, 'Impressions of a Visit to Russia and Germany', record of a lecture at Chatham House on 12 October 1937, Carr Papers, pp. 17–18.
(21) *Ibid.*, p. 24.
(22) *Ibid.*
(23) *Ibid.*, p. 18.
(24) *Ibid.*, pp. 18–19.
(25) *Ibid.*, p. 22.
(26) Neville Thompson, *The Anti-appeasers: Conservative Opposition to Appeasement in the 1930s* (Oxford: Oxford Clarendon Press, 1971), p. 30.
(27) PRO FO 371/19498 R2201/1/67, memorandum by Carr, 30 March 1935.
(28) *Ibid.*
(29) *Ibid.*
(30) PRO FO371/19498 R3126, draft by Carr, May 1935.
(31) Carr, *Britain: A Study of Foreign Policy from the Versailles Treaty to the Outbreak of War* (London: Longmans, 1939), p. 176.［E・H・カー、原田禎正訳『イギリス最近の外交政策』生活社、一九四一年、一二七頁。］
(32) *Ibid.*, 邦訳、一二九頁。
(33) Jones, *A Duty to Lie*, pp. 35–39.
(34) Haslam, *The Vices of Integrity*, p. 66.
(35) Carr, *Crisis*, p. 202. 邦訳、四二〇頁。ピーター・ウィルソンは『危機の二十年』の主たる政策提言は宥和であると論じている。Peter Wilson, 'Responses to *The Twenty Years' Crisis*', pp. 184–185.
(36) Carr, *Britain*, pp. 98–123. 邦訳、七八―九〇頁。
(37) Thompson, *op. cit.*, pp. 211–212.

(38) Carr, 'Hitler's Gospel and Stalin's', *The Spectator*, 16 September 1938, p. 433.
(39) Carr, *Crisis*, p. 202. 邦訳、四二〇頁。
(40) *Ibid.*, p. 195. 邦訳、四〇四頁。
(41) *Ibid.*, p. 196. 邦訳、四〇四―四〇五頁。
(42) *Ibid.*, p. 202; p. 199. 邦訳、四二〇頁。
(43) *Ibid.*, p. 199. 邦訳、四一三頁。
(44) *Ibid.*, 邦訳、四一二―四一三頁。
(45) *Ibid.*, p. 198. 邦訳、四一一頁。
(46) *Ibid.*, p. 196. 邦訳、四〇六頁。
(47) Carr, *Crisis* (first edition, 1939), p. 281.
(48) *Ibid.*, p. 14.
(49) *Ibid.*, p. 278.
(50) *Ibid.*, p. 281.
(51) *Ibid.*
(52) *Ibid.* (second edition, 1946), p. cv. 邦訳、一〇頁。
(53) Carr, 'Europe and the Spanish War', *Fortnightly*, 1 January 1937, pp. 4-5.
(54) Carr, *Crisis* (1939), p. 179.
(55) Carr, *Conditions*, p. 214. 邦訳、二七一―二七二頁。
(56) Carr, *Crisis*, pp. 195-196. 邦訳、四〇四―四〇六頁。
(57) 'Hitler's Proclamation', *The Times*, 2 January 1941. カーの『タイムズ』紙の論説は匿名だが、私は次の典拠を検討することで、カーの記事であることを突き止めた。News International, Archives of *The Times*, Leader Diary, 1940-1947.
(58) Compare Carr's *Crisis* (1939), p. 106, with *Crisis* (2001), p. 77. 邦訳、一七二頁。
(59) Carr, *Crisis* (1939), p. 147.
(60) Carr, *Conditions*, p. 10. 邦訳、三五―三六頁。
(61) *Ibid.*, p. 235. 邦訳、二九五頁。
(62) *Ibid.*

(63) *Ibid.*, pp. 211–217. 邦訳、二六九―二七五頁。

(64) *Ibid.*, p. 215. 邦訳、二七二頁。

(65) *Ibid.*, p. 224. 邦訳、二八二―二八三頁。

(66) *Ibid.*, pp. 222–223. 邦訳、二八一頁。

(67) *Ibid.*, pp. 226–227. 邦訳、二八五―二八六頁。

(68) *Ibid.*, p. 224. 邦訳、二八三頁。

(69) *Ibid.*, pp. 224–225. 邦訳、二八三頁。

(70) たとえば次をみよ。'The Unity of Europe', *The Times*, 10 December 1943.

(71) 'Policies for Europe', *The Times*, 29 February 1944.

(72) PRO FO371/39079 C2867/146/18, From Viscount Halifax（Washington）to Foreign Office, 1 March 1944.

(73) 'The Unity of Europe', *The Times*, 10 December 1943.

(74) 'The Peace Conference', *The Times*, 29 July 1946.

(75) Carr, *Crisis*, p. 88. 邦訳、一九一―一九二頁。

(76) Carr, *Crisis*（1939）, p. 282. この箇所は第二版では省略されている。

(77) Carr, 'An Autobiography', p. xix. 邦訳、五八頁。

(78) ユートピアニズムとリアリズムの弁証法的な関係について、カーは次のように書いている。「リアリズムという武器によって現在のユートピアを破壊したのち、私たちは自らの新しいユートピアを築く必要があるが、それもまたいつかは同じ武器によって打倒されるであろう」。Carr, *Crisis*, p. 87. 邦訳、一九〇頁。

第四章

(1) Carr, 'An Autobiography', p.xv. 邦訳、五四頁。

(2) *Ibid.*, p.xvi. 邦訳、五四頁。

(3) *Ibid.*, pp.xvi-xvii. 邦訳、五五頁。

(4) Carr, *Dostoevsky: 1821–1881*（London: George Allen & Unwin, 1931）, p.205.［E・H・カー、松村達雄訳『ドストエフスキー』筑摩書房、一九六八年、一九六頁。］

(5) Carr, 'An Autobiography', p.xvii. 邦訳、五七頁。

（6） *Ibid.*, p.xviii. 邦訳、五七頁。

（7） *Ibid.*

（8） *Ibid.* カーがマンハイムに負うところを詳細に研究したものとして、Jones, *A Duty to Lie*, Chapter 6を参照。ジョーンズは、カーの研究にみられる方法の一貫性、政策提言、国内問題と国際問題の関係［観］において、マンハイムの影響は明らかだと論じている。

（9） Carr, *Karl Marx: A Study in Fanaticism* (London: Dent, 1934), p.vi.［E・H・カー、石上良平訳『カール・マルクス』未來社、二〇〇六年、九頁。］

（10） Carr, 'An Autobiography', p.xviii. 邦訳、五七頁。

（11） Norman and Jeanne Mackenzie eds., *The Diary of Beatrice Webb, Vol.Four, 1924–1943, 'The Wheel of Life'* (London: Virago, 1985), p.269.

（12） Carr, 'An Autobiography', p.xviii. 邦訳、五七頁。

（13） Carr, 'Impressions of a Visit to Russia and Germany', p.5.

（14） *Ibid.*, p.7.

（15） *Ibid.*, p.12.

（16） Carr, 'An Autobiography', p.xviii. 邦訳、五七頁。

（17） *Ibid.*, p.xix. 邦訳、五八頁。

（18） *Ibid.*

（19） Carr, *Crisis*, pp.63–65. 邦訳、一三八頁。カーはこう記している。「現実主義の「歴史学派」は、ドイツが本場である。したがって、ヘーゲルやマルクスといった偉大な人物を手がかりにして、その発展の経緯をたどることができる」。

（20） Carr, 'An Autobiography', p.xx. 邦訳、五八―五九頁。

（21） *Ibid.*

（22） Carr, *The Soviet Impact on the Western World* (London: Macmillan, 1947), p. viii.［E・H・カー、喜多村浩訳『西欧を衝くソ連』社会思想研究会、一九五〇年、一五頁。］自伝でカーは、この本が「偏って」おり、ある程度「誇張されている」ものの、「多くの有効な点」を含んでいると述べている。Carr, 'An Autobiography', p.xx.

（23） Carr, 'An Autobiography' p.xx. 邦訳、五九頁。

（24） *Ibid.*

(25) Carr, 'The Russian Revolution and the West,' an interview in *New Left Review*, No.111, September-October 1978, pp.35–36. 邦訳（『ナポレオンからスターリンへ』）、二三五頁。
(26) Carr, 'An Autobiography', pp.xxi-xxii. 邦訳、六〇頁。
(27) Richard Pipes, 'A Very Cold Fish', *Times Literary Supplement*, 10 September 1999.
(28) *Ibid.*
(29) Alan Foster, '*The Times* and Appeasement: The Second Phase' in Walter Laqueur ed., *The Second World War: Essays in Military and Political History* (London: Sage. 1982), pp.293–294. 原典は *Journal of Contemporary History*, 16 (3), 1981, pp.441–465.
(30) Carr, 'Europe and the Spanish War', *Fortnightly*, 141, January-June 1937, pp.25–34; 'The Twilight of the Comintern', *Fortnightly*, 143, January-June 1938, pp.137–147.
(31) Haslam, *Vices of Integrity*, p.46.
(32) *Ibid.*, p.77.
(33) Haslam, 'Carr's Search for meaning', in Cox ed., *Critical Appraisal*, p.34.
(34) *Ibid.*, p.33.
(35) R.W.Davies, 'E.H.Carr', *Russian Review*, July 2000, pp.442–445.
(36) Davies, 'Carr's Changing View of the Soviet Union', Cox ed., *Critical Appraisal*, pp.104–105.
(37) *Ibid.*, pp.92–93.
(38) *Ibid.*, p.105.
(39) Carr, *Russian Revolution*, pp.9–10. 邦訳、一四頁。
(40) PRO FO608/178 11003, a minute by Carr, 28 May 1919.
(41) PRO FO608/178 13168, a minute by Carr, 12 June 1919.
(42) Carr, 'Europe and the Spanish War', *Fortnightly*, 1 January 1937, pp.3–4.
(43) *Ibid.*, p.4.
(44) Carr, 'Darkness over Russia', *The Spectator*, 28 July 1939, p.151.
(45) Carr, *Britain*, p.142. 邦訳、一〇〇頁。
(46) *Ibid.*, p.145–147. 邦訳、一〇六頁。

（47）*Ibid.*, p.191. 邦訳、一四〇頁。
（48）PRO FO930/1, Carr to Sir Orme Sargent, 29 November 1939.
（49）'A Mission to Moscow', *The Times*, 28 May 1940.
（50）'Stalin as Premier', *The Times*, 13 May 1941.
（51）Carr, *Conditions of Peace*, p.199. 邦訳、二五四頁。「本書の全体像は、ソヴィエト・ロシアが参戦する以前に固められ、多くが書かれていた」ことに留意されたい。*Ibid.*, p.vii. 邦訳、一頁。
（52）たとえば、'Peace and Power', *The Times*, 1 August 1941.
（53）PRO FO371/32918, N419/50/38, 16 January, 1942. このメモにカーは署名していないが、外務大臣首席秘書官であったF・K・ロバーツはここに「間違いなくお気づきになるでしょうが、著者はE・H・カー本人です」という一行を加えた。
（54）'Britain and Russia', *The Times*, 7 November 1941.
（55）Carr, *Russian Revolution*, p.187. 邦訳、二六九―二七〇頁。
（56）*Ibid.*, p.152. 邦訳、二一八頁。
（57）Carr, 'An Autobiography', p.xviii. 邦訳、五七頁。
（58）Mikhail. Ilin, *Moscow Has a Plan: A Soviet Primer*（London: Jonathan Cape, 1931）へのカーの書評。*The Fortnightly Review*, August 1931.
（59）*Ibid.*
（60）Louis Segal, *Modern Russia*（London:Industrial Credit and Services, 1933）へのカーの書評。*The Spectator*, 28 July 1933, p.132.
（61）Carr, 'Old and New Russia', *The Spectator*, 6 August 1932.
（62）Carr's review of *Soviet Communist* in *The Fortnightly Review*, February 1936, p.244.
（63）Carr, 'The Twilight of the Bolshevikis', *The Spectator*, 28 August 1936, pp.333–334.
（64）Carr, 'Impressions of a visit to Russia and Germany', p.6.
（65）'Pan Americanism', *The Times*, 23 July 1940.
（66）'Britain and Russia', *The Times*, 11 November 1941.
（67）*Ibid.*
（68）*Ibid.*

（69）'Mr Churchill's Speech', *The Times*, 6 March 1946.

（70）Davies, 'Carr's Changing Views of the Soviet Union', p.104.

（71）Graham Ross, 'Foreign Office Attitudes to the Soviet Union 1941–45', in Laqueur ed., *op. cit.*, p.256ff.

（72）McLachlan, *In the Chair*, p.280.

（73）Geoffrey Warnre, 'From Ally to Enemy: Britain's Relations with the Soviet Union, 1941–1948', in Michael Dockrill and Brian Mckercher eds., *Diplomacy and World Powers: Studies in British Foreign Policy, 1890–1950*（Cambridge: Cambridge University Press, 1996）, p.232.

（74）Carr, *Conditions*, p.xxiii. 邦訳、二一頁。

（75）'Russia and Europe', *The Times*, 6 January 1942.

（76）P.M.H.Bell, *John Bull and the Bear: British Public Opinion, Foreign Policy, and the Soviet Union, 1941–1945*（London and New York: E. Arnold, 1990）, p.105.

（77）この分析に関するさらに詳細な議論については、本書の第二章第一節を参照されたい。

（78）Carr, *Soviet Impact*, pp.8–10.

（79）*Ibid.*, pp.10–19. 邦訳、三八—五一頁。

（80）*Ibid.*, p.23; p.27. 邦訳、六一、六七—六八頁。

（81）*Ibid.*, p.45ff. 邦訳、一〇〇頁。

（82）*Ibid.*, p.62. 邦訳、一〇三—一〇四頁。

（83）*Ibid.*, p66. 邦訳、一三四頁。

（84）*Ibid.*, p.78ff. 邦訳、一四二—一四三頁。

（85）*Ibid.*, p.80. 邦訳、一五八—一五九頁。

（86）*Ibid.*, p.86. 邦訳、一七二頁。

（87）カーの表現が適切なバランスを欠いていると主張する論評は多い。たとえば、ミハイル・カルポーヴィチは、ソ連の事例に続くことを力説し、その「警告」のボリュームを下げる傾向にあると論じる。『西欧を衝くソ連』に対するカルポーヴィチの書評は、Michael Karpovich, 'Book Reviews', *The Russian Review*, 6（2）, 1947, pp.86–88.

（88）Carr, *Soviet Impact*, p.105. 邦訳、二〇七頁。

（89）収斂理論はもともとオランダの経済学者、ヤン・ティンベルヘン（Jan Tinbergen）によって提唱され、以下の著書の中で発展させられたことで知られる。Clark Kerr, John T. Dunlop, Frederick Harbison and Charles A. Myers, *Industrialism and Industrial Man* (Cambridge and Massachusetts: Harvard University Press, 1960).

(90) Carr, *Soviet Impact*, p.33ff. 邦訳、七九―八七頁。

(91) *Ibid.*, p.116. 邦訳、一二一頁。

(92) Carr, *Nationalism and After* (London: Macmillan, 1945), p.74ff.［E・H・カー、大窪愿二訳『ナショナリズムの発展』みすず書房、一九五二、二〇〇六年、一〇六―一〇七頁。］

(93) ある意味で、カーは、ソヴィエト・インパクトに対して高度にバランスのとれたアプローチをとったともいえる。ヘンリー・ジャンゼンによれば、「カー教授は――「ソ連の友」らしからず――その実態についての決疑論を認めながらも、ソ連の政策の公的な説明原理を、単なる見せかけとして切って捨てはしなかった。代わりに、根底にある真の意図を説明し、行動が公言された諸目的にどれほど近づいているかを測っている。その中で著者は、民主主義だの自由だのといった用語の西欧的な意味合いを暗黙の基準としてソ連の行動を判断するような、よくある詭弁に訴えることはしない。さらに、彼はソ連の意図と政策を不可解なものとは考えていない。なぜなら、ボリシェヴィキが用いる言葉は、西欧で受け入れられているそれとは異なる意味を持っているからである」。ヘンリー・ジャンゼンによる、カー著『西欧を衝くソ連』の書評は、Henry Jenzen, *The American Political Science Review*, 41 (2), April 1947, pp.361–362.

(94) Carr, 'Politics and Welfare,' *Times Literary Supplement*, 27 October 1950.

(95) Carr, *The New Society* (London: Macmillan, 1951), p.78.［E・H・カー、清水幾太郎訳『新しい社会』岩波新書、一九六三年、一一五―一一六頁。］

(96) Carr, *Russian Revolution*, p.190. 邦訳、二七五頁。

(97)『新しい社会』についてのオークショットの書評は、Michael Oakeshott, 'The World We Live In,' *The Times Literary Supplement*, 12 October 1951, p.642, reprinted in Luke O'Sullivan ed., *What Is History? and Other Essays* (Exeter: Imprint Academic, 2004), pp.225–228.

(98) Carr, *Russian Revolution*, p.190. 邦訳、二七五頁。下からの革命よりも上からの革命を重視するカーの革命観は、ソ連で行動に移されたような革命思想の意義に十分に気づいていないものとして（……革命思想の影響を十分にわきまえていないものとして）、友人であり、ラディカルなマルクス主義者であったアイザック・ドイッチャーにも批判された。Isaac Deutscher, 'Mr. E.H. Carr as Historian of Soviet Russia,' *Soviet Studies*, 6 (4), April 1955, pp.337–350.

(99) Oakeshott, *What Is History?*, p.256.

(100) このように、カーは、「ソ連に対してリベラルな社会民主主義的姿勢をとる者と、より批判的でもあり、より好意的でもある姿勢をとる者」との間に位置していた。Hillel Ticktin, 'Carr, the Cold War and the Soviet Union' in Cox ed., *Critical Appraisal*, p.157.
(101) Carr, *Russian Revolution*, p.191. 邦訳、二七五頁。
(102) 'Russia and Europe', *The Times*, 6 January 1942.
(103) 後年、彼は自身を「社会主義者」とみなすようになった。Carr, 'An Autobiography', p.xxi.
(104) Carr, *New Society*, Chap.5.
(105) Carr, *Russian Revolution*, p.186. 邦訳、二六九頁。

第五章

(1) たとえば、Jonathan Haslam, *Vices of Integrity*, p. 92; Charles Jones, *Duty to Lie*, pp.164–165.
(2) アンドリュー・リンクレーターは一貫して、政治共同体の変容についてのカーの洞察に注目している。Linklater, 'The Transformation of Political Community' を参照。また彼の 'What is a Good International Citizen?' in Paul Keal ed., *Ethics and Foreign Policy* (St. Leonards: Allen and Unwin, 1992), pp.27–28も参照されたい。第一章において論じたように、ロバート・コックスとケン・ブースはカーを「ユートピア的現実主義者」であるとみなし、この議論の方向性を支持している。Robert Cox, 'Social Forces, States and World Orders'. と Booth, 'Security in Anarchy'. ティム・ダンとピーター・ウィルソンは現実主義とユートピアニズムの間の弁証法へと向かうカーの独特な理論的立場により関心を持ち、それを中庸であると解釈し、コックスやブースの分析を引き継いでいる。
(3) Carr, 'An Autobiography', p. xv. 邦訳、五四頁。
(4) PRO FO608/178/12298, Minute by Carr on Allied Policy in Russia, Baltic States Poland & Finland, 16 June 1919.
(5) この文章は、次のように続く。「同盟国は、ヨーロッパのこの部分が「バルカン化」したとしても、深刻に自身を責める必要もない」。Notes by Carr, 12 June 1920, in R. Butler *et al.* eds., *Documents on British Foreign Policy 1919–1939*, Vol. X (London: Her Majesty's Stationary Office, 1960), pp. 697–699.
(6) イギリスが「十九世紀の快適な栄光の孤立へと再び引きこもること」ができるというイギリスの外交官たちの願望についてのカー自身の分析については、Carr, *Conditions*, pp. 192–194. 邦訳、二四七―二四五頁。
(7) Carr, 'An Autobiography', p.xvi. 邦訳、五五―五六頁。

（8）*Ibid*., p. xvii.
（9）Carr, 'M. Siegfried on Europe's Future', *The Sunday Times*, 4 August 1935.
（10）*Ibid*.
（11）Carr, *The Future of Nations: Independence or Interdependence?*（London: Kegan Paul, 1941）, p. 59.
（12）'Hitler's Europe', *The Times*, 18 July 1940.
（13）'The German Dream', *The Times*, 21 June 1940.
（14）'The New Europe', *The Times*, 1 July 1940.
（15）'United Europe', *The Times*, 25 September 1941.
（16）Carr, *Conditions*, p. 223. 邦訳、二八一頁。
（17）*Ibid*., p. 243. 邦訳、三〇五頁。
（18）*Ibid*., p. 246. 邦訳、三〇八頁。
（19）*Ibid*., pp. 251–256; 270–271. 邦訳、三一四―三二〇および三二四―三二六頁。
（20）'The Unity of Europe', *The Times*, 10 December 1943.
（21）カーは、「他国の歴史と同様に、イギリスの歴史の中にも帝国主義的な闇のページ」があることを認めるかたわら、「イギリスとその英連邦諸国は、もう一つの偉大な英語圏共同体とともに、独裁者のものとははっきりと対比されるよく知られた諸価値のために戦っている」と断言していた。'The Commonwealth and the Future', *The Times*, 5 November 1940.
（22）'Pan-Americanism', *The Times*, 23 July 1940.
（23）'The Unity of Europe', *The Times*, 10 December 1943.
（24）'Britain and Russia', *The Times*, 7 November 1941.
（25）*Ibid*.
（26）'End of the Comintern', *The Times*, 24 May 1943.
（27）'Three-Power Policy', *The Times*, 30 August 1943; 'Policies for Europe', *The Times*, 29 February 1944.
（28）Carr, *Conditions*, pp. 240–241. 邦訳、三〇二頁。
（29）*Ibid*., pp. 255–256. 邦訳、三一八―三一九頁。
（30）Archives of the Royal Institute of International Affairs（RIIA）, Nationalism Study Group, 9/12a, 12 April 1937.
（31）*Ibid*., 15 November 1937.

（32） Carr, *Future of Nations*, pp. 54–55.

（33） この点は、チャタム・ハウスのナショナリズム研究グループにおける彼のコメントの中でしばしば表明された。Archives of the RIIA, Carr, 'What are we fighting for?', typescript, 14 August 1940; Archives of the RIIA, 'Self-determination', memo by Carr, 21 November 1940.

（34） カーの以下の著作を参照されたい。出版年順に並べると、*The Future of Nations*（1941）、*Conditions of Peace*（1942）、そして *Nationalism and After*（1945）である。

（35） Carr, *Conditions*, pp. 270–275. 邦訳、三三四—三四〇頁。

（36） Carr, *Crisis*, pp. 57–58. 邦訳、二二九—二三二頁。

（37） 『西洋の没落』に関するカーの見解については、Carr, *New Society*, Chapters 1 and 6.

（38） *The Sunday Times*, 4 Aug 1935.

（39） 帝国主義についての理論的批判は、J. A. Hobson, *Imperialism*（1902）; R. Hilferding, *Finance Capital*（1912）; Rosa Luxemburg, *The Accumulation of Capital*（1913）; V. I. Lenin, *Imperialism, The Highest Stage of Capitalism*（1916）などによってなされてきた。

（40） Leonard Woolf, *Empire and Commerce in Africa: A Study of Economic Imperialism*（London: George Allen and Unwin, 1920）, p.19.

（41） John Hallett, 'England Adrift', *The Fortnightly Review*, 128, September 1930, pp.354–362; 354.

（42） *Ibid*., p.362.

（43） Carr, *Conditions*, p. xv. 邦訳、一〇頁。

（44） *Ibid*., p.187. 邦訳、二四〇頁。

（45） *Ibid*., p.191. 邦訳、二四三頁。

（46） *Ibid*., p.173. 邦訳、二二四頁。

（47） *Ibid*., p.205. 邦訳、二〇五頁。

（48） *Ibid*., p.190. 邦訳、二四三頁。

（49） Wendell Mauter, 'Churchill and the Unification of Europe', *The Historian*, 61（1）, Fall 1998, pp.67–84.

（50） 「新秩序」のインパクトについては、A. J. P. Taylor, *English History: 1914–1915*（Oxford: Clarendon Press, 1965）, p.516.

（51） Ian McLaine, *Ministry of Morale: Home Front Morale and the Ministry of Information in World War II*（London: George Allen & Unwin, 1979), p.34.

(52) たとえば、'The German Dream', 21 June 1940; 'The New Europe', 1 July 1940.

(53) カーの辞職に関するさらなる分析は、Charles Jones, *A Duty to Lie*, pp.69–71. 引用は、英『タイムズ』紙史料館の 'Carr to Barrington-Ward', 29 September 1939からのものである。

(54) PRO INF862, K. Zilliacus to Charles Peake（News Department Director）, 18 July 1940.

(55) David Long and Peter Wilson eds., *Thinkers of the Twenty Years' Crisis: Inter-war Idealism Reassessed*（Oxford: Clarendon, 1995）, Chapters 1 and 12.

(56) Carr, *Nationalism and After*, p. 47. 邦訳、七〇―七一頁。

(57) 事実、第二次世界大戦中にカーとミトラニーは二人ともチャタム・ハウスで活動し、一度は同じ南東ヨーロッパに関する作業グループに携わっていた。チャタム・ハウスの史料館の小作農プログラムに関するパンフレットの記録を参照。

(58) ミトラニーが国際平和を優先させていたことについては、David Mitrany, *The Functional Theory of Politics*（London: Martin Robertson, 1975）, p.5. カーは次のように書いていた。「ヨーロッパの家は、まずは自分の家が整っていなければ、整理することはできない」。'The New Europe', *The Times*, 1 July 1940.

(59) Long and Wilson, *op. cit.*, pp.308–310.

(60) 戦間期における国際関係の専門家による主権に関する文献の詳細については、Hideaki Shinoda, *Re-examining Sovereignty: From Classical Theory to the Global Age*（Basingstoke: Macmillan, 2000）, Chapter 5.

(61) Frederick L. Schuman, *International Politics*（New York: McGraw-Hill, 1933）, p.740; p.828ff.

(62) Georg Schwarzenberger, *Power Politics: An Introduction to the Study of International Relations and Post-war Planning*（London: Jonathan Cape, 1941）, pp. 359–418; pp.427–428.

(63) Wolfgang G. Friedmann, *The Crisis of the National State*（London: Macmillan, 1943）, p.124.

(64) Carr, *Crisis*, p.212. 邦訳、四三四―四三五頁。

(65) *Nationalism: A Report by a Study Group of Members of the Royal Institute of International Affairs*（London: Oxford University Press, 1939）, p. xiv.

(66) カーは『危機の二十年』の初版の前書きで、次のように書いている。「このグループが推進してきた研究路線は、私が本書で目指した方向と時に相接し、時に交錯してきた。このグループにおける同僚およびこの仕事に参画した他の人びとは、われわれが長時間議論していくなかで、知らず知らずのうちに本書の完成に数多くの貴重な貢献をしてくれた」。

Carr, *Crisis*, p. cviii. 邦訳、一六頁。

（67） Carr, *The Future of Nations*, p. 61. 同じ文言は以下の著作にも用いられている。Carr, *Conditions*, p. 166.

（68） Carr's 'Two Scourges', *The Times*, 5 December 1940と一九四〇年十二月七日から同月九日の読者のコメントを参照。

（69） *Planning for War and Peace: Ten Leading Articles Reprinted from The Times*（London: The Times Publishing, 1940）とIver-ach McDonald, *The History of The Times, vol. V., Struggles in War and Peace 1939–1966*（London: Times Books, 1984）, pp. 467–468.

（70） 「世論の左傾化」に関しては、Paul Addison, *The Road to 1945:British Politics and the Second World War*（[London: Cape, 1975] London: Pimlico, 1994）, Chapters V and VI.

（71） José Harris, *William Beveridge: A Biography*（Oxford: Clarendon Press, 1997）, pp. 428–430.

（72） 'Peace and Power', *The Times*, 1 August 1941.

（73） PRO FO371/30096, Minute by Roberts, 12 August 1941; Minute by Bowker, 14 August 1941.

（74） これへの反論については、Annette Baker Fox, *The Power of Small States: Diplomacy in World War II*（Chicago: University of Chicago, 1959）, p. 1 ff.

（75） PRO FO371/30096, Minute by Bowker, 14 August 1941.

（76） PRO FO371/33154 R8820/8820/67, Minute by Sargent, 11 January 1943.

（77） PRO FO371/32918, N419/50/38, Carr to Roberts, 16 January 1942.

（78） Finn Laursen, 'Swedish Views on the Future of Europe', in Walter Lipgens ed., *Documents on the History of European Integration, Vol. 1, Continental Plans for European Union 1939–1945*（Berlin and New York: Walter de Gryuyter, 1985）, pp. 701–706.

（79） Alva Myrdal, 'Post-War Planning', in *ibid.*, pp. 725–728, excerpt from 'Efterkrigsplanering', *Mellanfolkligt Samarbete*, 13（7）, September 1943, pp. 134–138.

（80） Eigil Steinmetz, 'Churchill's Speech and the European Discussion' in Lipgens ed., *ibid.*, Vol. 3, pp. 571–572, excerpt from 'Churchills Tale og den Europaeiske Diskussion', *Nationaltidende*, 21 September 1946.

（81） Eigil Steinmertz, 'A United Europe?', 14 May 1947, in *ibid.*, pp. 578–580.

（82） たとえば、ノルウェーのトリグベ・リーやオランダのエルコ・ヴァン・クレフェンスは、一九三九から四〇年のドイツの勝利が繰り返されることを阻止するために前者を模索し、ベルギーのポール・アンリ・スパーク（Paul Henri Spaak）

は、西ヨーロッパにおける後者を期待した。John W. Young, *Britain and European Unity, 1945–1992* (Basingstoke: Macmillan, 1993), pp. 6–7.

（83）Philip M. H. Bell, 'Discussion of European Integration in Britain 1942–45', in Lipgens ed., *op.cit.*, p. 205.

（84）矢部貞治『新秩序の研究』弘文堂書房、一九四五年。

（85）一九四三年十一月二十七日付けの『朝日新聞』に掲載された論説「敵戰争目的の晦冥」。

（86）矢部、前掲書、一七〇頁および四三頁。

（87）Carr, *Conditions*, p. 261. 邦訳、三二五頁。

（88）エドワード・ハレット・カー、田中幸利訳『平和の條件』研進社、一九四六年、二一頁［著者・書名は邦訳書表記のママ］。

（89）エドワード・ハレット・カ、高橋甫訳『平和の條件――安全保障問題の理論と實際』建民社、一九五四年、三四六頁［著者・書名は邦訳書表記のママ］。

（90）カー『ナショナリズムの發展』、一〇九―一一〇頁。

（91）Carr, *Nationalism and After*, pp. 42–43. 邦訳、六三―六四頁。

（92）たとえば、イギリスとヨーロッパのために連邦主義を主張するために一九三八年に創設されたフェデラル・ユニオンは、戦争原因として主に国家主権に焦点をあわせ、それを抑制するために連邦が必要であるとするニュースレターを出版していた。Federal Union, *Federal Union News*, 29, 6 April 1940; John Pinder, 'Federal Union 1939–41', in Lipgens ed., *op. cit.*, Vol. 2, pp. 26–34.

第六章

（1）'New Europe', *The Times*, 1 July 1940.

（2）Jones, *A Duty to Lie*, p.77.

（3）*Ibid.*, pp.80–85.

（4）Haslam, *Vices of Integrity*, pp.86–89.

（5）チャールズ・ジョーンズは、この「理想主義的な政治的コミットメントと現実主義的な分析と方法の間の根本的な両義性（アンビバレンス）」を「政治的ロマンティシズム」と特徴づけ、二つの世界大戦の後もイギリスの大国としての地位を維持するというカーの主な政治目的の中にそれを位置づけている。Jones, *A Duty to Lie*, p. 165. しかし私は、彼の思想の本質は、彼の短期的な政策目標の追求と、その目標のために彼がとった手段という観点からのみでは理解することはできないと指摘しておきたい。

(6) Carr, 'An Autobiography', p.xix. 邦訳、五八頁。

(7) *Ibid.*

(8) Carr, *Conditions*, Chapter 10.

(9) Carr, *Crisis*, pp. 199–202. 邦訳、四一三―四二〇頁。

(10) McDonald, *The History of 'The Times'*, p.984.

(11) Maurice Bruce, *The Coming of the Welfare State* (London: Batsford, 1967 [originally published1961]), p.262.

(12) 'Planning for War and Peace', *The Times*, 5 August 1940.

(13) Carr, 'An Autobiography', pp.xvi-xvii. 邦訳、五五頁。

(14) John Hallett, 'England Adrift', pp.354–62.

(15) Mikhail Ilin *Moscow Has a Plan* へのカーの書評。*The Fortnightly Review*, 131, September 1931, p.401.

(16) Carr, 'An Autobiography', p.xix. 邦訳、五七頁。

(17) 一九三〇年代前半に出版された *The Spectator*, *The Christian Science Monitor*, *New Statesman* と *TheFortnightly Review* に所収されているカーの一連の論説を参照。

(18) この点は、ソ連の対外政策に関するカーの見識の中において明瞭である。彼はそれを、純粋に国益にもとづくものであるとみており、ソ連の世界革命の企てにもとづくものとはみていなかった。Carr, 'Europe and the Spanish War', *TheFortnightly Review*, January 1937, pp. 1–10. を参照せよ。この論説のもともとのタイトルは、'The Aim of the British Policy' であった。Carr Papers, Box 21.

(19) Carr, 'Public Opinion as a Safeguard of Peace', *International Affairs*, 15 (6), November-December 1936, p. 847.

(20) P. M. H. Bell, *John Bull and the Bear: British Public Opinion, Foreign Policy and the Soviet Union 1941–1945* (London and New York: Edward Arnold, 1990), pp.7–8.

(21) Ian McLaine, *Ministry of Morale: Home Front Morale and the Ministry of Information in World War II* (London: George Allen & Unwin, 1979), p.34.

(22) PRO INF1/848 14478, Draft memorandum by Carr: 'Principles and Objectives of British Propaganda in Foreign Countries', 2 January 1940.

(23) *Ibid.*

（24）イアン・マクレーンによると、一九四〇年初頭、「情報省は、十字軍的な性格を第二次世界大戦に与え、国民の精神を高く維持し続けるという公言していた目的に関して明らかにうまくいっていなかった。後にそうであったように、この段階において、どれだけ曖昧な言葉であったにしても、他のすべてが失敗したと判断されたとき、社会改革の約束は救いになると期待された」。McLaine, *op.cit.*, p.59.

（25）カーが対外広報局長だったときに期待された受動的役割については、Robert Cole, *Britain and the War of Words in Neutral Europe, 1939–45: The Art of the Possible*（Basingstoke: Macmillan, 1990）, p.13. をみよ。

（26）『タイムズ』紙の発行部数は以下の通り。二十一万三千（一九三〇年）、十六万四千（一九四〇年）、十五万四千（一九四二年）、十五万八千（一九四三年）、二十万三千（一九四五年）。戦時中、国全体で紙が不足したことで新聞発行に影響があったことを鑑みると、この発行部数の数字は、イギリスの政治的エスタブリッシュメントの新聞としては、『タイムズ』紙は安定的な地位にあったことを示している。John Stevenson, *British Society 1914–1945*（London: Penguin, 1984）, pp.402–403. 発行部数については、McDonald, *op. cit.*, pp. 62–64にもみられる。

（27）Archives of the RIIA, Carr, 'What Are We Fighting For?', 14 August 1940, p.5.

（28）Archives of the RIIA, Carr, 'The Post War World: Some Pointers towards Reconstruction', typescript, 10 December 1940, p.9.

（29）Carr, 'What Are We Fighting For?', p.6. カーは、「この再計画は、個々の国家、個別の小さな土地という観点からなされるべきではなく、領土の大規模な塊の観点から、ともかくも西ヨーロッパ全体を考えつつ、なされるべきである」と論じていた。このことは、早くとも一九四〇年の夏には、カーが「西ヨーロッパ全体」という観点に行き着いていたことを明確に示している。

（30）Addison, *op.cit.*, pp.120–121.

（31）'The New Europe', *The Times*, 1 July 1940.

（32）Letters to the Editor, *The Times*, 3 July 1940.

（33）Angus Calder, *The People's War: Britain 1939–1945*（London: Pimlico, 1993［first published 1969］）, p.138.

（34）J. B. Priestley, *Postscript*（London: Heinemann, 1940）, pp.37–38.

（35）P.E.P., 'War Aims', filed in PRO INF1/862, 12 July 1940.

（36）*Ibid.*

（37）Carr, *Conditions*, p.130. 邦訳、一七六頁。

(38) *Ibid.*, p.131. 邦訳、一七七頁。

(39) *Ibid.*, pp.131–134. 邦訳、一七七–一八一頁。

(40) *Ibid.*, pp.135–139. 邦訳、一八一–一八六頁。

(41) *Ibid.*, pp.140–141. 邦訳、一八七–一八八頁。

(42) *Ibid.*, pp.141–142. 邦訳、一八八–一八九頁。

(43) *Ibid.*, p.145. 邦訳、一九二頁。

(44) *Ibid.*, pp.156–157. 邦訳、二〇三–二〇四頁。

(45) *Ibid.*, pp.160–162. 邦訳、二〇七–二一〇頁。この計画は、経済的中央集権化を進めるというカーの構想と一貫しないことに注意せよ。カーはここでは、その問題について論じていない。

(46) Addison, *op.cit.*, p.121.

(47) ハロルド・ニコルソンの一九四〇年七月三日付の日記をみよ。Nigel Nicholson ed., *Harold Nicolson: Diaries and Letters 1939–1945* (London: Collins, 1967), pp.99–101.

(48) 'Hitler's Europe', *The Times*, 18 July 1940.

(49) PRO INF1/862, Minute by K. Zilliacus, 18 July 1940.

(50) Archives of the RIIA, Carr, 'What Are We Fighting For?'.

(51) Addison, *op.cit.*, p.167.

(52) 'Two Scourges', *The Times*, 5 December 1940.

(53) Editor's comment, *The Times*, 9 December 1940.

(54) Letters to the Editor, *The Times*, 9 December 1940.

(55) 'Reconstruction', *The Times*, 28 January 1941.

(56) Addison, *op.cit.*, p.181.

(57) Kevin Jefferys, *The Churchill Coalition and Wartime Politics, 1940–1945* (Manchester: Manchester University Press, 1991), p.114.

(58) Archives of *The Times*, Barrington-Ward to Churchill, 14 April 1942.

(59) Archives of *The Times*, Churchill to Barrington-Ward, 17 April 1942.

(60) チャールズ・ジョーンズは、『タイムズ』紙における「カー路線」の役割は、「一人のイギリス人学識経験者による対外政策形成へのもっとも持続的でラディカルな介入」であったと論じている。Jones, *A Duty to Lie*, p.100.

（61）Harris, *op.cit.*, pp.419–20.

（62）'Insurance and Employment', *The Times*, 20 January 1943.

（63）Harold Laski, *Reflections on the Revolution of Our Times*（London: Allen and Unwin, 1943）, p.9ff. ラスキによるカーへの言及は *ibid.*, p.9.

（64）*Ibid.*, p.305. 民族自決への共通の批判にもとづく、国際関係の諸問題に関するラスキとカーの似通った信念については、Peter Lamb, *Harold Laski: Problems of Democracy, the Sovereign State, and International Society*（New York and Basingstoke: Palgrave Macmillan, 2004）をみよ。

（65）Carr, *Conditions*, p.173. 邦訳、二二四頁。

（66）McLachlan, *In The Chair*, p.217.

（67）チャールズ・ジョーンズは、この点をかなり掘り下げて論じている。Jones, *A Duty to Lie*, pp. 80–85. ジョーンズによれば、カーはただ誠実に抱いていた福祉主義者的な見方を表明していたわけではなかった。カーは、『タイムズ』紙のプロパガンダ的影響力を自覚しており、レトリックとして社会政策についての議論を発表していた。

（68）'Pan Americanism', *The Times*, 23 July 1940.

（69）'Britain and Russia', *The Times*, 7 November 1941.

（70）*Ibid.*

（71）'A Call for Aid', *The Times*, 24 September 1941.

（72）'Britain and Russia', *op. cit.*

（73）*Ibid.*

（74）'The Treaty', *The Times*, 12 June 1942.

（75）Harris, *op. cit.*, pp.381–382.

（76）Carr, *Conditions*, p.124. 邦訳、一六九頁。

（77）*Ibid.*, p.xxiii. 邦訳、二一頁。

（78）PRO INF 1/292, 'Home-made socialism', Report by Home Intelligence Division, 24 March 1942. Jefferys, *op.cit.*, p.139より引用。

（79）McDonald, *op. cit.*, pp.139–140.

(80) Geoffrey Warner, 'From Ally to Enemy: Britain's Relations with the Soviet Union 1941–1948', in Dockrill and McKercher eds., *op.cit.*, p.232.
(81) Ben Rosamond, *Theories of European Integration* (Basingstoke and New York: Palgrave, 2000), pp.57–58.
(82) Suganami, *op. cit.*, pp.101–105.
(83) Stanley Hoffmann, 'An American Social Science: International Relations', *Daedalus*, 106 (3), pp.41–59.
(84) K.J. Holsti 'Scholarship in an Era of Anxiety: The Study of International Politics during the Cold War', in Dunne, Cox and Booth eds., *op. cit.*, p.34.
(85) *Ibid.*, pp.38–39.
(86) このことは、「不変性を説明するために「調節された」理論」としての現実主義の特徴によって説明されうる。現実主義者は、「時代を超えて繰り返し現れる一定のパターンにより印象を受け」、「偶然ではなく、自覚的な理論的選択として不変性を強調する」のである。Jack Donnelly, 'Realism', in Burchill and Linklater eds., *op. cit.*, (2005) p.48をみよ。

終章

(1) たとえば、J. D. B. Miller, 'E. H. Carr: The Realist's Realist', *National Interest*, Fall 1991, pp. 65–71; Robert Gilpin, 'The Richness of the Tradition of Political Realism', *International Organization*, 38 (2), 1984, pp. 287–304.
(2) Carr, *From Napoleon to Stalin*, p. 180. 邦訳、二三八頁。
(3) Carr, *Crisis*, p. 191. 邦訳、三九三頁。
(4) Carr, *From Napoleon to Stalin*, p. 181. 邦訳、二三九頁。
(5) Carr, *Crisis*, p. 81. 邦訳、一七九頁。
(6) *Ibid.*, p. 58. 邦訳、一三二頁。
(7) これら非主流派のアプローチの概観については、Steve Smith and Patricia Owens, 'Alternative Approaches to International Theory' in Baylis and Smith, *op. cit.*, Chapter 12, pp. 271–293. を参照。

参考文献一覧

【一次史料】

公文書館および史料館収蔵史料

Public Record Office, Kew
　Records of the United Kingdom Foreign Office:FO371, FO608, FO930
　Records of the Ministry of Information:INF1
News International, London, UK
　Archives of *The Times*
Chatham House（The Royal Institute of International Affairs）, London, UK
　Records of the Nationalism Working Group
　Records of Pamphlet on the Peasant Programme
Birmingham University Library, Birmingham, UK
　Papers of E.H. Carr　［原註には Carr Papers と略記］

新聞および雑誌

The Christian Science Monitor
The Fortnightly Review
New Statesman
The Spectator
The Time
The Times Literary Supplement

■カーによる論説および著作

Carr, Edward Hallett, *Dostoevsky: 1821–1881* (London: George Allen & Unwin, 1931).［松村達夫訳『ドストエフスキー』筑摩書房、一九九六年。］

———, *Karl Marx, A Study in Fanaticism* (London: Dent, 1934).［石上良平訳『カール・マルクス』未來社、一九五六、一九六一、一九九八年。原註と邦訳の対照は一九九八年版による。］

———, 'Public Opinion as a Safeguard of Peace', *International Affairs*, 15:6, Nov-Dec 1936, pp. 846–862.

———, *Britain: A Study of Foreign Policy from the Versailles to the Outbreak of War* (London:Longman Green, 1939).［原田禎正訳『イギリス最近の外交政策』、生活社、一九四一年。］

———, *The Twenty Years' Crisis 1919–1939: An Introduction to the Study of International Relations* ([London: Macmillan, 1939] Basingstoke: Palgrave, 2001).［原彬久訳『危機の二十年――理想と現実』岩波書店、二〇一一年。］

———, *The Future of Nations: Independence or Interdependence?* (London: Kegan Paul, 1941).

———, *Conditions of Peace* (London: Macmillan, 1942).［高橋甫訳『平和の條件――安全保障問題の理論と実際』建民社、一九五四年。田中幸利訳『平和の條件』研進社、1946年。原註と邦訳の対照は高橋訳による。別途、本文中に田中訳書への言及あり。］

———, *International Relations between the Two World Wars 1919–1939* (London: Macmillan, 1947).［*International Relations Since the Peace Treaties* (London Macmillan: 1937)］［衛藤瀋吉、斉藤孝訳『両大戦間における国際関係史』弘文堂、一九五九年／清水弘文堂、一九六八年。原註と邦訳の対照は一九六八年版による。］

———, *Nationalism and After* (London: Macmillan, 1945).［大窪愿二訳『ナショナリズムの発展』みすず書房、一九五二年、二〇〇六年。原註と邦訳の対照は二〇〇六年版による。］

———, *The Soviet Impact on the Western World* (London: Macmillan, 1946).［喜多村 浩訳『西歐を衝くソ連』社会思想研究会出版部、一九五〇年。］

———, *The New Society* (London: Macmillan, 1951).［清水幾太郎訳『新しい社会』岩波書店、一九五三、一九六三年。原註と邦訳の対照は一九六三年版による。］

———, 'The Russian Revolution and the West', *New Left Review*, I:111, September-October 1978.［「今日の左翼――インタビュー（1978年）」、鈴木博信訳『ナポレオンからスターリンへ――現代史エッセイ集』岩波書店、一九八四年、第三二章。］

———, *From Napoleon to Stalin and Other Essays* (London: Macmillan, 1980).［鈴木博信訳『ナポレオンからスターリンへ——現代史エッセイ集』岩波書店、一九八四年。］
———, 'An Autobiography', in Michael Cox ed., *E. H. Carr: A Critical Appraisal* (London: Palgrave, 2000).［中嶋毅訳「自伝的覚書」、『思想』九四四号、二〇〇二年一二月、岩波書店、五〇—六一頁。］
———, *What Is History* ([London: Macmillan, 1961] Basingstoke: Palgrave Macmillan, 2001).［清水幾多郎訳『歴史とは何か』岩波書店、一九六二年。］
———, *The Russian Revolution From Lenin to Stalin 1917–1929* ([London: Macmillan, 1979] Basingstoke: Palgrave Macmillan, 2004).［塩川伸明訳『ロシア革命——レーニンからスターリンへ、1917–1929年』岩波書店、一九七九年、二〇〇〇年。原註と邦訳の対照は二〇〇〇年版による。別途、本文中に一九七九年版訳書への言及あり。］

【二次史料】

Ablaster, Anthony, *The Rise and Decline of Western Liberalism* (Oxford: Basil Blackwell, 1984).
Acton, Edward, *Rethinking the Russian Revolution* (London: Edward Arnold, 1990).
Addison, Paul, *The Road to 1945: British Politics and the Second World War* ([London: Cape, 1974] London: Pimlico, 1994).
Angell, Norman, *Great Illusion 1933* (London: Heinemann, 1933).
Ashley, Richard K., 'Political Realism and Human Interests', *International Studies Quarterly*, 25:2, June 1981, pp. 204–36.
———, 'The Poverty of Neorealism', *International Organization*, 38: 2, Spring 1984, pp. 225–286.
Ashworth, Lucian M. 'Where Are the Idealists in Interwar International Relations?', *Review of International Studies*, 32, 2006, pp. 291–308.
Baylis, John and Steve Smith eds., *The Globalization of World Politics: An Introduction to International Relations* (Oxford: Oxford University Press, 2001).
Bell, P. M. H., 'Discussion of European Integration in Britain 1942–45', in Lipgens ed., *Documents on the History of European Integration*, Vol. 1, pp. 205–206.
———, *John Bull and The Bear: British Public Opinion, Foreign Policy and the Soviet Union 1941–1945* (London: Edward Arnold, 1990).
Blease, W. Lyon, *A Short History of English Lliberalism* (London: Fisher Unwin, 1913).

Boemeke, Manfred F., Gerald D. Feldman and Elisabeth Glaser eds., *The Treaty of Versailles: A Reassessment after 75 Years* (Cambridge: Cambridge University Press; Washington DC: The German Historical Institute, 1998).

Bosco, Andrea and Cornelia Navari eds., *Chatham House and British Foreign Policy 1919–1945: The Royal Institute of International Affairs during the Inter-War Period* (London: Lothian Foundation, 1994).

Brown, Chris, *Understanding International Relations* (Basingstoke and New York: Palgrave Macmillan, 2005).

Bruce, Maurice, *The Coming of the Welfare State*, 4th ed. (London: B. T. Batsford, 1968).［モーリス・ブルース著、秋田成就訳『福祉国家への歩み――イギリスの辿った途』法政大学出版局、一九八四年。］

Bull, Hedley, 'The Twenty Years' Crisis Thirty Years on', *International Journal*, XXIV (4), Autumn 1969, pp. 625–638.

———, 'The Theory of International Politics, 1919–1969', in B. Porter ed., *The Aberystwyth Papers: International Politics 1919–1969* (London: Oxford University Press, 1972).

———, *The Anarchical Society: A Study of Order in World Politics* (London:Macmillan; New York Columbia University Press, 1977)［ヘドリー・ブル著、臼杵英一訳『国際社会論――アナーキカル・ソサイエティ』岩波書店、二〇〇〇年。］

Butler, R. et al. eds., *Documents on British Foreign Policy 1919–1939*, Vol. X (London: Her Majesty's Stationary Office, 1960).

Burchill, Scott and Andrew Linklater et al, *Theories of International Relations* ([London: Macmillan, 1996] Basingstoke: Palgrave Macmillan, 2005).

Cain, P. J. and A. G. Hopkins, 'Gentlemanly Capitalism and British Expansion Overseas. II. New Imperialism', *Economic History Review*, 40 (1), February 1987, pp. 1–26.［ピーター・J・ケイン、アントニー・G・ホプキンズ「ジェントルマン資本主義とイギリスの海外膨張（新帝国主義、1850–1945年）」、ピーター・J・ケイン、アントニー・G・ホプキンズ著、竹内幸雄、秋田茂訳『ジェントルマン資本主義と大英帝国』岩波書店、一九九四年、第一章。］

Calder, Angus, *The People's War: Britain 1939–1945* (London: Longman Green, 1939).

Cannadine, David ed., *What is History Now?* (London: Palgrave Macmillan, 2002).［D・キャナダイン編著、平田雅博 他訳『いま歴史とは何か』ミネルヴァ書房、二〇〇五年。］

Ceadel, Martin, *Semi-Detached Idealists: The British Peace Movement and International Relations, 1854–1945* (Oxford: Oxford University Press, 2000).

Cox, Michael, Tim Dunne and Ken Booth eds., *The Eighty Years' Crisis: International Relations 1919–1999* (Cambridge: Cambridge University Press, 1998).

Cox Michael ed., *Rethinking the Soviet Collapse: Sovietology, the Death of Communism and the New Russia* (London: Pinter, 1999).

———, 'Will the Real E. H. Carr Please Stand Up?', *International Affairs*, 75(3), July 1999, pp. 643–653.

———, *E. H. Carr: A Critical Appraisal* (London: Palgrave, 2000). ［同書第四章所収の R.W. Davis, 'Carr's Changing Views of the Soviet Union', pp.91–108についての邦訳は、ロバート・W・デイビス著、中嶋毅訳「E・H・カーの知的彷徨——変化するソ連観」『思想』、九一七号、二〇〇〇年、岩波書店、二三—四二頁。］

———, G. J. Ikenberry and Inoguchi Takashi eds., *American Democracy Promotions: Impulses, Strategies and impacts* (Oxford: Oxford University Press, 2000). ［猪口孝、マイケル・コックス、G・ジョン・アイケンベリー編『アメリカによる民主主義の推進——なぜその理念にこだわるのか』ミネルヴァ書房、二〇〇六年。］

Cox, Robert W., 'Social Forces, States and World Orders: Beyond International Relations Theory', *Millennium: Journal of International Studies*, 10 (2), pp. 126–155. ［ロバート・コックス、遠藤誠治訳「社会勢力、国家、世界秩序——国際関係論を超えて」坂本義和編『世界政治の構造変動(2)国家』岩波書店、一九九五年、第六章。］

Davies, David, *The Problem of the Twentieth Century* (London: Earnest Benn, 1934).

Davies, R. W., 'Edward Hallett Carr', *Proceedings of the British Academy*, Vol. LXIX, 1983, pp. 473–511.

———, *Soviet History in the Gorbachev Revolution* (London: Macmillan, 1989).

———, 'E. H. Carr', *Russian Review*, 59 (3), July 2000, pp. 442–445.

Deutacher, Issac, 'Mr. E.H. Carr as Historian of Soviet Russia', *Soviet Studies*, 6(4), April 1955, pp.337–350.

Dockrill, Michael and Brian McKercher eds., *Diplomacy and World Power: Studies in British Foreign Policy 1890–1950* (Cambridge: Cambridge University Press, 1996).

Dunne, Tim, Michael Cox and Ken Booth eds., *The Eighty Year's Crisis: International Relations 1919–1999* (Cambridge: Cambridge University Press, 1998).

———, *Inventing International Society: A History of the English School* (London: Macmillan, 1998).

Elton, Geoffery R., *The Practice of History* (London:Fontana Press; Sydney: Sydney University Press, 1967).

Evans, Richard J., *In Defence of History* (London: Granta Books, 1997). ［リチャード・エヴァンス著、佐々木龍馬、與田純訳『歴史学の擁護——ポストモダニズムとの対話』晃洋書房、一九九九年。］

Evans, Graham, 'E. H. Carr and International Relations', *British Journal of International Studies*, 1, 1975, pp. 77–97.

Fielding Steven et al. eds., *'England Arise!': The Labour Party and Popular Politics in 1940s Britain* (Manchester: Manchester University Press, 1995).

Flournoy, F. R., 'British Liberal Theories of International Relations 1848–1898', *Journal of the History of Ideas*, 7 (2), April 1946, pp. 195–217.

Foster, Alan, 'The Times and Appeasement: The Second Phase' in Walter Laqueur ed., *The Second World War: Essays in Military and Political History* (London: Sage, 1982), pp. 275–299.

Foucault, Michael, *The Order of Things: An Archaeology of Human Sciences* (New York: Vintage Books, 1994).［ミシェル・フーコー著、渡辺一民・佐々木明訳『言葉と物』新潮社、新装版二〇〇〇年。邦訳書の原典はフランス語版。］

Fox, William T. R., 'E. H. Carr and Political Realism: Version and Revision', *Review of International Studies*, 11 (1), January 1985, pp. 1–16.

Freedman, Wolfgang G., *The Crisis of the National State* (London Macmillan, 1943).

Fukuyama, Francis, *The End of History and the Last Man* (London: Penguin, 1992).［フランシス・フクヤマ著、渡部昇一訳『歴史の終わり』上・下、三笠書房、一九九二年。］

Gangulee, N. ed., *Giuseppe Mazzini: Selected Writings* (London: Lindsay Drummond, 1945).［本書の参照にした部分の邦訳は、マッツィーニ著、斎藤ゆかり訳『人間の義務について』岩波書店、二〇一〇年。］

Gilpin, Robert, 'The Richness of the Tradition of Political Realism', *International Organization*, 38 (2), 1984, pp. 287–304.

Gooch, G. P., ed., *In Pursuit of Peace* (London: Methuen, 1933).

Griffith, Martin, *Fifty Key Thinkers in International Relations* (London: Routledge, 1999).

Harris, Jose, *William Beveridge: A Biography* (Clarendon Press: Oxford, 1997).［ジョゼ・ハリス著、柏野健三訳『ウィリアム・ベヴァリッジ――その生涯』上・中・下、ふくろう出版（旧・西日本法規出版）、一九九五・一九九七・一九九九年。］

Haslam, Jonathan, *The Vices of Integrity: E. H. Carr* (London: Verso, 1999).［ジョナサン・ハスラム著、角田史幸、川口良、中島理暁訳『誠実という悪徳――E・H・カー　一八九二―一九八二』現代思潮新社、二〇〇七年。］

Henig, Ruth, *Versailles and After 1919–1933*, 2nd ed. (London and New York: Routledge, 1995).

Hobhouse, L. T., *Liberalism* (London and Oxford: Oxford University Press, 1964).［L・T・ホブハウス著、社会的自由主義研究会訳『自由主義――福祉国家への思想的転換』大月書店、二〇一〇年。］

Holsti, K. J., 'Scholarship in an Era of Anxiety: The Study of International Politics during the Cold War', in Dunne, Cox and Booth eds., *The Eighty Years' Crisis*, pp.17–46.

Hoffmann, Stanley, 'An American Social Science: International Relations', *Daedalus*, 106 (3), 1977, pp. 41–60.［スタンレー・ホフマン「アメリカン・ソーシャル・サイエンス――国際関係論」、スタンレー・ホフマン著、中本義彦編訳『スタンレー・ホフマン　国際政治論集』勁草書房、二〇一一年、第四章。］

Howe, Paul, 'The Utopian Realism of E. H. Carr', *Review of International Studies*, 20 (3), July 1994, pp. 277–297.

Jackson, Robert and George Sørensen, *Introduction to International Relations: Theories and Approaches* (Oxford: Oxford University Press, 2003).

Jefferys, Kevin, *The Churchill Coalition and Wartime Politics 1940–1945* (Manchester: Manchester University Press, 1991).

———, *War and Reform: British Politics During the Second World War* (Manchester: Manchester University Press, 1994).

Jenkins, Keith, *Re-thinking History* (London: Routledge, 1991).［キース・ジェンキンス著、岡本充弘訳『歴史を考えなおす』法政大学出版局、二〇〇五年。］

Johnston, Whittle, 'E. H. Carr's Theory of International Relations: A Critique', *The Journal of Politics*, Vol. 29, November 1967, pp. 861–884.

Jones, Charles, 'Carr, Manheim, and a Post-positivist Science of international Relations', *Political Studies*, 45 (2), June 1997, pp. 232–246.

———, *E. H. Carr and International Relations: A Duty to Lie* (Cambridge: Cambridge University Press, 1998).

Kahan, Alan S., *Liberalism in Nineteenth-Century Europe: The Political Culture of Limited Suffrage* (Basingstoke, Palgrave Macmillan: 2003).

Karpovich, Michael, 'The Soviet Impact on the Western World', A Book Review, *Russian Review*, 6 (2), Spring 1974, pp. 86–8.

Kerr, Clark, John T. Dunlop, Frederick Harbison and Charles A. Myers, *Industrialism and Industrial Man* (Cambridge and Massachusetts: Harvard University Press, 1960).

Keynes, John Maynard, *The Economic Consequences of the Peace* (London: Macmillan, 1919).［ジョン・メイナード・ケインズ著、早坂忠訳『平和の経済的帰結』（ケインズ全集第二巻）、東洋経済新報社、一九七七年。］

Kitchen, Martin, *British Policy Towards the Soviet Union During the Second World War* (London: Macmillan, 1986).

Knutsen, Torbjorn L., *A History of International Relations Theory* (Manchester and New York: Manchester University Press, 1997).

Lamb, Peter, *Harold Laski: Problems of Democracy, the Sovereign State, and International Society* (New York and Basingstoke: Palgrave Macmillan, 2004).

Laski, Harold J., *Studies in the Problem of Sovereignty* (New Haven: Yale University Press, 1917).

———, *Reflections on the Revolution of Our Times* (London: Allen and Unwin, 1943).［ハロルド・ラスキ著、笠原美子訳『現代革命の考察』上・下、みすず書房、一九五〇年。］

Linklater, Andrew, 'The Transformation of Political Community: E. H. Carr, Critical Theory and International Relations', *Review of International Studies*, 23 (3), July 1997, pp. 321–338.

———, 'What is a Good International Citizen?' in Paul Keal ed., *Ethics and Foreign Policy* (St. Leonards: Allen and Unwin, 1992), pp. 21–43.

Lipgens, Walter, ed., *Documents on the History of European Integration, Vol.1, Continental Plans for European Union 1939–1945* (Berlin and New York: Walter de Gryuyer, 1985).

List, Friedrich, *The National System of Political Economy* (Fairfield: Augustus M. Kelley, 1977).［フリードリッヒ・リスト著、小林昇訳『経済学の国民的体系』、一九七〇年。邦訳書の原典はドイツ語版。］

Long, David and Peter Wilson eds., *Thinkers of the Twenty Years' Crisis: Inter-war Idealism Reassessed* (Oxford: Clarendon, 1995).［デーヴィッド・ロング、ピーター・ウィルソン編『危機の20年と思想家たち——戦間期理想主義の再評価』ミネルヴァ書房、二〇〇二年。］

Lloyd, Lorna, 'Philip Noel-Baker and Peace through Law', in Long and Wilson, *Thinkers of Twenty Years' Crisis*, pp. 25–57.

Luard, Evan, *Basic Texts in International Relations: The Evolution of Ideas about International Society* (Basingstoke: Macmillan, 1992).

MacKenzie, Norman and Jeanne eds., *The Diary of Beatrice Webb, Vol.4, 1924–1943, 'The Wheel of life'* (London: Virago, 1985).

Mantoux, Etienne, *The Carthaginian Peace or the Economic Consequences of Mr. Keynes* (London: Oxford University Press, 1946).

Mazower, Mark, *Dark Continent: Europe's Twentieth Century* (London: [Penguin Press, 1998] Penguin Books, 1999).［マーク・マゾワー著、中田瑞穂、網谷龍介訳『暗黒の大陸——ヨーロッパの20世紀』未來社、二〇一五年。］

McDonald, Iverach, *The History of The Times., Vol.V.*, Struggles in War and Peace, 1939–1966 (London: Times, Books, 1984).

McLachlan, Donald, *In the Chair: Barrington-Ward of The Times 1927–1948* (London: Weidenfeld&Nicolson, 1971).

McLaine, Ian, *Ministry of Morale: Home Front Morale and the Ministry of Information in World War II* (London: George Allen & Unwin, 1979).

Mearsheimer, John J., 'E.H. Carr vs. Idealism: The Battle Rages On', *International Relations*, 19 (2), 2005, pp. 139–52.

Miller, J.D.B., 'E. H. Carr: The Realist's Realist', *National Interest*, Fall 1991, pp. 65–71.

Mitrany, David, *The Functional Theory of Politics* (London: Martin Robertson, 1975).

Morgenthau, Hans J., 'The Political Science of E. H. Carr', *World Politics*, 1 (1), October 1948, pp. 127–134.

———, *Politics among Nations: The Struggle for Power and Peace*, Second edition (New York: Alfred A. Knoph, 1954).［ハンス・J・モーゲンソー著、原彬久監訳『国際政治――権力と平和』上・中・下、岩波書店、二〇一三年。邦訳の原典は一九七八年版。］

Munslow, Alun, 'Book Review (reappraisal) : What Is History?' in *History in Focus* (London: Institute of Historical Research, 2001) 〈http://www.history.ac.uk/ihr/Focus/Whatishistory/carr1.html〉.

Nicolson, Harold, *Diaries and Letters 1939–1945* (London: Collins, 1967).

Noel Baker, P. J., 'The Permanent Court of International Justice' in H. V. Temperley ed., *A History of the Peace Conference of Paris* ([London: H. Frowde, and Hodder & Stoughton, 1920–24] Oxford: Oxford University Press, 1969).

Oakeshott, Michael, 'The New Society', A Book Review, *Times Literary Supplement*, 12 October 1951, reprinted in Luke O' Sullivan ed., *What Is History? and Other Essays* (Exeter: Imprint Academic, 2004).

Oppenheim, L., *The League of Nations and Its Problems* (London: Longman Green, 1919).

Planning for War and Peace: Ten Leading Articles Reprinted from The Times (London: The Times Publishing, 1940).

Priestley, J. B., *Postscript* (London: Heinemann, 1940).

Read, Donald, *Cobden and Bright* (London: Edward Arnold, 1967).

Reiss Hans, ed., *Kant's Political Writings* (Cambridge: Cambridge University Press 1970).［本書の参照した部分の邦訳は、マニュエル・カント著、宇都宮芳明訳『永遠平和のために』岩波書店、一九八五年。邦訳の原典はドイツ語版。］

Rengger, Nicholas and Ben Thirkell-White, 'Still Critical After All These Years? The Past, Present and Future of Critical Theory in International Relations', *Review of International Studies*, 33, April 2007, pp. 3–24.

Robinson, Ronald E., and John Gallagher, 'The Imperialism of Free Trade', *The Economic History Review*, Second series, 6 (1), 1953, pp. 1–15.［ロナルド・ロビンソン、ジョン・ギャラハー「自由貿易帝国主義」、ジョージ・ネーデル、ペリー・カーティス編、川上肇ほか訳『帝国主義と植民地主義』御茶の水書房、一九八三年、第四章。］

Royal Institute of International Affairs, *Nationalism: A Report by a Study Group of Members of the Royal Institute of International Af-*

fairs (London: Oxford University Press, 1939).
Schmidt, Britan C., *The Political Discourse of Anarchy: A Disciplinary History of International Relations* (New York: State University of New York Press, 1998).
Schuman, Frederic L., *International Politics* (New York: McGraw-Hill, 1933).［フレデリック・L・シューマン著、長井信一訳『国際政治』上・下、東京大学出版会、一九七三年。邦訳書の原典は一九六九年版。］
Schwarzenberger, Georg, *Power Politics: An Introduction to the Study of International Relations and Post-war Planning* (London: Jonathan Cope, 1941).
Sheehan, James J., *German Liberalism in the Nineteenth Century* (Chicago and London: University of Chicago Press, 1978).
Shinoda, Hideaki, *Re-examining Sovereignty: From Classical Theory to the Global Age* (Basingstoke: Macmillan, 2000).
Skinner, Quentin, 'Meaning and Understanding in the History of Ideas', in James Tully ed., *Meaning and Context: Quentin Skinner and His Critics* (Cambridge: Polity Press, 1988), pp. 29–67.［クエンティン・スキナー「思想史における意味と理解」、クエンティン・スキナー著、半澤孝麿、加藤節編訳『思想史とはなにか――意味とコンテクスト』岩波書店、一九九〇年、第一章。］
Smith, Michael Joseph, *Realist Thought From Weber to Kissinger* (Baton Rouge: Louisiana State University Press, 1986).［マイケル・J・スミス著、押村高 他訳『現実主義の国際政治思想――M・ウェーバーからH・キッシンジャーまで』垣内出版、一九九七年。］
———, 'Liberalism and International Freedom', in Terry Nardin and David R. Mapel eds., *Traditions of International Ethics* (Cambridge and New York: Cambridge University Press, 1992), pp. 201–224.
Smith, Stive, Ken Booth and Marysia Zalewski eds., *International Theory: Positivism & Beyond* (Cambridge: Cambridge University Press, 1996).
Stedman Jones, Gareth, 'The Pathology of English History', *New Left Review*, 46, Nov-Dec 1967, pp. 29–43.
Steigerwald, David, *Wilsonian Idealism in America* (Ithaca and London: Cornell University Press, 1994).
Suganami, Hidemi, *The Domestic Analogy and World Order Proposals* (Cambridge: Cambridge University Press, 1989).［ヒデミ・スガナミ著、臼杵英一訳『国際社会論――国内類推と世界秩序構想』信山社、一九九四年。］
Taylor, A. J. P., *English History: 1914–1945* (Oxford: Calendon Press, 1965).［A・J・P・テイラー著、都築忠七訳『イギリス現代史 1914–1945』みすず書房、一九六八年。］

———, *Europe: Grandeur and Decline* (London: Penguin Books, 1967).［A・J・P・テイラー著、川端末人・岡俊孝訳『ヨーロッパ・栄光と凋落——近代ヨーロッパ政治外交史論』未來社、一九七五年。］

Temperley, H.V., ed., *A History of the Peace Conference of Paris* (London: H. Frowde, and Hodder & Stoughton, 1924).

Thompson, K. W., *Masters of International Thought: Major Twentieth-Century Theorists and the World Crisis* (Baton Rouge: Louisiana State University Press, 1980).

Thompson, Neville, *The Anti-appeasers: Conservative Opposition to Appeasement in the 1930s* (Oxford: Oxford University Press, 1971).

Trevor-Roper, H. R., 'E. H. Carr's Success Story', *Encounter*, 104, May 1962, pp. 69–77.

Vasquez, John A., *Classics of International Relations*, 3rd ed. (New Jersey: Prentice-Hall, 1996).

Wade, Rex A., *The Russian Revolution, 1917* (Cambridge: Cambridge University Press, 2000).

Walker, R.B.J., *Inside/outside: International Relations as Political Theory* (Cambridge: Cambridge University Press, 1993).

Waltz, Kenneth, *Theory of International Politics* (Reading, Mass: Addison-Wesley, 1979).［ケネス・ウォルツ著、河野勝、岡垣知子訳『国際政治の理論』勁草書房、二〇一〇年。］

Wilson, Peter, 'The Myth of the 'First Great Debate'' in Dunne, Cox and Booth eds., *The Eighty Years' Crisis*, pp.1–15.

———, 'Carr and his Critics: Responses to the Twenty Years' Crisis', in Cox ed., *Critical Appraisal*, pp. 165–197.

———, 'Radicalism for a Conservative Purpose: The Peculiar Realism of E H. Carr', *Millenium: Journal of International Studies*, 30 (1), 2001, p.123–136.

Woolf, Leonard, *Empire and Commerce in Africa: A Study of Economic Imperialism* (London: George Alen and Unwin, 1920).

———, 'Labour' s Foreign Policy', *Political Quarterly*, Vol. 4, 1933, pp. 504–524.

———, 'Utopia and Reality', *Political Quarterly*, vol. 11, 1940, pp.167–182.

Woodward, Llewellyn, *British Foreign Policy in the Second World War* (London: Her Majesty' s Stationery Office, 1971 [1st ed., 1962]).

Zimmern, Sir Alfred, 'Education for World Citizenship', in *Problems of Peace: Lectured Delivered at the Geneva Institute of International Relations*, Fifth series (London: Oxford University Press, 1931).

▩邦語文献

Endo Seiji, 'Kiki no nijunen kara kokusaititujo no saiken he [From the "Twenty Years' Crisis" to the reconstruction of an international order]', *Siso*, 945, January 2003, pp. 47–66. 〔遠藤誠治「『危機の二十年』から国際政治の再建へ」『思想』九四五号、二〇〇三年一月、四七―六六頁。〕

Taniuchi Yuzuru, 'E. H. Ka si no sobieto rosiasi kenkyu ni tuite [On E.H. Carr' s study of the history of Soviet Russia]', in Noboru Siokawa trans., Carr, *Rosia kakumei* [*The Russian Revolution from Lenin to Stalin, 1917–1929*] (Tokyo: Iwanami, 1979), pp. 271–292. 〔渓内謙「E・H・カー氏のソヴィエト・ロシア史研究について」E・H・カー『ロシア革命――レーニンからスターリンへ、1917–1929』塩川伸明訳、岩波書店、一九七九年、二七一―二九二頁。〕

Hitomi Yamanaka, 'E. H. Ka to dainiji sekaitaisen [E. H. Carr and the Second World War]', *Kokusaikankeigaku kenkyu* [The Study of International Relations], 28, 2002, pp. 79–94. 〔山中仁美「E・H・カーと第二次世界大戦」『国際関係学研究』二八号、二〇〇二年、七九―九四頁。〕

Yabe Teiji, *Sintitujo no kenkyu* [The Study of New Order] (Tokyo: Kobundo, 1945). 〔矢部貞治『新秩序の研究』弘文堂書房、一九四九年。〕

学位請求論文に付された謝辞

私は、博士課程在籍中の最後の三年間、骨肉腫とその再発に悩まされ続けてきたので、本論文を完成できたということが未だに信じがたい思いである。大島美穂（津田塾大）、百瀬宏（津田塾大）、菅波英美（アベリストウィス大）、アレックス・ダンチェフ（ノッティンガム大）、そしてジョン・ホートンという、辛抱強い指導教員たちの助力と支援に対して深く感謝の意を表したい。

大学院在籍と闘病の間、私の友人たちは、私のために気前よく時間を割き、励ましてくれた。その友人たち、すなわち、デービッド・ウイリアムス、デービッド・アップルビー、リツ・ジョーンズ、市川美南子、グラエム・スマート、ハネス・スティーファン、アナ・コスタ、ラルフ・ウィンクラー、アマンディン・ブレド、マルコ・オルシミ、モニカ・イングバー、ユケ＝リアン・リー、レオ・リン、チェン＝チイ・ウェイ、ロヒイ・ダスグプタ、小原江里香、眞城百華、森田牧子、澤田佳世に、そして、キールや東京での研究会や学会で会った友人たちに心から謝意を表したい。

キール大学大学院の法・政治・正義研究科の事務職員と研究者の一貫した親切と助言とに感謝している。また、ニュース・インターナショナル、チャタムハウス（王立国際問題研究所）、そしてバーミンガム大学図書館の司書の方々には、収蔵文書の情報や史料へのアクセスに関して多くを負うている。記して感謝の意を表したい。

最後に、愛情と支援を与えてくれた私の家族に感謝し、本論文を捧げるものである。

監訳者のあとがき

本書は、山中仁美がイギリスのキール大学（Keele University）に提出し、PhDの学位を取得した論文 *Beyond Nineteenth-Century Liberal Internationalism: Rethinking the Works of E. H. Carr*（十九世紀の自由主義的国際主義を超えて——E・H・カーの業績に関する再考察）の全訳である。本来、著者本人が邦語版を上梓する計画であり、邦語の書名や「まえがき」が本人によって用意されていた。しかし、後述の通り、早過ぎた死の到来がその機会を奪ってしまった。これを心から悼んで、代わって翻訳の労を取ろうという友人たちの友情と学問的熱意が本書の刊行を実現に導いたのである。

山中仁美は、一九七四年に名古屋市に生まれ、愛知県立旭丘高等学校を卒業後、津田塾大学国際関係学部に進学し、同学部卒業後は同大学大学院に進学して国際関係論、国際政治史を専攻する学究の道を歩んだ。同大学院に在籍中の二〇〇一年から二〇〇六年までイギリスのキール大学に留学し、国際関係研究・歴史研究の碩学E・H・カーの知的営為の追跡を中心に、「戦間期」の国際政治史とこの時代に生まれた国際関係論の理論的研究に従事した。その成果を学位請求論文として提出し、二〇一〇年十月にキール大学よりPhDの学位を授与されたのである。留学から帰国後、日本学術振興会特別研究員を経て、二〇〇八年四月に名古屋商科大学専任講師に就任、二〇一四年四月に南山大学経済学部准教授に転じた。

山中の生涯を語るにあたって難病との闘いに触れないわけにはいかない。本書のもととなる学位論文も、再発した骨肉腫との闘いの中で、本人もその完成を危ぶみながら執筆された。故郷名古屋に帰り、そこに研究・教育両面の環境が整いつつあった二〇一三年秋に、またしても病気の再発に見舞われた。これと向き合いながら教鞭をとり、また本書の出版計画に着手したが、病状は悪化し、二〇一四年九月、周囲の嘆きの中で他界した。享年三十九歳であった。

本人が本書の「まえがき」の草稿として死の十か月前に記した覚書が残されている。そこには、まず、学位論文邦訳書のタイトルを『戦争と戦争のはざまで――E・H・カーと世界大戦』とすること、「戦争と戦争のはざま」とは「一つの戦争が起きてから次の戦争が起きるまでの時間軸上の範囲」であり、本書の場合は第一次世界大戦と第二次世界大戦の「はざま」を意味する旨が述べられている。

次いで、この「まえがき」では、本書は「イギリスの国際関係研究者E・H・カーの国際関係観に接近しながら、戦間期(その前後の時期も含まれるが)と向き合おうとするもの」であると、その課題を明示したうえ、「カーの国際政治観に接近しながら、戦間期と向き合おうとする」意図が次のように論じられている。すなわち、戦間期の別名としてよく用いられる「危機の二十年」という呼称は、カーによる同名の著書に拠るところが大きいが、それは「戦間期を国際社会の挫折や混乱と結びつけ、否定的な語りの普及に一役買ってきた」ことから、「ある意味、戦間期を追及する際カーに接近するというのはもっとも理にかなったこと」である、とするのである。そのうえで筆者は、近年のカー研究および戦間期研究の文脈における本書の意義と執筆の動機を次のように述べている。

近年、その歴史的な意義や位置づけを問い直す研究が増えている。研究者の関心の一端は、戦間期の国際関係の経験的・実体的な側面にある。そこでは外交や国際システムの在り方を多角的にとらえ直し、世界史的文脈に再置換する試みが注目を集めている。他方で、概念的・理念的側面への関心も高い。そこではこの時代を揺籃期とした国際政治学の、系譜や思想の発展に関する論究が存在感を増している。とはいえ戦間期の文脈において国際関係の実態面と理論面とは必ずしも分離されるものではなかった。とくに当時のイギリスの研究者たちにとって、不可分であるはずの両者のズレ――理論上は国際的な協調の制度や枠組みが発展するも、実際には国家利益の対立が深刻化していた――は主要な関心事であり、それへの対応が知的営為の動機ともなっていた。

では、イギリスの研究者は国際的な政治現象をどのように分析し、いかなる処方箋や理論的枠組みを提示しようとしたのであろうか。そんな問いを出発点として博士論文を執筆し、キール大学に提出した。近年しばしば再考の俎上に載せられるカーであるが、筆者の関心は、彼が「常に変化する現実と対峙」しながら、一九世紀自由主義の超克という観念的な問題を一貫して扱っていた点であった。

こうして執筆された本稿は、E・H・カーに関する包括的できわめて周到な研究であるといってよい。本書の「序論」および「終章」は、著者自らによる本稿の丁寧な解題に充てられているので、本書についてこれ以上の解説は不必要だと考える。「三人のカー」といわれるように三つの研究領域においてそれぞれ他の追随を許さぬ業績を極め、また方法論においては「両義的な思想」を特徴とすると評価されてきた複雑な研究者像に、真っ向から向き合った勇気ある知性に心から敬意を表するものである。

＊

翻訳の担当者とその分担は巻末に記載した通りである。吉留公太、三牧聖子、板橋拓己、浜田樹子、山本健がそれぞれ専門分野の知見を生かして初訳を行い、それに吉留、山本が補正を加えた後、佐々木が原文と照合しつつ、文体や訳語の統一の観点から監修を行った。最後に初訳者の校閲を経て完成稿とした。翻訳を分担した五人の研究者、とりわけ刊行の企画と段取りをきめ細かく進めた吉留、山本両氏のご苦労と、山中氏に対する諸氏の熱い友情に敬意を表したい。

そして、志半ばにして他界した本人に代わって本書の翻訳刊行を進めたいという訳者たちの思いに全面的な理解とご協力を寄せて下さった御両親山中昜様、洋子様に、本書完成のご報告とともに御礼を申し上げたい。また、本書刊行に関する翻訳者たちの意を体して山中氏のご両親に接し、山中氏の残した書類、データなどを譲り受けてくださったのは名古屋商科大学における山中氏の同僚片山悠樹氏（現愛知教育大学准教授）である。記して感謝を表したい。

本書の刊行は、折々にご相談を持ちかけた私たちの要望に辛抱強くご協力とサポートを与えてくださったナカニシヤ出版編集部の酒井敏行氏のお陰で実現に漕ぎつけることができた。訳者一同を代表して御礼を申し上げたい。

＊

最後に、監訳者の個人的な想いを述べることをお許しいただきたい。

まず、E・H・カーとの「出会い」である。私は修士論文の主題に一九三〇年代イギリスの宥和政策を選択したが、宥和政策の本質規定に関する既存の諸説に合点がいかず、悩んでいたときに出会ったのが、カーの『危機の二十年』の次の一節であった。

問題は、これらのいわゆる絶対的普遍的原理が、いやしくも原理というほどのものではなくて、特定の時代における国家利益についての特定の解釈に基づく国策を無意識に反映したものであったということである（井上茂訳、岩波現代叢書、一九五二年、一一三頁）。

「眼から鱗」であった。当時のイギリス支配層にとって「平和の維持」という「絶対普遍の原理」は、全世界にまたがるイギリス帝国およびその権益の維持という「特定の時代における国家利益」に他ならなかったのだ。「宥和」および「反宥和」の論理を紐解く鍵がここにあった。

カーとの縁は、それ以後も途切れることがなかった。一九八八年から一年間ロンドンに留学したときも、古本屋を歩いてはカーの原著書を探した。その年の年末恒例のセールで、LSE（ロンドン大学政経学院）キャンパス内の書店で見つけたのが『ソヴィエト・ロシア史』であった。その時、カー研究を退職後の仕事にしようと思いついて、全十四冊を購入した。現在に至るまでこれに手をつけるチャンスもなく、私の「カー研究」は棚に上がったままなのだが、この度、山中論文を介してカーに遭遇しようとは思ってもいなかった。

次に、山中さん（この先はこう呼ばせていただきたい）との接点である。山中さんとお会いしたのは、二〇一一年十二月、若い人たちが拙著『国際政治史』の書評会を開いてくれたときであった。三人の評者の一人が山中さんであった。ところが、山中さんとは初対面ではなかったことをその折に知らされた。

たしか一九九〇年春であった。私は、県立旭丘高校の先生の依頼を受けて、湾岸危機・湾岸戦争と中東の歴史について同校の生徒の皆さんに講演を行う機会をいただいた。その折、予定していた講演が終了した後も立ち去らない生徒たちと、教室を移して番外の懇談会を続行した。その時の十数人の生徒の中に山中さんが含まれていたというのである。彼女がいうには、あの講演が自ら歴史を学ぼうと決めたきっかけだったそうである。そんなきっかけで山中さんのような気鋭の研究者が育ち、その作品の出版に深く関わる機会を得るとは、なんとも嬉しいめぐり合わせである。

山中さんは、二〇〇九年二月に、ある雑誌に投じたエッセイで次のように吐露している。

「あなたのような駆け出しが巨人カーを論じるなんて」――ある先輩研究者から頂戴した言葉である。その後には恐らく「一〇〇年早い！」という叱責か「よくやるよ」と言う呆れ顔が続いたに違いない。……私も「駆け出し」てしまった以上最後まで走りきるしかないと腹をくくったのであるが（『外交フォーラム』二四七号）。

彼女にあと十年、二十年の時間が与えられていたなら、どこまで駆けていったであろうか。カー研究者としてに止まらず、現代の複雑で変化の激しい世界と向き合う国際政治研究者として、山中仁美は今日の世界をどのようにみて、どんな処方箋を提示するだろうか。返すがえすもその早逝が惜しまれる。心から冥福を祈るばかりである。

合掌

二〇一七年八月

訳者全員を代表して

佐々木雄太

山中仁美　研究業績一覧

二〇〇一年

「E・H・カーと第二次世界大戦――国際関係観の推移をめぐる一考察」、『国際関係学研究』（津田塾大学）第二八号、七九―九四頁、二〇〇一年三月。

二〇〇三年

「「E・H・カー研究」の現今の状況をめぐって」、『国際関係学研究』（津田塾大学）、第二九号、一三九―一四七頁、二〇〇三年三月。

二〇〇五年

'E.H. Carr on the Post-war World', 渡邊啓貴編『国際関係史の再考――アジアの視点から　国際関係史学会東京会議二〇〇四報告集』（東京外国語大学大学院地域文化研究科21世紀COE「史資料ハブ地域文化研究拠点」本部）、一八八―二〇一頁、二〇〇五年六月。

「カー、エドワード」、猪口孝・田中明彦・恒川恵一・薬師寺泰蔵・山内昌之編『国際政治辞典』、弘文堂、一七二頁、二〇〇五年十二月。

二〇〇七年

「「新しいヨーロッパ」の歴史的地平」、『国際政治』（日本国際政治学会）、第一四八号、一―一四頁、二〇〇七年三月。

二〇〇九年

「知的巨人、カーの実像に迫る」、『外交フォーラム』（都市出版刊）、第二二巻二号、三八―四一頁、二〇〇九年二月。

「国際政治をめぐる「理論」と「歴史」」、『国際法外交雑誌』（国際法学会）、第一〇八巻一号、六六―八二頁、二〇〇九年五月。

'Rethinking Nineteenth-century Liberal Internationalism in Context: From Revolutionary Thought to a Prop of the Status Quo', *NUCB Journal of Economics and Information Science*, Vol. 54, No.1, pp. 79-93, July 2009.

二〇一〇年

'A Critical Appraisal of the Liberal Tradition in Inter-war International Relations', *NUCB Journal of Economics and Information Science*, Vol. 55, No.1, pp. 97-110, July 2010.

書評「有賀貞著『国際関係史――16世紀から1945年まで』」、『国際法外交雑誌』（国際法学会）第一〇九巻二号、一〇九―一一四頁、二〇一〇年八月。

Beyond Nineteenth-Century Liberal Internationalism Rethinking the Work of E. H. Carr, Unpublished PhD Thesis, Keele University, October 2010.

二〇一二年

「3・11と9・11と――グローバルな「危機」を思考する」、石堂典秀編『パラダイムは変わったのか――3・11と日本のこれから』中京大学社会科学研究所、八七―九六頁、二〇一二年三月。

「分析視角――理論・思想・歴史」、竹内俊隆編『現代国際関係入門』日本評論社、三一―一八頁、二〇一二年四月。

「両大戦間期へのまなざし」、『JAIR Newsletter』（日本国際政治学会）No. 133、五頁、二〇一二年九月。

二〇一三年

陳慶晶「国際社会の拡張か、２つの国際社会の衝突か？」（山中仁美訳）、佐藤誠・大中真・池田丈佑編『英国学派の国際関係論』日本経済評論社、一六五―一八五頁、二〇一三年十月。

二〇一四年

「戦間期イギリスの国際関係研究における「理論」――チャタム・ハウスにおけるナショナリズム論をめぐって」、『国際政治』（日本国際政治学会）、第一七五号、一四―二六頁、二〇一四年三月。

書評「西村邦行著『国際政治の誕生――E・H・カーと近代の隘路』」、『国際法外交雑誌』（国際法学会）、第一一三巻三号、四七五―四七九頁、二〇一四年十一月。

二〇一七年

山本達也、山中仁美「序章　なぜ、今、大学で学ぶのか？」片山悠樹・山本達也・吉井哲編『多様化する社会と多元化する知――「当たり前」を疑うことで見える世界』ナカニシヤ出版、二〇一七年四月、一―一四頁。

片山悠樹、山中仁美「「見えにくい」を「見る」ために――「何でもできる」から「何かができる」へ」片山悠樹・山本達也・吉井哲編『多様化する社会と多元化する知――「当たり前」を疑うことで見える世界』ナカニシヤ出版、二〇一七年四月、二〇九―二一七頁。

山中仁美『戦間期国際政治とE・H・カー』大島美穂監修、岩波書店、二〇一七年十一月刊行予定。

事 項 索 引

は

パーマストン卿（Henry John Temple, Third Viscount Palmerston）　63

バーリン、アイザイア（Isaiah Berlin）　33

ハイエク、フリードリッヒ（Friedrich Hayek）　23

パイプス、リチャード（Richard Pipes）　134

バクーニン、ミハエル（Mikhail Bakunin）　10, 129, 164

ハスラム、ジョナサン（Jonathan Haslam）　48, 50, 52, 109, 135, 136, 138, 193, 241

バリントン＝ウォード、ロバート（Robert Barrington-Ward）　209, 212

ビスマルク、オットー・フォン（Otto von Bismarck）　65

ヒトラー、アドルフ（Adolf Hitler）　97, 101-105, 107, 110, 118-120, 124, 126, 131, 134, 149, 165, 169, 176-178, 186, 190, 215, 226, 236

フィヒテ、ヨハン・ゴットリーブ（Johann Gottlieb Fichte）　86

フーコー、ミシェル（Michel Foucault）　3, 235

ブース、ケン（Ken Booth）　29, 238, 258

フォスター、アラン（Alan Foster）　134

フクヤマ、フランシス（Francis Fukuyama）　231

ブライト、ジョン（John Bright）　60, 68, 243

プリーストリー、ジョン・B（John B. Priestley）　204

フリードマン、ウォルフガング　180

ブル、ヘドリー（Hedley Bull）　25, 77, 237

ヘーゲル、ゲオルグ・ヴィルヘルム・フリードリヒ（Georg Wilhelm Friedrich Hegel）　65, 66, 81, 86, 93, 131, 253

ベヴァレッジ、ウィリアム（William Beveridge）　182, 183, 193, 210

ベヴィン、アーネスト（Ernest Bevin）　149, 217

ヘルダー、ヨハン・ゴットフリート（Johann Gottfried von Herder）　65

ベンサム、ジェレミー（Jeremy Bentham）　13, 57, 58, 60

ペン、ウィリアム（William Penn）　57

ホウェ、ポール（Paul Howe）　30

ホッブス（Thomas Hobbes）　28

ホブハウス、レオナルド・T（Leonard T. Hobhouse）　62, 242

ホフマン、スタンリー（Stanley Hoffmann）　93

ま

マクミラン、ハロルド（Harold Macmillan）　129

マクレーン、イアン（Ian McLaine）　265

マッツィーニ、ジュゼッペ（Giuseppe Mazzini）　63, 243

マルクス、カール（Karl Marx）　10, 66, 75, 93, 128, 129, 131, 133, 140, 150, 163, 164, 253

マントゥー、エティエンヌ（Étienne Mantoux）　249

マンハイム、カール（Karl Mannheim）　46, 129, 229, 253

ミアシャイマー、ジョン（John Mearsheimer）　4

ミトラニー、デイヴィッド（David Mitrany）　179, 261

ミュルダール、アルヴァ（Alva Myrdal）　185

ミル、ジョン・スチュアート（John Stuart Mill）　62, 63

ムンスロー、アラン（Alun Munslow）　35, 37, 239

モーゲンソー、ハンス（Hans Morgenthau）

シュヴァリエ、ミシェル（Michel Chevalier）66
シューマン、フレデリック（Frederick Schuman） 180
シュペングラー、オスヴァルト（Oswald Spengler） 173
シュワルツェンベルガー、ゲオルク（Georg Schwarzenberger） 180
ジョーンズ、ギャレス・ステッドマン（Gareth Stedman Jones） 34, 239
ジョーンズ、チャールズ（Charles Jones）46-48, 50, 52, 109, 192, 193, 253, 263, 266, 267
ジョンストン、ウィットル（Whittle Johnston） 25
ジリアカス、コニー（Konni Zilliacus）177
スガナミ、ヒデミ（Hidemi Suganami：菅波英美） 28
スキナー、クエンティン（Quentin Skinner）6, 7
スターリン、ヨシフ（Joseph Stalin）39, 110, 122, 130, 131, 134, 142, 146, 149
ステッビング、スーザン（Susan Stebbing）23
スパーク、ポール・アンリ（Paul Henri Spaak） 262
スミス、アダム（Adam Smith） 13, 60, 66, 170
スミス、マイケル・J（Michael J. Smith）59

た

溪内謙 39, 41, 240
ダン、ティム（Tim Dann） 31, 242, 244, 258
チェンバレン、ネヴィル（Neville Chamberlain） 107, 114, 115
チャーチル、ウィンストン（Winston Churchill） 122, 132, 148, 149, 176, 185, 202, 209, 210
ツルゲーネフ、イワン（Ivan Turgenev）10
デイヴィス、デイヴィッド（David Davis）41, 83, 85
デイヴィス、ロバート・W（Robert W. Davies） 28, 38, 136-138, 240, 241
テイラー、A・J・P（Alan John Percival Taylor） 75
ティンベルヘン、ヤン（Jan Tinbergen）256
ドイッチャー、アイザック（Isaac Deutscher）49, 236, 257
ドイッチャー、タマラ（Tamara Deutscher）236
トインビー、アーノルド（Arnold Toynbee）23
ドーソン、ジェフリー（Geoffrey Dawson）213
ドストエフスキー、フョードル（Fyodor Dostoyevsky） 10, 128, 135, 136, 164
ドッブ、モーリス（Maurice Dobb） 145
トライチュケ、ハインリヒ・フォン（Heinrich von Treitschke） 86
トレヴァー＝ローパー、ヒュー（Hugh Trevor-Roper） 33
トロツキー、レフ（Leon Trotsky） 127, 140
トンプソン、ケネス・W（Kenneth W. Thompson） 27

な

ナポレオン・ボナパルト［一世］(Napoléon Bonaparte） 65、243
ニコルソン、ハロルド（Harold Nicolson）266
ノエル＝ベーカー、フィリップ（Philip Noel-Baker） 79, 80

人 名 索 引

あ

アクトン、エドワード（Edward Acton）　241

アシュリー、リチャード（Richard K. Ashley）　28, 238

アトリー、クレメント（Clement Attlee）　208

ウィルソン、ウッドロー（Woodrow Wilson）　13, 41, 68, 77-79, 81, 84, 92, 246

ウィルソン、ピーター（Peter Wilson）　52, 53, 99, 237, 244, 250, 258

ウェイド、レックス・A（Rex A. Wade）　40, 41

ウェッブ夫妻（Sidney Wbee/Beatrice Webb）　145

ウォルツ、ケネス（Kenneth Waltz）　235

ウルフ、レナード（Leonard Woolf）　23, 84, 174

エヴァンス、グレアム（Graham Evans）　26, 27

エヴァンス、リチャード（Richard Evans）　36, 37, 43, 239

エルトン、ジョフリー・R（Geoffrey R. Elton）　33, 35

エンジェル、ノーマン（Norman Angell）　23, 83

オーエン、デイヴィッド（David Owen）　204

オークショット、マイケル（Michael Oakeshott）　156, 157, 257

オッペンハイム、ラサ（Lassa Oppenheim）　81, 86

オレギナ、イリーナ　240

か

カルポーヴィチ、ミハイル（Michael Karpovich）　256

カント、イマヌエル（Immanuel Kant）　28, 57, 58

ギャラハー、ジョン（John Gallagher）　71

クラウゼヴィッツ、カール・フォン（Carl von Clausewitz）　65

グラッドストーン、ウィリアム（William Gladstone）　63, 243, 249

グリーン、トーマス・H（Thomas H. Green）　62

グリフィス、マーティン（Martin Griffith）　241

クレフェンス、エルコ・ヴァン（Eelco van Kleffens）　262

ケインズ、ジョン・メイナード（John Maynard Keynes）　100, 101, 193, 249

ゲルツェン、アレクサンドル（Alexander Herzen）　10, 128

コックス、マイケル（Michael Cox）　41, 48-51, 53, 241

コックス、ロバート（Robert Cox）　258

コブデン、リチャード（Richard Cobden）　13, 60, 63, 64, 66, 67, 243

ゴルバチョフ、ミハエル（Mikhail Gorbachev）　39

さ

サン＝ピエール、アベ・ドゥ（Abbè de Saint-Pierre）　57

ジェンキンス、キース（Keith Jenkins）　35

ジマーン、アルフレッド（Alfred Zimmern）　23, 86

ジャンゼン、ヘンリー（Henry Janzen）　257

監訳者および共訳者の略歴

監訳者　佐々木　雄太　（ささき　ゆうた）

名古屋大学名誉教授。専門は、イギリス外交史、国際政治史。京都大学大学院法学研究科博士課程中退。法学博士。主な著書に、『三〇年代イギリス外交戦略――帝国防衛と宥和の論理』（名古屋大学出版会、1987年）、『イギリス帝国とスエズ戦争――植民地主義・ナショナリズム・冷戦』（名古屋大学出版会、1997年）、『国際政治史――世界戦争の時代から21世紀へ』（名古屋大学出版会、2011年）などがある。

共訳者　（翻訳担当章順）

序章・終章　吉留　公太　（よしとめ　こうた）

神奈川大学経営学部准教授。専門は、米欧関係史、国際情勢分析。リーズ大学大学院政治国際学研究科博士課程修了。PhD（国際関係論）。主な著書に、『危機の国際政治史1873–2012』（亜紀書房、2013年　［共著］）などがある。

第１章・第２章　三牧　聖子　（みまき　せいこ）

高崎経済大学経済学部准教授。専門は、アメリカ外交史、平和研究。東京大学大学院総合文化研究科博士課程修了。学術博士。主な著書に、『戦争違法化運動の時代――「危機の20年」のアメリカ国際関係思想』（名古屋大学出版会、2014年）などがある。

第３章　板橋　拓己　（いたばし　たくみ）

成蹊大学法学部教授。専門は、ヨーロッパ政治史、国際政治史。北海道大学大学院法学研究科博士後期課程修了。博士（法学）。主な著書に、『中欧の模索――ドイツ・ナショナリズムの一系譜』（創文社、2010年）、『黒いヨーロッパ――ドイツにおけるキリスト教保守派の「西洋（アーベントラント）主義」』（吉田書店、2016年）などがある。

第４章　浜　由樹子　（はま　ゆきこ）

津田塾大学国際関係研究所研究員。専門は、ロシア地域研究、国際関係史。津田塾大学大学院国際関係学研究科後期博士課程満期退学。博士（国際関係学）。主な著書に、『ユーラシア主義とは何か』（成文社、2010年）などがある。

第５章・第６章　山本　健　（やまもと　たけし）

西南学院大学法学部教授。専門は、ヨーロッパ国際関係史。ロンドン大学ロンドン・スクール・オブ・エコノミクス（LSE）国際関係史学研究科博士課程修了。PhD（国際関係史）。主な著書に、『同盟外交の力学――ヨーロッパ・デタントの国際政治史 1968–1973』（勁草書房、2010年）などがある。

著者略歴
山中　仁美　（やまなか　ひとみ）
津田塾大学学芸学部国際関係学科卒業。津田塾大学大学院国際関係研究科修士課程修了。キール大学（Keele University）大学院博士課程修了。PhD。日本学術振興会特別研究員、名古屋商科大学専任講師、同大学准教授などを経て、南山大学経済学部准教授に就任。2014年９月永眠。
専門は、国際関係論、国際政治史。20世紀前半のイギリスを主要な対象として、国際関係をめぐる理論と思想を歴史的な手法で研究。主な業績に、「国際政治をめぐる「理論」と「歴史」――E・H・カーを手がかりとして」（『国際法外交雑誌』第108巻１号、2009年)、「戦間期イギリスの国際関係研究における「理論」――チャタム・ハウスにおけるナショナリズム論をめぐって」（『国際政治』第175号、2013年）などがある。

戦争と戦争のはざまで
E・H・カーと世界大戦

2017年11月１日　初版第１刷発行　（定価はカヴァーに表示してあります）

著　者　山中仁美
監訳者　佐々木雄太
発行者　中西　良
発行所　株式会社ナカニシヤ出版
〒606-8161　京都市左京区一乗寺木ノ本町15番地
TEL 075-723-0111　FAX 075-723-0095
http : //www.nakanishiya.co.jp/

装幀＝白沢　正
印刷・製本＝亜細亜印刷

＊落丁・乱丁本はお取替え致します。
ISBN978-4-7795-1182-0　C3031